Strapazen Nebensache
Abenteuerliche Frauen reisen

Zu diesem Buch

Ob mit dem Fahrrad durch Afrika, mit dem Kamel durch die australische Wüste, zu Fuß quer durch Tibet, im einmotorigen Flugzeug über den Atlantik, als Einhandseglerin um die Welt oder im Frauenteam zur Spitze des Annapurna: Reisen, die Welt sehen, Abenteuer erleben – das hat auch Frauen schon immer gelockt. Dieses Buch vereint zehn Berichte abenteuerlicher Frauen: Mary Kingsley, Alexandra David-Néel, Robyn Davidson, Bettina Selby, Helen Thayer, Lucy Irvine, Elly Beinhorn, Beryl Markham, Gudrun Calligaro und Arlene Blum.

Susanne Aeckerle, 1942 in Lindau/Bodensee geboren. 1975 Mitbegründerin des ersten deutschen Frauenbuchladens in München. Später Geschäftsführerin eines Schallplattenvertriebs und Herausgeberin einer Frauenmusikzeitschrift. Von 1981 bis 1990 Redakteurin und Chefin vom Dienst bei der Zeitschrift »Emma«. Sie lebt als Übersetzerin und freie Lektorin in Köln.

Strapazen Nebensache

Abenteuerliche Frauen reisen

Herausgegeben von Susanne Aeckerle

Piper München Zürich

Originalausgabe
August 1996
© für diese Ausgabe:
1996 R. Piper GmbH & Co. KG, München
Umschlag: Büro Hamburg
Simone Leitenberger, Susanne Schmitt, Andrea Lühr
Umschlagfoto: Hendrik M. Porath
Gesamtherstellung: Clausen & Bosse, Leck
Printed in Germany   ISBN 3-492-22211-0

Inhalt

Einleitung

An einem Hochsommertag des Jahres 1413 setzte sich Margery Kempe unter einen Baum in ihrem Garten, zitierte ihren Gatten und Vater ihrer vierzehn Kinder herbei und erklärte ihm, sie habe jetzt genug. Endgültig genug. Fortan dürfe er sich um die Kinder kümmern, während sie auf Reisen ginge. Sie habe auch bereits gebucht. Eine Pilgerreise ins Heilige Land. Die waren zu der Zeit ungeheuer in Mode und auch gar nicht mal schlecht organisiert.

Zwei Jahre dauerte die Reise. Nach England zurückgekehrt, konnte sie sich nicht mehr in das Alltagsleben einfinden und wurde prompt krank wie später auch viele ihrer reiselustigen viktorianischen Schwestern. Wahrscheinlich vor lauter Langeweile oder um eine Ausrede zu haben, wieder auf Reisen zu gehen – in Margerys Fall eine weitere Pilgerreise, diesmal nach Santiago de Compostela.

Margery Kempe war bei weitem nicht die erste Frau, die es in die Ferne zog, aber sie war eine der ersten, die über ihre Reisen berichtete. Da sie weder lesen noch schreiben konnte, mußte sie ihre Berichte diktieren. Da ging es Egeria, einer römischen Bürgerin aus Gallien, die 385 nach Jerusalem reiste, schon besser. Sie lieferte an ihre daheimgebliebenen frommen Schwestern, die sie mit »Holde Damen, Licht meines Herzens« ansprach, wunderbar ausführliche Berichte, da »ihr wißt, wie neugierig ich bin«.

Neugier, Abenteuerlust, das dringende Gefühl, der heimatlichen Enge entfliehen zu müssen, Interesse an allem Neuen, Fremden und auch der Wunsch, sich zu beweisen, war für Frauen durch die Jahrhunderte hindurch immer wieder Anlaß, in die Welt hinauszuziehen.

So unternahm Maria Sybilla Merian 1669 die gefährliche Seereise nach Surinam, um die dortige Insektenwelt zu studieren. Zweihundert Jahre später fuhr Marianne North nach Java, Ceylon und Indien und erforschte dort die Pflanzenwelt. Im neunzehnten Jahrhundert brach unter den Frauen, ganz besonders den Engländerinnen, ein regelrechter Reiseboom aus. Vor allem der Orient hatte es ihnen angetan. Viele kehrten nie wieder in das sittenstrenge viktorianische England zurück, wie Lady Hester Stanhope, die sich 1810 in Syrien ansiedelte, arabische Männerkleidung trug und das für sie dort viel freiere Leben genoß. Jane Digby, die 1823 nach einer skandalösen Scheidung aus England floh, war von der unendlichen Weite der Wüste fasziniert. Jane verlor ihr Herz allerdings nicht nur an die Wüste, sondern auch noch an einen glutäugigen Beduinenscheich, heiratete ihn und lebte bis zu ihrem Tode mit ihm in seinem Zelt.

Dann gab es Isabella Bird Bishop, die an einem Wirbelsäulenleiden litt, aber stets auf wundersame Weise genas, sobald sie zu einer neuen Reise aufbrach. Auf ihrem ersten Solotrip 1873 ritt sie sechs Monate durch die Rocky Mountains und wurde danach zu einer unheilbaren Weltenbummlerin. Auch Fanny Workman ließ sich durch nichts kleinkriegen. Auf ihrem Sicherheitsfahrrad – feste Reifen, keine Gangschaltung – strampelte sie durch Spanien, Marokko und schließlich nach Bombay, hinter sich ihren Mann, der kräftig in die Pedale treten mußte, um mit ihr mitzuhalten. 1898 machten sich die beiden auf den Weg zum Himalaja, wo Fanny bei einer späteren Karakorum-Expedition als erste Frau den 7000 Meter hohen Koser Gunge bestieg.

Bergsteigen war inzwischen auch bei Frauen zu einem beliebten Sport geworden. 1838 hatte Henriette d'Angeville als erste Frau ohne fremde Hilfe den Mont Blanc bezwungen. Danach gab es kein Halten mehr. Trotz der ihnen vom Modediktat aufgezwungenen und fürs Klettern äußerst unpraktischen langen Röcke wußten sie den Konventionen oft ein Schnippchen zu schlagen. So verbarg Meta Breevort ihre Breeches diskret unter einem weiten Rock, den sie nach der ersten Biegung, außer Sichtweite indignierter Beobachter, sofort auszog und unter einem Stein verbarg. Nur durfte sie ihn beim Abstieg nicht vergessen, wie es ihr einmal geschah. Die Suche kostete sie einen ganzen Tag.

Später errangen Frauen Höhenrekorde. Fanny Workman nahm ihn mit der Ersteigung des 7522 Meter hohen Mount Lungma im Himalaja für sich in Anspruch, während die Amerikanerin Annie Peck behauptete, zur gleichen Zeit einen noch höheren Gipfel in Peru erklommen zu haben. Die empörte Fanny schickte eigens ein Team französischer Ingenieure aus, um den Berg vermessen zu lassen. Die Männer kamen mit der beruhigenden Nachricht zurück, ihr Berg sei eindeutig der höhere gewesen. Fanny Workman hielt den weiblichen Höhenrekord achtundzwanzig Jahre lang.

Höhen-, Weiten- und andere Rekorde erlangten Frauen auch beim Fliegen. 1909 erwarb Madame la Baronne de Laroche als erste Frau einen Flugschein. Drei Jahre später überflog Harriet Quimby, eine amerikanische Journalistin, allein den Ärmelkanal in weniger als einer Stunde. Doch wirklich Aufsehen erregte erst Amelia Earharts Atlantiküberquerung 1932, fünf Jahre nach Charles Lindberghs sensationellem Alleinflug. Zuvor hatte es bereits einen weiblichen Langstreckenrekord gegeben: Amy Johnson flog in ihrer kleinen, schwachmotorigen Gypsy Moth mit offenem Cockpit in neunzehneinhalb Tagen von England nach Australien – insgesamt zwanzigtausend Kilometer.

Reisen, ein abenteuerliches Leben führen, sich in winzigen Maschinen allein in die Luft zu wagen, einhand die Welt zu umsegeln oder einen der höchsten Gipfel der Welt zu erklimmen – stellvertretend für alle Frauen, die so etwas gewagt haben und immer noch wagen, stehen die in diesem Buch vorgestellten. Die Zeitspanne reicht von Ende des vergangenen Jahrhunderts bis in die 8oer Jahre dieses Jahrhunderts.

1893 brach Mary Kingsley nach Afrika auf, dem geheimnisvollen dunklen Kontinent. »Nur fort, um in Afrika umherzuschweifen und mich zu amüsieren«, schrieb sie. Sie schritt die Gangway zu dem Schiff hinauf, das sie aus dem feuchtkalten und ihr viel zu eng gewordenen England fortbringen sollte, bereit, sich über alle ihr lästig und irrelevant erscheinenden Vorurteile hinwegzusetzen.

Knapp dreißig Jahre später fühlte sich Alexandra David-Néel von einem anderen Kontinent unwiderstehlich angezogen: Asien. Nicht so sehr von Land und Leuten, sondern von den östlichen Religionen. Nach einer kurzen Karriere als Opernsängerin hatte sich die in Belgien gebürtige Französin ganz dem Buddhismus verschrieben. Sie reiste nach Indien, begegnete dem Dalai-Lama, lernte auf seine Anregung Tibetisch und verbrachte zwei Jahre in der Einsiedelei eines Lama-Klosters in Sikkim. Nach Europa zurückgekehrt, war sie 1968 noch als Hundertjährige gleichzeitig mit vier Buchprojekten beschäftigt und ließ ihren Paß verlängern – vorsichtshalber, wie sie sagte.

Wüsten sind etwas Faszinierendes. Kamele auch. Das hatten nicht nur die viktorianischen Ladys und Isabelle Eberhardt in der Sahara festgestellt, sondern auch Beatrix Bulstrode Anfang dieses Jahrhunderts in Mongolien und Ella Maillart dreißig Jahre später in Zentralasien. Die gleiche Erfahrung machte Robyn Davidson, als sie 1979 mit drei Kamelen durch die australische Wüste zog.

Wie schon Fanny Workman wählte auch Bettina Selby das Fahrrad als Transportmittel für ihre Reisen. Allerdings ein sehr viel bequemeres »Allzweckrad« mit achtzehn Gängen. Als Siebenundvierzigjährige radelte sie 1981 nach Indien, ein Jahr später auf den Spuren der Kreuzritter und Pilger nach Jerusalem und 1987 schließlich, angeregt durch die Berichte von Florence Baker und Amelia Edwards aus den 70er Jahren des vergangenen Jahrhunderts, zu den Quellen des Nils. Offenbar war das aber immer noch nicht genug, denn der Nilfahrt schloß sich 1990 eine Reise nach Timbuktu an, natürlich wieder per Rad.

Ein Fahrrad wäre für den Trip, den die fünfzigjährige Helen Thayer 1988 zum magnetischen Nordpol unternahm, natürlich gänzlich ungeeignet gewesen. Sie wollte es auf Skiern und zu Fuß schaffen, wobei sie den Schlitten mit ihrer Ausrüstung selber zog.

Unter dem Titel *Eva und Mister Robinson* kam Lucy Irvines einjähriges Inselabenteuer mit einem Schriftsteller, dem sie sich 1981 auf eine Zeitungsanzeige hin angeschlossen hatte, in die Kinos. Keine hübsche Robinsonade auf einer Tropeninsel, sondern ein gnadenloser Kampf der Geschlechter!

Flugpionierinnen waren sie auf ihre Art beide – die Hannoveranerin Elly Beinhorn, die 1928 ihren Flugschein machte, und die schillernde Beryl Markham aus Kenia, die Rennpferde trainiert hatte, bevor sie zur Fliegerei kam. Zwar flog Elly Beinhorn nach ihrem ersten Afrikaflug 1931 mehrfach um die Welt, Beryl Markham aber war mit ihrer Atlantiküberquerung von West nach Ost 1936 die erste Frau, die diese schwierige Route bewältigte.

Aus der Luft ins Wasser. Als die Stuttgarterin Gudrun Calligaro 1988 zu ihrem Einhandtörn um die Welt aufbrach, hatten das vor ihr nur wenige Frauen geschafft. Gudrun war nach einer Atlantiküberquerung keine unerfahrene Seglerin mehr, aber die zweijährige Reise stellten sie und ihr nur 9,30 Meter langes Boot oft auf härteste Proben.

1972, als Arlene Blum zum erstenmal die Idee hatte, mit einem reinen Frauenteam den 8089 Meter hohen Annapurna I im Himalaja zu besteigen, hatte noch keine Frau einen »Achttausender« bezwungen. Als sie ihre Idee 1978 endlich in die Tat umsetzen konnte, waren es bereits sieben. Aber keine davon hatte sich den Annapurna vorgenommen, dessen Name »die Göttin reich an Beistand« bedeutet – ein angemessenes Ziel für eine Frauenexpedition, wie Arlene fand. Die 13 Teilnehmerinnen, von denen zwei den Gipfel erreichten, wollten mit dieser Expedition ein Zeichen setzen und stellten sie unter das Motto »A Woman's Place is on Top – of Annapurna« – Der Platz der Frau ist an der Spitze.

Jede Reise ist ein Abenteuer oder kann zu einem werden. Auch heute noch, wo wir ohne großen Aufwand die entferntesten Orte der Welt erreichen können. Und es wird immer Frauen geben, die über alle Grenzen hinaus nach dem Neuen, Unbekannten suchen. Ihnen ist dieses Buch gewidmet.

Susanne Aeckerle

MARY KINGSLEY

Die grünen Mauern meiner Flüsse

Zweiunddreißig Jahre war Mary Kingsley (1862 – 1900) alt, als sie zu ihrer ersten Westafrika-Reise aufbrach. Zuvor hatte sie sich jahrelang um ihre Eltern und nach deren Tod um den Haushalt ihres Bruders gekümmert. Endlich frei, hielt sie nichts mehr in England. Stets korrekt gekleidet in hochge- schlossener, langärmeliger Bluse und langem Rock – wenn auch oft mit zerzaustem Haar, da sie ständig ihre Haarnadeln verlor –, durchstreifte sie die Wälder und Flüsse im damali- gen Französisch-Kongo, heute Gabun. Wie vernünftig ihre Kleiderwahl war, stellte sie fest, als sie eines Tages in eine Großwildfalle geriet: »Das sind die Augenblicke, wo die Seg- nungen eines guten festen Rockes so richtig zur Geltung kommen. Hätte ich mich an die Ratschläge vieler Leute in England gehalten und mich für männliche Kleidung entschie- den, wäre ich jetzt bis auf die Knochen durchbohrt gewesen. So aber saß ich, abgesehen von einer Menge Schrammen, dank der Stoffülle meines Rockes vergleichsweise gemütlich auf neun Ebenholzstacheln von gut zwölf Inches Länge und rief frohgemut um Hilfe.« Auf ihrer 1894 unternommenen Fahrt zu den Stromschnellen des Ogowé bestand diese Ge- fahr zwar nicht, dafür lauerten viele andere.

Die Missionsstation von Talagouga ist an die felsige Berg- wand geklebt, die so steil aus dem Fluß aufsteigt, daß fast kein Raum für den schmalen Fußweg an der Wasserseite bleibt. Man erreicht das Haus über eine steile Treppe, die in ungefähr fünfzehn Fuß Höhe auf Pfosten errichtet ist. Sie ver- läuft entlang der Felswand, die aus riesigen Quarzblöcken besteht, denn die Talagouga-Berge sind die westliche Begren- zung der Sierra del Cristal. Im Haus gibt es weitere Treppen, die in den Fels gehauen sind und rechts zur Küche und den Lagerräumen führen, links geht es noch etwas höher hinauf zur Kirche. Ich kann nicht sagen, daß ich gerne in dieser Kirche sitzen würde, denn mir scheint, es gibt keine ordentlichen Vorkehrungen gegen Schlangen, Eidechsen oder Insekten, und es ist vermutlich sehr schwierig, den Geist auf das höhere Leben zu konzentrieren, wenn so erschreckende Formen des niedrigen Lebens gegenwärtig sind.

Talagouga selbst ist großartig, doch die Szenerie ist zweifellos grausig. Der Name bedeutet »Tor der Barmherzigkeit« und scheint mir ganz zutreffend. Es muß melancholisch stimmen, wenn man hier lebt. Während der ganzen Zeit, in der ich dort war, sah ich niemals, daß die Blätter von einer Brise bewegt wurden, selbst die breiten Bananenblätter schienen tagein, tagaus bewegungslos zu schlafen. Das rührt daher, daß die Berge den Ort von beiden Seiten schützen, und die Vorgebirge, die von beiden Ufern aufsteigen, bilden eine enge gewundene Schlucht.

Der Ogowé ist das einzig Bewegte hier. Sieht man genau hin, so ist zu erkennen, daß er trotz seines ruhigen, dunklen Aussehens in rasender Geschwindigkeit vorüberrauscht. Gegenüber der Mission ragt ein grauer Felsblock aus dem Wasser, ein Hindernis, das fortwährend einen Silberstreif in den Strom zeichnet. Ab und zu sieht man ein Kanu voll wilden Nackten oder nahezu nackten Wilden. Sie sind still, weil sie Fang sind und nicht wie die Igalwa oder M'pongwe beim Kanufahren singen. Entweder paddeln sie sehr angestrengt und kommen langsam flußaufwärts voran, oder sie halten bloß ihr Boot auf Kurs und schießen flußabwärts. Manchmal hört man das stampfende Geräusch der Maschinen der Mové oder der Éclaireur, bevor das Schiff zu sehen ist oder das gellende Pfeifen ertönt. Man kann zusehen, wie sich der Dampfer den Weg nach Njole hinaufkämpft oder in entgegengesetzter Richtung sekundenschnell wie ein Traum vorbeigleitet. Das ist alles. Der erste Nachmittag reichte aus, die Station kennenzulernen.

Der Blick von den steilen Hügeln rund um Talagouga ist

überwältigend, und man bekommt einen Eindruck von den Bergen der Sierra del Cristal. Im Osten sieht man die höheren Teile des Gebirgszuges, unterhalb von Njole verliert sich in südöstlicher Richtung eine Reihe merkwürdig geformter Gipfel in schönstem Purpurblau in der Ferne. Bei klarem Wetter kann man gegen Südsüdosten die Berge des Achangolands erkennen, sie haben zwar die gleiche Lage, verlaufen jedoch in anderer Richtung als die Sierra del Cristal. Die Hügel, mit denen ich zu tun hatte, lagen an der Westseite der Sierra, harte, schwarze Felsmassen, durchsetzt mit Adern und Blöcken aus kristallinem Quarz.

Die Hälfte der Zeit in Talagouga verbrachte ich damit, eine Möglichkeit zu finden, zu den Stromschnellen oberhalb von Njole zu gelangen. Ich wünschte mir das um so inständiger, als ich inzwischen die eigenartigen Formen der Fische von Talagouga gesehen hatte und die Unterschiede bemerkte, die zwischen ihnen und den Fischen von Lambarene bestanden. Eine Zeitlang traf ich auf niemanden, der eine solche Kanufahrt für möglich gehalten hätte, nur Monsieur Gacon meinte schließlich, daß es zu schaffen wäre. Ich sagte, daß ich eine Belohnung von 100 Francs aussetzen würde, wenn mir jemand ein Kanu und eine Besatzung verschaffte. Darüber hinaus wollte ich für die Unkosten, für Essen und Löhne aufkommen. Monsieur Gacon hatte ein gutes Kanu und konnte zwei englischsprechende Igalwa entbehren. Er glaubte auch, daß wir sechs Fang bekommen könnten, um die Besatzung zu vervollständigen.

Ich war entzückt, packte meine kleine Tasche, besorgte ein paar Tauschgüter, zog meine Uhr auf, merkte mir das Datum dieses Tages und borgte mir von Madame Forget drei Haarnadeln. Doch dann kam die Enttäuschung. Als ich an diesem Abend aus dem Busch zurückkehrte, erklärte Madame Forget, daß Monsieur Gacon gesagt habe, »es sei unmöglich«. Die Fang aus der Gegend von Talagouga würden um keinen Preis in das Gebiet oberhalb von Njole fahren, da sie sicher seien, von den dort lebenden Fang getötet und verspeist zu werden. Innerlich verwünschte ich den ganzen Stamm in eine

Gegend, wo es um ein Vielfaches heißer wäre als hier, und ging dann mit Madame Forget zu Monsieur Gacon, um alles zu besprechen. Schließlich meinte Monsieur Gacon, daß er mir zwei Igalwa von Hatton and Cooksons Niederlassung am gegenüberliegenden Ufer überlassen könnte. Dies wurde bei Nachfragen bestätigt. Am Ziel meiner Wünsche angelangt, nahm ich all meinen Mut zusammen, was nach den Dingen, die ich inzwischen über die Stromschnellen des Ogowé erfahren hatte, nicht leicht war.

In dem Kanu mache ich es mir auf meiner Reisetasche bequem und lehne mich gegen die Kisten voller Tauschwaren. Dahinter liegt der übliche Berg aus Kissen, Schlafmatten und Moskitonetzen der Igalwamannschaft. Das Ganze wird von der französischen Flagge gekrönt, die über uns an einem Stock flattert.

Monsieur und Madame Forget versorgen mich mit allem, was ich nur nötig haben könnte, und teilen mir außerdem mit, daß das Blut der halben Besatzung aus fünfzig Prozent Alkohol bestehe. Im übrigen ist offenkundig, daß sie nicht erwarten, mich jemals wiederzusehen, was ich ihnen jedoch nicht vorwerfen kann, weil sie sich darüber nicht zu freuen scheinen. Trotzdem gibt mir das nicht gerade ein Gefühl von Sicherheit. Zudem beginnt es zu regnen. Es regnet auch, während wir flußaufwärts nach Njole fahren, wo ein weiteres Problem zu meistern ist, das die ganze Unternehmung zum Scheitern bringen könnte: Die französischen Behörden haben das Recht, mir die Weiterfahrt zu verbieten. M'bo, der Chef der Gruppe, steht vor mir im Bug und steuert, ich sitze hinter ihm, dann kommt das Gepäck, dann die kräftigen Seeleute mit dem Koch. Auch sie stehen und paddeln. Am anderen Ende des Kanus – es schmerzt mich, so unseemännische Ausdrücke zu benutzen, aber bei diesen Kanus sind beide Enden gleich, und nur der Zufall bestimmt, was Heck und Bug sind – steht Pierre, der Erste Offizier. Auch er steuert. Wir haben die langen, blattförmigen Paddel der Igalwa.

Kurz vor der Ankunft in Njole bemerke ich, daß meine Mannschaft mürrisch ist. Ich frage sofort nach dem Grund.

M'bo informiert mich traurig, daß sie »kein Fleisch« haben, sondern nur mit Bananen versorgt worden sind und weder Fleisch noch Fisch als Beilage vorrätig seien. Ich verspreche ihnen, in Njole eine ganze Menge davon einzukaufen. Tiefe Zufriedenheit überkommt meine Mannschaft, und sie fangen an zu singen. Nach ungefähr drei Stunden erreichen wir Njole, wo ich bei den Behörden Auskünfte einhole. Die beiden zuständigen Herren verstehen kein Englisch, aber Pierre dolmetscht, und der Brief, den Monsieur Forget freundlicherweise geschrieben hat, erklärt die Sachlage. Das Palaver wird daher zufriedenstellend beendet.

Zuerst meint der Beamte, daß er nicht gerne die Verantwortung dafür trage, daß ich mich in den Stromschnellen so großer Gefahr aussetze. Ich erkläre ihm aber, daß ich niemanden außer mich selbst für verantwortlich halte, und verweise auf die Tatsache, daß bereits eine Dame, Madame Quinée, vor mir dort gewesen sei. Er antwortet: »Ja, das ist richtig, aber Madame war in Begleitung ihres Ehemannes und vieler Männer«, wohingegen ich allein sei und nur acht Igalwa und keine Adooma zur Begleitung hätte, denn das wäre die richtige Mannschaft für die Stromschnellen. Die Adooma seien aber gerade mit einem Kanu stromaufwärts unterwegs. »Das ist richtig«, antworte ich. »Aber Madame Quinée fuhr direkt nach Lestourville, ich jedoch will die Stromschnellen nur genügend weit hinauf, um dort Fische zu fangen. Die Igalwa sind außerdem ausgezeichnete Kanufahrer. Sie können hinfahren, wo immer nur ein Sterblicher hin will« – das war als Aufheiterung für meinen Igalwadolmetscher gedacht – »und was den Ehemann betrifft, so findet sich weder in den *Ratschlägen für Reisende* der Royal Geographical Society noch in der ausführlichen Liste der Reiseutensilien für tropische Klimata der beiden Monsieurs Silver irgendeine Erwähnung über mitzuführende Ehemänner.« Schließlich erlaubt der Beamte die Weiterfahrt, obwohl er mich im Verdacht hat, zur Selbstzerstörung zu neigen.

Zwei Stunden nachdem wir Njole verlassen haben, treffen wir auf die erste Stromschnelle. Aus dem wirbelnden Wasser erheben sich überall große, grauschwarze, glattgeschliffene Felsbrocken. Wir halten uns dicht auf der rechten Uferseite, um den heftigsten Strömungen so gut als möglich auszuweichen. Dann und wann versperrt uns das vortretende Ufer den Weg. In diesem Fall fahren wir so nahe wie möglich heran, wobei aus Leibeskräften gerufen und geschrien wird. M'bo ruft: »Ans Ufer springen, Sir«, und ich: »Auf und gesprungen.« Die Hälfte der Besatzung folgt mir.

Und was das für Ufer waren! Aufgerissen, zerklüftet, voller Gesteinsbrocken und umgestürzter Bäume. Während ich über die Landzunge kletterte, bugsierte die Mannschaft das Kanu mit Hilfe einer am Bug befestigten Kette voran. War dies geschafft, paddelten wir weiter bis zum nächsten Hindernis.

M'bo riet, die erste Nacht im gleichen Dorf zu verbringen wie Monsieur Allegret. Als wir dort ankamen – es handelte sich um ein großes Dorf am Nordufer –, war es noch hell. Wir hielten es für besser, weiter flußaufwärts haltzumachen. Dadurch würde sich das Pensum für den nächsten Tag verkürzen, an dem wir bis Kondo Kondo kommen wollten. Wir gingen daher nur an Land, um uns über die flußaufwärts liegenden Dörfer zu erkundigen. In einer langen Reihe standen die niedrigen, rindengedeckten Hütten, der Hauptzugang der Häuserzeile lag nahe am Ufer. Die Bewohner hatten unsere Ankunft beobachtet, und als sie erkannten, daß wir zu einem Nachmittagsbesuch einkehren wollten, kamen sie ans Ufer und erhofften sich eine Abwechslung. Sie hatten eine Menge zu berichten, wir ebenso. Nach dem Austausch von Höflichkeiten in der Kurzfassung diplomatischer Verständigung übernahmen auf ihrer Seite drei Männer die Konversation, auf unserer Seite erfüllte M'bo diese Aufgabe. Auf seine Fragen wurde ganz nach Art der lebhaften, erregten Fang mit dramatischen Unterhaltungen geantwortet. Bald aber brachte ein Häuptling die Sache auf den Punkt, indem er seine Rede mit einem ruhegebietenden »Azuma, azuma!« begann. Seine Gefährten begleiteten die Ausführungen mit zustimmendem Brummen. Er nahm ein Bananenblatt und zerriß es in fünf verschieden große Teile, die er in unterschiedlich weiten Abständen auf den Rand unseres Kanus legte. Währenddessen erzählte er über die Dörfer, die die Blattstücke repräsentierten, zumeist schreckliche Dinge, sein Dorf natürlich ausgenommen.

Der Abstand zwischen den Blattstücken entsprach dem Abstand zwischen den Dörfern, ebenso die Größe. Als einziges empfahl er uns Dorf Nummer vier. Nachdem alles besprochen war, gab ich unseren freundlichen Informanten ausreichend Tabak und dankte ihnen. Daraufhin sang M'bo ihnen zu Ehren eine Hymne, assistiert von Pierre, der in einer anderen Tonart eine halbe Strophe hinterdrein sang, obwohl auch er in Moll schmetterte. Die Fang schienen beeindruckt zu sein, aber das wäre jede Versammlung, wenn meine Mannschaft Hymnen singt, außer es handelt sich um Insassen eines Taubstummenasyls. Danach verabschiedeten wir uns mit ganz besonderem Dank für die Einladung, auf dem Rückweg die Nacht bei ihnen zu verbringen, und legten gekonnt vom Ufer ab, um den Fang zu zeigen, wozu Igalwa fähig sind.

Wir waren keine zweihundert Yards gefahren, als wir an einem Felsen in eine Strömung kamen, die wir nicht passieren konnten. Ich wurde wieder über das Ufer geschickt, eine flache Verwerfung voller Gesteinsbrocken, die während der Regenzeit offensichtlich unter Wasser lagen. Ich kletterte voraus, die Männer riefen, schrien und zerrten an dem Kanu. Die Dorfbewohner – Alte, Männer und Frauen, nicht zu reden von den Hunden – strömten herbei, weil sie sahen, daß hier ein Spektakel stattfinden würde. Ein paar freundliche Seelen halfen den Männern beim Ziehen, während ich die übrigen amüsierte, indem ich kopfüber von einem großen Felsen, den ich mühsam erstiegen hatte, in ein dichtes weidenblättriges Gestrüpp stürzte. Zuerst applaudierten sie meiner Vorstellung lautstark. Dann halfen sie mir wieder auf die Beine. Bei meiner nächsten Kletterpartie hielten sie sich dicht hinter mir und kämpften hart um die ersten Plätze, immer in der Hoffnung, ich würde noch einmal etwas Ähnliches zum besten geben. Aber ich verweigerte eine Zugabe. Denn bei aller

Schüchternheit war ich dennoch der Ansicht, daß meine letzte Vorstellung mit der ganzen rückhaltlosen Hingabe einer Sarah Bernhardt gespielt worden war und daß ein Kunstgenuß diesen Grades jedes afrikanische Dorf für mindestens ein Jahr zufriedenstellen müßte.

Schließlich kroch ich über die Felsen zu einem hübschen kleinen Sandstrand und unterhielt mich dort mit meinen Zuschauern, bis das Kanu seine Schwierigkeiten überwunden hatte und fast so zerschunden wie ich selbst ankam. Wir verabschiedeten uns erneut und paddelten zum großen Schmerz der Eingeborenen davon. Denn oberhalb von Njole werden nicht jede Woche Zirkusvorstellungen geboten.

Es steht ganz außer Zweifel, daß die Karte aus Bananenblättern genial war und dem Häuptling zur Ehre gereichte. Unbezweifelbar ist auch, daß eine Fangmeile eher der irischen Meile gleicht – ungefähr neunmal so lang wie die eines normalen Sterblichen –, dennoch glaube ich nicht, daß er die einzelnen Stücke weit genug auseinandergelegt hatte. Und so paddelten wir eine lange Strecke, bevor wir auf das in der Karte ausgewiesene Dorf Nummer eins trafen. Noch weiter war es bis Dorf Nummer zwei, gleich darauf hingegen kam Dorf Nummer drei. Es lag hoch oben auf einem Berghang, doch es wurde dunkel, und das Wasser wurde schwieriger, während sich die Hügel in immer höhere, elegant geformte Berge verwandelten. Mit ihren bewaldeten Steilhängen bildeten sie eine Schlucht, die in der zunehmenden Dämmerung wie eine Allee aus Stahl für den schäumenden Ogowé erschien. Angestrengt hielten wir nach Dorf Nummer vier Ausschau. Wir bekamen es nie zu Gesicht, denn die Dunkelheit brach über den Fluß herein, als käme sie aus den Wäldern und den Seitenschluchten, wo wir sie stundenlang beobachtet hatten, wie sie wie ein Seemann bei schlechtem Wetter in Kleidern geschlafen hatte.

Wir paddelten weiter, hielten nach Dorffeuern Ausschau, sahen jedoch keine. Der *Erdgeist* wußte, daß wir etwas Bestimmtes wollten, und da er sah, daß es uns daran am meisten mangelte, dachte er, wir suchten Schönheit. Da er in freundlicher Stimmung war, bescherte er sie uns. Er ließ den Himmel mit lieblichen Strahlen erröten, die im Vergehen jenen göttlichen tiefpurpurnen Samt zurückließen, den noch niemand zu malen gewagt hat. Dann erschienen die großen, leuchtenden Sterne hoch über uns, und die Finsternis um uns war mit Glühwürmchen juwelengeschmückt. Dennoch waren wir mit der Lage der Dinge nicht so zufrieden, wie wir es hätten sein sollen. Feuer, an denen wir kochen, uns trocknen konnten und derlei Dinge – das war es, wonach wir uns sehnten. Der *Erdgeist* verstand uns nicht und ließ uns nach dem Verschwinden der letzten Strahlen mit gerade so viel Sternenlicht zurück, um den tanzenden Schaum der Stromschnellen zu erkennen, mit viel zuwenig hingegen, um die Bäume auszumachen, die vom Ufer in den Fluß gestürzt waren. Wenn die Stromschnellen nicht zu laut tobten, konnten wir die Hindernisse erlauschen, da das Wasser mit einem ganz typischen Geräusch durch die Zweige rauscht. Wenn aber ein Wasserfall in der Nähe war, kollidierten wir mit den Bäumen, richteten uns dabei übel zu und hatten es schwer, wieder auf unseren Kurs zu kommen.

Gegen neun Uhr gerieten wir in fürchterliche Stromschnellen. Zentimeter um Zentimeter kämpften wir uns voran. Das Kanu rammte unter Wasser liegende Felsbrocken, wir stießen uns davon ab, das Kanu kippte um und warf uns heraus. Da die Felsen direkt unter der Wasseroberfläche lagen, überlebten wir. Danach richteten wir das Kanu wieder geradeaus, stiegen ein und trieben es gnadenlos voran. Es bockte und schlug aus wie ein wildes Pferd, so daß wir alle übereinander, aber wenigstens nicht herausfielen – die Männer dank des Einsatzes ihrer intelligenten Beine, während ich mich an dem Seil festklammerte, das um den Rand des Kanus herumlief und dessen Bedeutung mir bei der Abfahrt in Talagouga nicht klar gewesen war. Hastig entwirrten wir uns und kämpften uns weiter. Dabei gingen festgezurrte Stakstangen und ein Paddel zu Bruch. Wir kreiselten dann in einem schrecklichen Strudel einige Male um die eigene Achse, bis wir schließlich herzlos und böse, mit dem Ende voran in die Strömung geschleudert wurden. Nun zeigte sich der Vorteil, daß bei diesen Kanus beide Enden gleich sind. Denn jetzt brauchten wir uns bloß noch um die eigene Achse zu drehen, und das Leben konnte von neuem beginnen, mit dem früheren Heck als Bug voraus. Natürlich waren wir deprimiert, denn ohne die Hilfe der verlorenen Paddel und Stakstangen mußten wir irgendwo Schutz suchen. Doch erst einmal trieben wir in rasendem Tempo die weiße Gischt hinab.

Bisweilen krachten wir mit voller Wucht gegen Felsen, die zwanzig bis dreißig Fuß aus dem Wasser ragten. Das Boot bäumte sich dann auf wie in rasendem Zorn. M'bo und Pierre traf der Schlag auf ihre Stangen. Manchmal bemerkten wir die Felsen rechtzeitig, manchmal nicht. Wenn der Stoß für M'bo und Pierre zu hart war, fielen sie auf mich, ich wurde flach auf die festvertäute Ladung zurückgeworfen und konnte das Durcheinander nicht nach hinten weitergeben. Das aber besorgte der Stoß auf die Frontseite des Kanus, und der Rest der Besatzung fiel übereinander nach vorne auf das Gepäck und auf mich. In dieser Nacht wurden wir mehrmals so durcheinandergeschleudert, daß es bei der notwendigen Eile wie ein Wunder erscheint, daß wir unsere Arme und Beine wieder korrekt entwirren konnten. Und obwohl wir von der Mitte des Kanus aus einige besonders geglückte Schläge landeten, war unser Versuch, aus dem Strudel zu entkommen, nicht erfolgreicher als M'bos oder Pierres Ausweichmanöver. So tanzten wir in dieser Nacht so manchen wilden Walzer mit den Wassern des Ogowé.

Ähnlich unerfreulich wie die Stromschnellen waren die dunklen Strömungen, in die wir bisweilen gerieten. Um es so richtig unbequem zu haben, ist es am besten, in der Dunkelheit mit voller Wucht in die Äste eines umgestürzten Baumes zu donnern; und das bei unserer Geschwindigkeit: ein einziges Krachen, Knallen und Splittern. Dann hängt man fest, einen Ast gegen die Brust gedrückt, die Haare ausgerissen, die Kleider zerfetzt, während der bösartige Fluß versucht, das Kanu wegzuzerren. Für hartherzige Zuschauer hätten wir, glaube ich, ein höchst amüsantes Spektakel geliefert. Doch

Zuschauer gab es nicht, und uns selbst wollte es in dieser Nacht nicht gelingen, über die eigene Unbeholfenheit zu scherzen, wie wir es wenigstens tagsüber konnten.

Nachdem wir mehr als eine gute Stunde so zugebracht hatten, fuhren wir gegen ein schwarzes Felsenriff. Das Kanu hatte sich derart hartnäckig verkeilt, daß wir es in unserem erschöpften Zustand nicht mehr frei bekamen. Also beschlossen wir, es zu lassen und uns lieber nach Eßbarem, Feuer und einem Nachtlager umzusehen. Ganz in der Nähe entdeckten unsere an die Dunkelheit gewöhnten Augen ein großes Landstück, das sich aus dem Wasser erhob: Kembe Island, wie wir herausfanden. Auf beiden Seiten von Felsen und Gischt umgeben, lag es in der Dunkelheit, und hoch über uns zeichneten sich gegen den sternenklaren Himmel die Gipfel der Sierra del Cristal ab.

Die interessanteste Frage für uns war nun, ob dieses Felsenriff mit der Insel so weit verbunden war, daß wir hinübergelangen konnten. Wir banden das Kanu an den Steinen fest – was ein wenig überflüssig erschien, da es ohnehin festhing, aber mit allem, was Boote betrifft, kann man nie vorsichtig genug sein –, dann zogen wir über die Gesteinsbrocken los.

Die meisten von uns gerieten dabei in tiefe Wasserkanäle, die zwischen dem Felsenriff und dem Ufer eingeschnitten sind. M'bo fand als erster den Weg in die Sicherheit. In solchen Dingen vollbrachte er wahre Wunder. Ich hielt mich dicht bei ihm, und als wir an Land gingen und auch die anderen Wanderer angekommen waren, schien es uns, daß hier durchaus ein Dorf sein könnte. Also machten wir uns daran, es zu finden.

Nach einer Kurzweil in einem Wald voller Felsen und struppigem Dickicht, das im Winkel von 45 Grad auf einem unwirtlichen Hügel wuchs, entdeckte M'bo auf der linken Seite Feuerschein zwischen den Stämmen. Wir schleppten uns in diese Richtung, während wir die Trommeln hörten. Mit den Bäumen im Vordergrund war die Szene sehr malerisch.

Das Dorf bestand aus einer Ansammlung sehr niedriger, erbärmlicher Hütten aus Palmmatten. Auf der winzigen

Straße, nicht länger als sechzig Fuß lang und zwanzig Fuß breit, brannte eine Reihe kleiner Feuer. Die Dorfbewohner selbst waren jedoch die überraschendsten Gestalten in diesem Bild. Ihre nackten Körper waren über und über mit Zinnober bemalt. Sie tanzten begeistert auf den bekannten Ramp-a-tamp-tamp-tamp-Rhythmus, der von einem alten Gentleman auf einer langen, hohen, weiß und schwarz bemalten Trommel geschlagen wurde. Später sagten sie uns, daß sie uns nicht gehört hatten, weil sie tanzten. M'bo sicherte mir ein – ich weiß nicht, wie ich es bezeichnen soll – für meinen Gebrauch. Ich nehme an, daß es sich um die Überreste des Dorfclubhauses handelte. Es besaß durchaus noch Teile eines Palmblattdaches und links einen Teil der Hausseite. Der Rest des Gebildes bestand aus unbehauenen, alten Pfosten, zwischen denen in Fetzen die Palmblattverkleidung herunterhing. Wäre das Dach nicht gewesen, hätte man drinnen und draußen nur schwer unterscheiden können. Der Fußboden bestand aus gestampfter Erde, in dessen Mitte ein Häufchen Asche und die üblichen zwei Buschlichter lagen. Die brennenden Enden waren mit Steinen vom Boden abgestützt. Wie üblich verbreiteten sie einen süßlichen, aber letztlich nicht unangenehmen Geruch. Die Rauchwolken ziehen durch die Dachmatten ab, wobei sie an der Innenseite einen dicken, öligen Belag von brauner Farbe zurücklassen. Sie geben ein sehr gutes Licht, vorausgesetzt, man kümmert sich ständig darum und schlägt regelmäßig die graugebrannte Asche ab, denn so putzt man ein Buschlicht. Gegenüber der offenen Seite hing eine Trommel, die mit roher Haut überzogen war. Ein langer, hohler Baumstamm diente als Ablage für ein paar Kleinigkeiten.

Diese Einzelheiten betrachtete ich, während ich auf einer der harten Holzbänke saß und auf mein Abendessen wartete, das Isaac draußen auf der Straße zubereitete. Die Atmosphäre in der Hütte war trotz der erstaunlichen Vorteile der Belüftung bedrückend: Der Geruch der Buschlichter, meiner nassen Kleider und die Eingeborenen, die sich hereindrängten, um mich zu beobachten, ergaben zusammmen alles andere als eine angenehme Umgebung. Die Menschen waren offensichtlich äußerst arm. An Kleidern hatten sie so gut wie nichts. Die beiden wichtigsten Männer trugen zerfetzte französische Militärmäntel. Dennoch schienen sie mit ihrem Äußeren ganz zufrieden, da sie es wohl als Ausdruck europäischer Kulturverbundenheit begriffen. Mit selbstbewußter Überlegenheit belehrten sie die anderen über Sitten und Gebräuche des weißen Mannes. Die Mehrzahl der Dorfbewohner sah jenen interessanten Wesen recht ähnlich, die Adooma heißen.

Sie erzählten uns, daß der Konvoi, der mit dem lebhaften Regierungsbeamten flußaufwärts gefahren sei, Schwierigkeiten mit den Stromschnellen gehabt habe und fünf Tage in Kondo Kondo festgehalten worden sei. Mit Stricken und Ketten hätten sie die leeren Kanus hinaufziehen und die Ladung über Land transportieren müssen, bis sie sie hinter der schwierigsten Stromschnelle wieder einladen konnten. Sie fügten hinzu, daß die Stromschnellen im Moment am schlimmsten seien, und unterhielten uns mit Erinnerungen an einen armen jungen französischen Beamten, der letztes Jahr ertrunken war. Sie waren ähnlich aufmunternd wie meine weißen Freunde. Sobald mein Essen kam, zogen sie sich höflich zurück, und ich hörte, wie der fromme M'bo eine Messe mit Chorälen für sie las. Danach kehrten sie zu ihren Trommeln und ihren Tänzen zurück und blieben wahrhaft lange auf den Beinen, denn es war bereits elf Uhr nachts, als wir das Dorf betraten.

Ich bewachte unsere wenigen Habseligkeiten, während die Männer aßen, und als sie danach meine Hütte aufräumten, ging ich auf einem Pfad zum Ufer hinunter, den wir am Anfang bewußt vermieden hatten. Es handelte sich um einen sehr steilen, rutschigen kleinen Weg, auf dem die Eingeborenen zu ihren Kanus hinuntergingen, die zwischen den Felsen lagen. Der Mond ging auf und erhellte den Himmel, aber noch sandte er sein Licht nicht in die tiefe Schlucht des reißenden, schäumenden Ogowé, ein Anblick von göttlicher Schönheit. Zu beiden Seiten der formlosen Düsternis erhoben sich die Gipfel der Sierra del Cristal. Der Tomanjawki und die

Berge neben ihm auf der entfernteren Seite des Flusses zeichneten sich besonders eindrucksvoll gegen den Himmel ab. In den schwach erleuchteten höheren Tälern hingen träge Wolken und Girlanden aus silbergrauem Dunst, der sich zuweilen auch sanft bewegte. Der Olangi schien sich bis über den Fluß zu erstrecken und mit seiner blanken Masse jeglichen Durchgang zu versperren, während im Nordosten ein konisch geformter Bergkegel auffiel, den ich später als den Kangwe erkannte. In der Dunkelheit umschwärmten mich Tausende von Glühwürmchen, und unter mir rauschte unablässig die weiße Gischt der Stromschnellen durch die tiefschwarze Nacht. Außer ihrem Tosen hörte man keinen Laut. Die majestätische Schönheit der Umgebung faszinierte mich; gegen einen Baum gelehnt betrachtete ich die grandiose Szenerie.

Doch glauben Sie nicht, daß ich dadurch zu poetischen Reflexionen veranlaßt werde, wie dies bei anderen Menschen angesichts von Naturschönheit der Fall ist. Mir passiert das nicht. Ich verliere nur jegliches Gefühl für menschliche Individualität, jede Erinnerung an das menschliche Leben mit all seinem Ärger, den Sorgen und den Zweifeln. Ich werde zu einem Teil der Atmosphäre. Wenn für mich ein Himmel existiert, dann ist er hier. Ich glaube wahrhaftig, wenn man mich lange genug in einer solchen Umgebung wie hier oder auf dem Deck eines afrikanischen Linienschiffs allein ließe – in den Bays vielleicht –, wo ich den Kamin und die Masten des Schiffes in ihrem sanften, langsamen Hin- und Herschwanken vor dem Himmel beobachte – dann würde man mich seelenlos und tot wiederfinden. Doch dazu fehlt mir die Gelegenheit.

In dieser Nacht wurden meine umherschweifenden Kras, wie meine Freunde von den Fanti die nachts wandernden Schutzgeister eines Menschen nennen würden, ganz schnell und in großer Aufregung wieder in ihren heimatlichen Körper – nämlich meinen – zurückgeschickt, als ein schriller Schrei das Rauschen des Ogowé bis hinauf zu den Hügeln zerriß. Ich fuhr davon aus dem Schlaf, fühlte mich ganz steif und starr, lief jedoch schnell in die Richtung, aus der das Gebrüll kam. Denn ich vermutete, daß einer unserer Gastgeber jemanden aus der Mannschaft aufgespießt hatte – eine unzutreffende und dumme Vermutung, für die ich mich entschuldige. Es war folgendes geschehen: Meine Männer wollten auf das Kanu aufpassen, hatten deshalb daneben ein Feuer gemacht und ihre Moskitonetze wie Zelte aufgespannt. Einer hatte sich, müde nach diesem harten Tag, auf eines der drei Rohre gesetzt, die, hierzulande schräg in den Boden um das Feuer gesteckt, den allgemein üblichen Herd bilden. Der Igalwa wollte noch eine letzte Pfeife rauchen, war jedoch dabei schon eingeschlafen. Das Feuer glühte in der Röhre weiter und verbrannte ihn plötzlich. Mit seinem Schrei machte er dieses Pech öffentlich bekannt. Nachdem ich dies geklärt hatte, plazierte ich das Opfer in ein Sitzbad mit kaltem Wasser und ging wieder in das Dorf hinauf, dessen Bewohner endlich müde waren und sich schlafen legten. M'bo hatte inzwischen meinen Moskitoschutz über einen der Hartholzbalken gehängt, ich legte mich vorsichtig darunter, zündete ein kleines Licht an und las mich mit meinem verdrückten, feuchten Horaz in den Schlaf.

Gegen vier Uhr morgens wachte ich auf dem Boden unter dem Pfosten auf, da ich durch eine unbedachte Bewegung aus dem Haus gefallen war. Gott sei Dank gab es keine Moskitos. Ich weiß nicht, wie ich den Ratten entgangen bin, die hier umherschwärmen. Schockierend zahm rennen sie am Abend zwischen den Hütten und den Bewohnern herum. Bis ungefähr sechs Uhr legte ich mich wieder in die Hütte, dann machten wir uns fertig, um weiter flußaufwärts zu fahren, ausgerüstet mit neuen Stakstangen und einem Eingeborenen, der uns bei dem Kampf mit den Stromschnellen helfen sollte.

Wir verließen die Felsen des Anlegeplatzes von Kembe Island gegen acht Uhr. Kaum waren wir im Wasser, da wurden wir im nächsten Augenblick schon mit der Breitseite voran über den ganzen Fluß ans Nordufer gedrückt und kämpften dort dann heftig mit einer sehr schwierigen Stromschnelle. Danach gab es für eine Weile praktisch keine Felsenhindernisse mehr, der Fluß strömte ruhig und schnell dahin.

In einem solchen Abschnitt ergibt sich ein eigenartiger

Effekt: Das Wasser fließt an der Seite des Kanus vorüber, während man sein Paddel mit kurzen, kräftigen Stößen hineinsticht. Man meint, sogleich mit der Geschwindigkeit des Nordwestexpreß zu fahren. Aber, lieber Freund, man braucht bloß einen Blick auf das Ufer zu werfen, das nahezu stillsteht, um festzustellen, daß man selbst mitsamt dem Kanu ebenfalls fast stillsteht. Trotz all der Anstrengung kommt man nur im Schneckentempo voran, rasend schnell fließt nur das Wasser. Eine äußerst seltsame und unerfreuliche Desillusionierung.

Nach einer zweiten schlimmen Stromschnelle, die unser Gefährte aus Kembe Island »Unfanga« nannte, gelangen wir zwischen hohen Bergen in einen See, wo wir zwanzig erholsame Minuten lang, immer am linken Ufer entlang, so gut vorankommen, daß wir uns – völlig zu Unrecht – in Sicherheit fühlen. Die Mannschaft singt M'pongwe-Lieder, die davon handeln, wie die Männer nach Hause kommen und ihre Frauen, Familien und Freunde treffen. Voller Ironie werden die Eigenarten und Mißgeschicke dieser Freunde beschrieben, und diejenigen, die die Anspielungen verstehen, brechen in brüllendes Gelächter aus. Es wird erzählt, wie jeder zu seiner Kiste geht, seine Kleider herausnimmt und sie anzieht – jeder Mann gibt als Soloeinlage eine lange, ausführliche Aufzählung dieser Besitztümer –, dann setzt der kräftige Chor ein, der Bewunderung und Erstaunen über solchen Reichtum und solche Wichtigkeit ausdrückt. Später singen sie von ihrer Unzufriedenheit mit der Naturalienentlohnung von »Holty's« und daß sie entschlossen sind, das nächste Mal ihre Waren zu Hatton and Cookson zu bringen oder umgekehrt. Darauf setzt wieder der Chor ein, applaudiert solch weisen Entscheidungen und preist die Exzellenz der Waren von Hatton and Cookson oder Holty's.

Diese Bootslieder der M'pongwe und Igalwa sind alle sehr schön und werden nach kunstvollen Melodien gesungen. Ich glaube nicht, daß ihre Texte alt sind. Ich habe ziemlich intensiv versucht, das herauszufinden. Doch die Melodien werden wohl schon sehr lange gesungen, es sind nur wenige, und sie sind sehr unterschiedlich. Die Worte setzt der Sänger spontan ein. Es gibt nur die Einschränkung, daß für Themen aus dem häuslichen Bereich eine bestimmte Melodie gilt, für ein Lied über den Handel eine andere etc. Als guter Sänger ist hier angesehen, wer das beste Lied vorführt – das beeindruckendste oder das lustigste. Bei den Ga, den Krumännern und den Bubi habe ich das auch immer wieder festgestellt. Es sind Lieder ohne Instrumentalbegleitung. Eine solche Musik besteht aus vielfältigen und raffinierten Abfolgen von Trommelklängen, die zu verstehen mich sehr viel Zeit kostete und in seltsame Gesellschaft brachte. Dazu kommen dann die 'mrimba und die mit Orchideenwurzeln bespannte Harfe. Diese Instrumentalmelodien sind, wie mir scheint, völlig anders als die gesungenen Lieder.

Die friedlichen Gesänge, die meine Männer nun anstimmten, waren in ihrem blumigen Stil ganz anders als die, mit denen sie sich durch die Stromschnellen kämpften: »So Sir-So Sur – So Sir- So Sur, So Sur- Ush! So Sir etc.«

Während wir bei solchen wunderbaren Gesängen, an keine Boshaftigkeit der Natur denkend, ruhig dahinfahren, ist da hinter einer Stelle am Ufer plötzlich eine Strömung, ein stilles, teuflisches Ding, erwischt die Nase unseres Kanus, dreht es herum, treibt uns trotz unserer wilden Schläge rückwärts über den ganzen Fluß und kippt uns auf einem Felsen aus, über den die Fluten hinwegtoben. Dieses Mal war es ein Stein der tischähnlichen Variante und nicht einer dieser ganz speziellen, enggesteckten Zacken, die sich aus unwägbaren Tiefen erheben und zwischen denen sich das Kanu verkeilt und zersplittert. Bis zu den Knien standen wir im Wasser, das uns fast die Beine abriß, schoben und zerrten das Kanu wieder frei, stiegen ein und sangen bei der Flußüberquerung »So Sir«, um unseren Streit mit der Strömung zu bereinigen. Das gelingt. Am Ende der Strömung noch eine Stromschnelle, aber dann ist auf der Uferseite unter dem Berg endlich eine Lichtung mit einem Dorf zu erkennen, das erste Zeichen menschlicher Besiedlung, das wir heute zu Gesicht bekamen.

In einer kleinen Bucht, die wir passieren, sehen wir acht

Eingeborenenfrauen, ganz offensichtlich Fang, mit ihren braunen Gesichtern und zahllosen Hals- und Armreifen aus Metall. Wahrscheinlich tragen sie auch Fußreifen, aber die können wir nicht sehen, weil die Guten bis zur Taille in dem schaumigen Wasser herumhantieren. Sie sind dabei, eine Fischreuse aufzubrechen. Wir halten an, plaudern und beobachten, wie sie die Fische in die Körbe sammeln. Ich erwerbe ein paar Exemplare. Wie es sich gehört, rufen die Frauen uns aus einiger Entfernung Abschiedsgrüße zu, während wir unseren Kurs wiederaufnehmen.

Die Mitte des Ogowé war hier buchstäblich zugewachsen mit hohen Felsen. Wenn sie so kantig und gezackt über die Gischt ragten, sahen sie aus wie merkwürdig kräftige Gestalten, die sich dem Fluß entgegenzustemmen scheinen, die harten Gesichter über dem Wasser, die weicheren Formen unter Wasser, als trügen sie schwarze Mäntel, die nach hinten gespült werden. Auf der anderen Seite des Ufers lagen die dunkel bewaldeten Ausläufer des Tomanjawki. Unser Weg war frei, bis wir uns um das obere Ende der Bucht in eine kräftige Strömung voll starker Strudel hineinkämpften. Danach wurde der Fluß breiter, beruhigte sich, verengte sich aber plötzlich. Von beiden Flußufern ragten felsige Vorsprünge ins Wasser. Auf dem nördlichen Vorsprung stand ein kleines Dorf, und auf beiden Seiten erhoben sich riesige Monolithe aus dem Strom, die aussahen wie ein Tor, das einst verschlossen war und durch das der Ogowé hindurchgebrochen ist.

Zum erstenmal auf dieser Reise fühlte ich mich ohne Mut. Es erschien so unmöglich, daß wir in unserem winzigen Kanu und mit der kleinen Besatzung den Weg durch dieses Tor erzwingen könnten, wenn der ganze Ogowé dort tobte. Aber wir klammerten uns mit Händen, Stakstangen und Paddeln an das Ufer und die Felsen, und es gelang. Tatsächlich war der schlimmste Teil nicht das Tor, sondern die Stelle direkt davor mit einem großen Strudel, dessen Zentrum zwei oder drei Fuß tiefer als sein Rand lag. Wie mir der Mann von Kembe Island sagte, wird dieser Strudel durch eine große Höhlenöffnung unterhalb des Wassers verursacht. Oberhalb des Tores erweiterte sich der Fluß wieder, und wir sahen den bogenförmigen Eingang zu einer großen Höhle am Südufer. Die Bergseite bestand aus bewaldeten Felsen, der Eingang zu der Höhle lag direkt auf dem oberen Hügel des Vorsprungs auf der südlichen Uferseite. Hier waren wir vor der Strömung geschützt, erholten uns und untersuchten die Höhle in Ruhe.

Der Ogowé fließt hinein, aber zu dieser Jahreszeit kann man sie problemlos begehen. Ich bezweifle, ob dies in der Regenzeit, wenn der Wasserspiegel mehr als zwanzig Fuß höher liegt, noch möglich ist.

Man sagte mir, daß dieser Platz Boko Boko heißt und daß die Höhle sehr lang sei. Sie verlaufe zuerst auf einer bestimmten Höhe im Hügel, steige dann an und habe nahe den weißen Felsen, die man als Fleck hoch oben am Berg sah, ihren Ausgang.

Die Landschaft oberhalb von Boko Boko ist mit dem von Bergen eingerahmten Fluß unübertrefflich hübsch. Beim Hinauffahren öffnet sich der Fluß nach vorne, schaut man zurück, schließt er sich. Die enggedrängten Bergmassive ändern ihre Form je nach dem Winkel, aus dem man sie betrachtet – außer einem, dem Kangwe: er ist ein einfacher Kegel und offensichtlich das Ergebnis von einem großen vulkanischen Ausbruch. Die Sandbänke tauchen auf, wo immer der Strom eine Biegung macht und Stillwasser zurückläßt, dessen helle glitzernde Farbe die Szenerie aufheitert.

Als wir über ein Felsenriff an der Einfahrt zum Orkana vorbeipaddelten, hörte ich ein Geräusch. Das Tosen und Brausen des Ogowé kannten wir zur Genüge. Wir konnten auch erkennen, welches Hindernis ihn welche Dinge sagen ließ. Entweder waren es die unbeweglichen Felsen, die ihn schäumend in wilden Wirbeln zurückwarfen, oder es waren helle, vom Ufer überhängende Baumskelette, die ihn vor Verdruß zischen ließen. Dieses Mal aber handelte es sich um ganz elementares Tosen. Ich sagte zu M'bo: »Da ist ein Gewitter in den Bergen.« – »Nein, Sir«, sagte er, »das ist die Alemba-Stromschnelle.«

Wir paddelten wieder dicht am rechten Ufer entlang, um

den Felsen in der Flußmitte auszuweichen. Die Bergwand am Ufer war für ein kurzes Stück unterbrochen, und vor uns öffnete sich ein lieblicher Ausblick. Es schien, als blickten wir in das Herz der Sierra del Cristal, deren scharfgeschnittene Gipfel das enge, flache Tal vor uns mit dichtbewaldeten Steilhängen umrundeten.

Bald verließen wir die schöne Landschaft und fuhren in den Kanal zwischen den Felsenmauern. Nur mühsam kamen wir voran, als wollten wir einen endlosen Hügel aus schwarzem Wasser erklimmen. Danach ging es durch einige Strudel und einen felsigen Kanal zu dem Sand- und Felsenstrand unserer ersehnten Insel Kondo Kondo, an deren Nordseite der Alemba donnerte. Wir vertäuten unser Kanu in einer kleinen Bucht zwischen den Steinen und gingen ziemlich steif, müde und durchnäßt an Land.

Die Insel besteht hauptsächlich aus Sand mit glatten, daraus hervorstehenden Felsplatten. Dazwischen blühen zu Tausenden wunderschöne Lilien, mit intensiv nach Vanille duftenden weißen Blüten, ihre leuchtend hellgrünen Blätter sehen auf dem glitzernden Sand zwischen den schwarzgrauen Steinen herrlich aus. Wie sie die lange Überschwemmungszeit überstehen, weiß ich nicht. Die Eingeborenen erzählten mir, daß sie herauskommen, sobald das Wasser fällt und die Insel sichtbar wird. Sie wachsen und blühen sehr schnell und stehen in Blüte, bis der Ogowé wiederkommt und Kondo Kondo monatelang rücksichtslos überschwemmt. Während die Männer mit ihrem Feuer beschäftigt waren, ging ich über die Insel, um die große Alemba-Stromschnelle zu sehen, von der ich bereits so viel gehört hatte.

Von deren Ruhm und Größe müssen edlere Federn künden als die meine. Der Anblick war weder mit etwas zu vergleichen, das ich bis dahin gesehen hatte, noch war das Geräusch einem Laut ähnlich, den ich bis dahin gehört hatte. Keine Stromschnelle ist wie diese. Manche sind wild, stur und bösartig, aber der Alemba ist anders. Er kämpft sich nicht brodelnd, hin und her geschleudert durch die Felsen, sondern bewegt sich in einem majestätischen Tanz.

Die Nacht auf Kondo Kondo war überwältigend schön. Die Sonne ging unter, und ihr Glühen blitzte in Karmesin, Purpur und Gold über den Himmel, um schließlich ein tief-violettes Purpurrot zurückzulassen. Die großen Sterne hingen darin wie Monde, bis der Mond dann selbst aufging, der den Himmel erhellte, bevor er seine Strahlen in unser Tal sandte. Während er aufstieg, verdeckten die Berge sein Antlitz, die Konturen wurden zunehmend schärfer. Ihr Schwarzton vertiefte sich. Gerade hell genug waren die gegenüberliegenden Hügel, um die dünnen Nebelfäden und die schwebenden blauweißen Dunstschleier erkennen zu lassen. Endlich schien der Mond für kurze Zeit auch auf die wilde Gischt des Alemba und verwandelte sie in sanft-silbrigen Nebeldunst.

Die einzelnen Namen der Berge rund um Kondo Kondo weiß ich nicht mehr. Denn bei meiner letzten Havarie, bevor wir die Insel erreichten, verlor ich meinen Stift. Und selbst wenn ich einen Stift gehabt hätte, hätte ich seither in mein Notizbuch keine Worte aus der Sprache der Eingeborenen mehr aufschreiben können. Es war nur noch eine breiige Masse, da ich es auch in meiner Tasche behielt, nachdem wir den Orkana River verlassen hatten, so als wollte ich es für Unterwassermanöver bereithalten. Außerdem hatte ich einige Fische und ziemlich viel Wasser darin, so daß ich froh bin, überhaupt noch Notizen gerettet zu haben.

M'bo hatte eine Reihe prophetischer Visionen über unsere Rückfahrt. Sie basierten auf eigenen Erinnerungen und Berichten anderer. Ich versuchte, ihn zu trösten, indem ich ihn darauf hinwies, daß unseren Freunden und Verwandten die Beerdigungskosten erspart blieben, wenn seine Prophezeiungen wirklich einträfen. Daß sie also ihr Geld nicht für Grabmäler verschleudern würden, sollte für unsere vernünftigen Köpfe ein Trost sein. M'bo stimmte mir nicht zu, aber er war doch ein zu braver Christ, um von der unangenehmen Überzeugung geplagt zu werden, die die anderen Mitglieder meiner Besatzung quälte: ohne Bestattungszeremonie würden unsere Seelen nicht von dieser Welt erlöst werden und müßten für immer über dem Ogowé schweben, ganz in der Nähe der den Tod bringenden Katastrophe.

Ich gebe zu, daß der Gedanke unangenehm ist. Man stelle sich vor, die Tage in Gesellschaft von Fledermäusen in diesen Höhlen verbringen zu müssen und nachts in kaltem Nebel herumzuwandern! Aber wie eine ganze Reihe ähnlicher Vorhersagen traten auch diese von M'bo nicht ein, aber in so einem Fall ist jeder Fehlschlag ein Glück. Zweimal war es sehr knapp, als wir zwischen spitzzackigen Felsen eingeklemmt wurden. Aber nach diversen uns erschreckenden, kratzenden und krachenden Geräuschen wurden wir wieder schimpflich ins offene Wasser geworfen. Einige Male retteten wir uns auf teilweise überspülte Felsplatten, von denen uns der Ogowé aber ohne alle Umstände heruntertrieb, irritiert durch das Hindernis, das wir darstellten. Nie jedoch trafen wir auf die Felsen aus M'bos philosophischer Einbildung: unter dem Wasserspiegel lauernde Nadeln oder messerscharfe Kanten eines Felszackens, die unser Kanu vom Heck bis zum Bug aufschlitzen und blitzsauber in zwei Stücke teilen würden.

Alexandra David-Néel

Mein Weg durch Himmel und Hölle

Nachdem Alexandra David-Néel (1868–1969) im mongolischen Kum-Bum, wo sie bereits seit zwei Jahren in einem buddhistischen Kloster lebt, 1920 der Boden zu heiß wird – es herrscht Bürgerkrieg und in der ganzen Provinz sind Seuchen ausgebrochen –, beschließt sie, endlich ihren langgehegten Traum zu verwirklichen: Sie will nach Tibet, in die »verbotene Stadt« des Dalai-Lama, nach Lhasa. Immer wieder wird ihr, wie allen Europäern, der Zutritt nach Tibet strikt verweigert. Aber sie läßt sich nicht kleinkriegen. »Ich schwor mir, daß ich Lhasa allen Hindernissen zum Trotz erreichen würde, schon um zu zeigen, was der Wille einer Frau vermag«, schreibt sie. Und so greift sie zu einem Trick. Sie verkleidet sich als tibetische Bettlerin, färbt sich die Haare mit schwarzer Tusche und flicht noch Yakhaar hinein, schwärzt sich Hände und Gesicht mit Ruß. Begleitet von ihrem Adoptivsohn Yongden, einem jungen tibetischen Lama, beginnt sie ihren abenteuerlichen, unvorstellbar strapaziösen Fußmarsch quer durch Tibet. Nach vier Monaten in ständiger Angst, entdeckt und ausgewiesen zu werden, erreicht sie 1923 als erste Europäerin das sagenumwobene Lhasa.

Wir näherten uns dem Ende der letzten Schlucht vor der Erweiterung des Tales, wo unser Pfad den Saluën verließ und sich den Pässen zuwandte, die nach dem Nu-Fluß führten. Yongden ging voran und war mir durch die Biegung des Weges um einen Felsenvorsprung herum aus den Augen gekommen, als mir ein gutgekleideter Mann, um die Ecke des Bergstocks biegend, entgegenkam. Der Pfad war hier so eng, daß, wenn zwei Leute zusammentrafen, der eine sich an den Felsen drücken mußte, um den anderen vorbeizulassen.

35

Mit der ganzen Demut, die mir als Orientalin und Bettel-
weib zukam, hatte ich dem Reisenden schon Platz gemacht,
als er plötzlich anhielt, das Gewehr von der Schulter nahm
und das Schwert aus seinem Gürtel entfernte, wie das in Tibet
bei Ehrerbietungen Sitte ist. Dann verneigte er sich mit gefal-
teten Händen und gesenktem Kopf dreimal und näherte sich
mir in dieser Haltung, gerade als ob er einen Lama um seinen
Segen bäte.

Das Erstaunen lähmte mein Denkvermögen völlig. Halb
mechanisch führte ich eine in lamaistischen Klöstern übliche
Begrüßungsgeste aus und legte meine Hände auf den Kopf
des Mannes. Bevor ich mich noch von meiner Überraschung
so weit erholt hatte, daß ich ihn hätte fragen können, wer er
war, hatte er schon wieder Flinte und Schwert ergriffen und
war auf und davon. Ich drehte mich um und sah ihm nach; er
schritt rasch durch die Schlucht und war nach wenigen Minuten nur noch als kleiner schwarzer Fleck am Ende des langen,
schmalen Steiges sichtbar.

»Hast du den Mann gesehen?« erkundigte ich mich bei
Yongden, als ich ihn eingeholt hatte.

Er bejahte es.

»Hast du mit ihm gesprochen?«

»Nein, er grüßte mich nur.«

Ich erzählte von meiner Begegnung mit dem Mann, und
Yongden schloß daraus, der Mann müsse ein Naljorpa, ein
Dämonenbeschwörer, gewesen sein. Ich selbst war der Meinung, daß der Fremde uns beide früher irgendwo einmal getroffen hatte. Nun tat es mir leid, daß ich ihn hatte ziehen
lassen, ohne ihn anzureden. Da er mich um meinen Segen
gebeten hatte, konnte er ja nichts Böses gegen mich im Schilde
führen, aber er konnte immerhin anderen von der Begegnung
erzählen, und besonders da er die Richtung nach Aben eingeschlagen hatte, konnten alle solche Reden uns Gefahr bringen.

Aber Yongden blieb dabei, den Mann nie gesehen zu haben, wir seien ihm auch ganz fremd, und der Unbekannte sei
nur irgendwie »geheimnisvoll beeinflußt« gewesen. Er geriet

dann ins Erzählen tibetischer Geschichten, die von ähnlichen Fällen handelten, und wir landeten bald in dem phantastischen, aber anziehenden Bereich unserer früheren Existenzen. Ich beschränkte mich im Grunde ganz bescheiden auf den Wunsch, daß mein unbekannter Verehrer, einerlei was für Gründe ihn auch bewegt haben mochten, uns wenigstens nicht in Gefahr bringen möge.

Wir näherten uns jetzt Thana, das uns als Grenzstation genannt worden war. Im Vertrauen auf Karten und die Angaben einiger Reisebücher glaubte ich, daß die Pilgerstraße sich nun nach Osten zum Zwillingspaß des Dokar wendete und wieder zurück auf chinesisches Gebiet, nach der Wasserscheide des Mekong-Flusses, führte. Der Weg, den wir nehmen mußten, gabelte sich erst bei Wabo. Ich war ganz damit beschäftigt, eine neue Geschichte über das Ziel unserer Reise zu erfinden, denn jetzt verließen wir ja den heiligen Berg, der uns bisher den glaubwürdigen Vorwand einer frommen Pilgerfahrt geboten hatte. Ich war sicher, wir würden nicht länger unbemerkt bleiben, denn wozu war denn die Grenzwache in Thana überhaupt da, wenn nicht, um zu beobachten, wer von den Pilgern diesen Pfad etwa verließ, um sich nach Tibet zu wenden? Im Geiste sah ich schon nichts als Grenzschranken vor mir und träumte von Beamten, die mit den Reisenden Verhöre anstellten. Dies Dorf Thana kam mir nicht aus dem Sinn, und ich war ebenso ratlos wie besorgt.

Während wir unserem Schicksal – mochte es gut oder böse sein, wer konnte das wissen? – entgegenwanderten, sahen wir einige schneebedeckte Gipfel und ein großes Stück des Kha Karpo selbst in wunderbarer Weise erstrahlen, und ich faßte das gern als herzliches Willkommen auf. Das Tal hatte zu dieser Jahreszeit nicht viel mehr als trockenes Dorngestrüpp aufzuweisen, die Hügel waren kahl und von blaßgelber Farbe. Am anderen Ufer des hier von hohen Ufern eingefaßten Stromes sahen wir ein Kloster liegen.

Es gelang uns, Thana bei Nacht zu erreichen. Es gelang uns sogar beinahe zu gut, denn wir konnten im Dunkeln den Weg nicht finden, gerieten in die Nähe eines Tempels, und die dortigen Wachhunde bellten ganz schrecklich, als sie uns kommen hörten. Glücklicherweise waren sie eingeschlossen und konnten uns daher nicht angreifen, aber ich war bange, es könnten Leute herauskommen, sich nach der Ursache des Lärms umsehen und sich vergewissern, daß es sich nicht etwa um Diebe handelte. Überdies konnte das nächtliche Erscheinen von geheimnisvollen Fremden sehr leicht zu Erkundigungen und schließlich dazu führen, daß wir der Grenzwache gemeldet wurden. Um dem vorzubeugen, rief Yongden laut nach dem Tempelwächter und erbat ein nächtliches Obdach für eine erschöpfte Arjopa, die eines kranken Beines wegen schon die letzte Tagesreise nur noch mit Mühe und Not zurückgelegt hatte; die Klage war sehr bewegend abgefaßt und wurde laut genug geschrien, um in all den Tempelgebäuden gehört zu werden. Ich selbst hielt mich unterdessen versteckt. Wir waren innerlich fest überzeugt, daß der Wächter nachts keinen Bettler aufnehmen würde; wir kannten Land und Leute in Tibet gut genug, um diese List ruhig anwenden zu können. Als wir lange genug gewartet hatten, entfernte Yongden sich unter lauten Klagerufen: »Wie kann man nur so unfreundlich sein, wie kann man nur eine arme alte Pilgerin so grausam draußen in der kalten Nacht frieren lassen!« und dergleichen. Als seine jammernde Stimme dann allmählich verhallte, klang es gerade wie in der Oper, wenn ein hinter der Bühne Singender sich langsam entfernt, und inmitten der natürlichen Kulissen, den hohen Felsen und dem zum Fluß hinabführenden Pfad war es gar kein schlechter Theatereffekt; ich hätte am liebsten Beifall geklatscht.

So kamen wir ganz gut an dem Heiligtum vorbei, denn wer da auch wohnen mochte, an den greinenden Bettler der vergangenen Nacht dachte man am Morgen sicherlich mit keinem Gedanken mehr. Aber wo war nur das Dorf? Wir konnten es in der Stockfinsternis nicht sehen.

Yongden hätte sich am liebsten auf der Straße niedergelegt, aber ich zog es vor, uns weiter vom Tempel entfernt ein etwas behaglicheres Plätzchen zu suchen. Da ich im seichten Wasser einige Steine bemerkte, die zum Übergang über den Fluß dienten, ging ich am anderen Ufer auf Kundschaft aus und fand dort zwei Höhlen. Da hatten wir ja eine Herberge, in der wir den Rest der Nacht verbringen konnten, ein wahrer Segen, da würden wir so ruhig wie zu Hause im eigenen Bett schlafen. Ich lief, meinen Reisegenossen zu holen, und wir richteten uns in einer der Höhlen häuslich ein, aßen unser Abendbrot, tranken dazu das sogar etwas zu kühle, klare Flußwasser und schliefen dann den tiefen Schlaf der müden, aber doch glücklichen tibetischen Pilger.

Als ich am Morgen mein Obergewand, das mir nachts als Decke diente, anzog, bemerkte ich den Verlust meines Kompasses. Das war ein wahres Unglück, erstens weil er mir, wenn ich auch noch einen zweiten hatte, doch sehr fehlen würde; aber was am schlimmsten war: Er konnte gefunden werden, und man würde ihn sofort als ausländischen Gegenstand erkennen. Diese Tatsache wiederum würde sich schnell im ganzen Land herumsprechen, und die Behörden würden sich bald darüber klar sein, daß ein Ausländer sich in dieser Gegend aufgehalten haben mußte. Ich verbrachte eine entsetzliche lange Stunde auf der Suche nach dem verlorenen Ding. Es fand sich dann aber zum Glück wieder.

Bei Tagesanbruch kam ein Tempeldiener zum Wasserschöpfen an den Fluß, und wir brachen hastig auf. Wir sahen jetzt das Dorf ganz nahe bei unserem Ruheplatz liegen. Die Landleute waren schon auf und bei der ersten Morgenarbeit, nicht ohne dabei fleißig die mystischen Formeln herzusagen, die in lamaistischen Ländern die bei anderen Völkern gebräuchlichen Gebete ersetzen. Beim Feueranzünden, beim Viehfüttern, beim Tränken der Pferde am Fluß, überall murmelten sie dabei vor sich hin. Das ganze Dorf erklang davon, als ob ein Bienenschwarm summte.

Aus den Fenstern heraus und von den flachen Dächern herab sahen die Leute uns vorbeigehen, wie wir mit gebeugtem Kopf und ebenso murmelnd wie die anderen daherschritten. Yongden fragte einen Mann nach dem Weg, und ein paar Minuten später nahmen wir den Feldweg, gefolgt von einigen Bauern, die sich mit ihren Pflügen zur Arbeit begaben. Trotz des Novembers war die Temperatur milde. In diesen Tälern gedeiht die Wintersaat ganz anders als in dem öden, eisigen Transhimalaja-Tibet. Hierzulande lebt es sich leicht und angenehm, und wären die Steuern nicht, die von den Behörden jedes Jahr höhergeschraubt werden, so ginge es den Einwohnern hier gar nicht schlecht.

In der Frühe sahen wir zum erstenmal den Nu-Fluß, der hier vor seiner Vereinigung mit dem Saluën in raschem Lauf eine tiefe Schlucht durchfloß. Ein großer Trupp Pilger überholte uns, und sie baten meinen Gefährten, ihnen wahrzusagen. Es wäre eine unverzeihliche Sünde, wenn ein Lama eine solche Bitte ablehnen wollte; besonders Rotmützen-Lamas, denen man ja eine besonders gründliche Kenntnis der Geheimwissenschaften zuschreibt, können es nur schwer vermeiden, die Rolle des Weissagers, Astrologen und Exorzisten zu spielen. Mein Begleiter versuchte jede solche Konsultation mit ein paar einfachen Worten über die wahre Lehre Buddhas zu verbinden, um so seine Hörer etwas von ihrem tiefverwurzelten Aberglauben abzubringen. Womöglich ließ er auch noch die eine oder andere Ermahnung zur Reinlichkeit einfließen, soweit eben hygienische Maßregeln in Tibet überhaupt verstanden werden. Dabei mußte ich länger als eine halbe Stunde in der brennenden Sonne, die auf die kahle gelbliche Felswand hinter mir herniedersengte, sitzen bleiben, denn Yongden konnte seine anspruchsvollen frommen Klienten so schnell nicht loswerden. Einer wollte wissen, wie es wohl seinem Vieh ginge, während er auf Reisen war. Ein anderer wünschte zur Erinnerung an seine Pilgerfahrt dem Mendong in seinem Dorf ein paar mit Inschriften verzierte Steine hinzuzufügen und hätte gern erfahren, was für besonders weise und glückbringende Sätze man da eingraben könnte. Ein übermüdetes Mädchen mit wundgelaufenen Füßen, das fürchtete, zurückgelassen zu werden, fragte ängstlich, ob sie in ein paar Tagen wohl wieder gehen könnte, und die Mutter wollte unbedingt den Namen des Dämons wissen, der dem Mädchen geschwollene Füße und steife Beine angehext hatte. Weder Mutter noch Tochter, und die übrigen erst recht nicht, würden jemals zugegeben haben, daß die lange, beschwerliche Wanderschaft das Übel eigentlich ausreichend erklärte.

Yongden blieb der Methode treu, die er seit Jahren mit Erfolg angewandt hatte, wenn es galt, kranke Tibeter zu behandeln und zu kurieren: Er zählte die Perlen seines Rosenkranzes, warf ein paar Kieselsteinchen in die Luft, fing sie, bevor sie den Boden berührten, wieder mit der Hand auf. Dann nahm er noch etliche andere Zeremonien vor, indem er zugleich in gebrochenem Sanskrit etwas Unverständliches murmelte. Mein Pflegesohn zeigte entschieden Begabung für Riten dieser Art und würde, wenn er in einem Lama-Kloster geblieben wäre, sicher ein berühmtes Orakel oder ein großer Beschwörer geworden sein; aber er hatte sich einer orthodoxen Form des Buddhismus angeschlossen, die allen Aberglauben verbietet.

»Ich sehe wohl«, sagte er nach einiger Zeit, »das ist ein böser Dämon, aber ihr könnt euch von ihm befreien. Hört alle gut zu und vergeßt nicht, was ich euch sagen werde!« Die Pilger umringten sofort den Lama; teils hockten sie zu seinen Füßen, teils standen sie mit dem Rücken unbeweglich an den Felsen gelehnt da, alle aber lauschten angestrengt auf die Weisungen des »Hellsehers« – es war eine malerische Gruppe, und ich bedauerte, keine Fotografie von ihr machen zu können.

»Ihr werdet unterwegs an einen Tschörten kommen«, sagte Yongden, eine Prophezeiung, die sicher in Erfüllung ging, denn Tschörten sind zahlreich in Tibet. »Da müßt ihr haltmachen, und das kranke Mädchen muß drei Tage lang in der Nähe des Heiligtums liegenbleiben, und zwar gut geschützt vor den Sonnenstrahlen, die nicht auf ihren Kopf fallen dürfen. Und ihr müßt euch dreimal am Tage, bei Sonnenaufgang, mittags und bei Sonnenuntergang, versammeln und ›Dolma‹ [1] anstimmen. Wer von euch keine Dolma kann, muß

---

[1] Lobpreisung der »Weltenmutter«, einer mystischen Figur des tantrischen Pantheons.

›Mani‹ aufsagen. Während ihr singt, muß das Mädchen dreimal den Tschörten umschreiten, aber sie darf nur diesen kurzen Gang machen, sonst muß sie die ganzen drei Tage still liegenbleiben. Und jedesmal nach dem Gang um den Tschörten müßt ihr dem Mädchen gut zu essen geben. Darauf müssen ihre Füße und Beine mit heißem Wasser massiert werden; in das Wasser aber tut ihr etwas heiligen Sand aus dem Samye-Kloster. Wenn ihr das alles getan habt, müßt ihr die Erde, die von dem Wasser durchnäßt worden ist, weit weg in ein Loch schütten und dieses sorgfältig mit Steinen zudecken, denn durch das heilige Wasser wird die Macht des Dämons abgewaschen. Habt ihr den Dämon dadurch noch nicht ausgetrieben, dann wißt ihr, daß ihr irgend etwas bei der Ausübung des Ritus falsch gemacht habt und daß ihr bei dem nächsten Tschörten, an dem ihr vorbeikommt, alles noch einmal wiederholen müßt. Nun hört weiter: Niemand von euch darf seine Gefährten verlassen, ehe ihr nicht wieder alle zusammen in eurer Heimat seid, denn ich sehe deutlich, daß der Dämon einen jeden verfolgen würde, der sich von dem Mädchen trennen wollte. Da er mit ihr nicht, wie er möchte, verfahren kann, würde er sofort über den anderen herfallen. Ich werde die Mutter der Kleinen einen Spruch lehren, der ihrer Tochter und euch allen, solange ihr vereint bleibt, als Schutz dienen soll.«

Die armen Teufel waren hochbeglückt. Der Lama hatte eine lange Rede gehalten, die sie weder recht verstanden hatten noch behalten würden, der sichere Beweis für ihren tiefen Sinn. Yongden befahl ihnen darauf, ihres Weges zu gehen, nur die alte Mutter behielt er noch zurück, um ihr den geheimen Zauberspruch mitzuteilen.

»Bhah!« donnerte er ihr ins Ohr und rollte dabei gräßlich mit den Augen.

Mit Zittern und Beben, aber doch überglücklich bei dem Gedanken, daß die bösen Geister ihr nun nichts mehr anhaben konnten, verbeugte sich die Alte in tiefster Dankbarkeit vor ihm und machte sich auf den Weg, indem sie voller Inbrunst versuchte, den Tonfall des Meisters nachzuahmen.

»Bhah!... Bhah... Bhaaah!« rief sie in unterschiedlichen Tonlagen, mal drohend, mal hilflos blökend. Unter dem Vorwand, meine gelockerten Strumpfbänder festbinden zu müssen, blieb ich etwas zurück, verbarg den Kopf in meinen langen dicken Ärmeln und lachte mich gründlich satt. »Was schadet's?« meinte Yongden lächelnd. »So bekommt das Mädchen drei Tage Ruhe, etwas Massage und gutes Essen, und da die Mutter den kostbaren Spruch besitzt und ihre Tochter nicht verlassen wird, so werden die anderen auch nicht wagen, sie im Stich zu lassen. Gegen das alles kann man doch gar nichts sagen, und im übrigen habe ich solche Streiche ja von dir gelernt.«

Ich konnte ihm nichts darauf erwidern, er hatte recht, und obendrein fand ich selbst, daß wir dem armen Mädchen einen Freundschaftsdienst erwiesen hatten.

Als wir endlich auf der Höhe des Felsens standen, sahen wir an allen Seiten auf bebautes Land hernieder, und vor uns lag ein Dorf, das, wie wir später erfuhren, Ke hieß. Die vor uns ziehenden Pilger hatten es schon erreicht, und einige von ihnen waren umgekehrt und liefen nun wieder auf uns zu.

»O Lama«, riefen sie, »was bist du für ein gelehrter Mann! Du hattest ganz recht, daß wir bald einen Tschörten sehen würden. Hier ist es ja schon, und das Mädchen legt sich auch schon nieder. Bitte, nimm etwas Tee von uns an!« Da war freilich ein Tschörten und obendrein noch ein kleines Kloster, und es dauerte gar nicht lange, da hatten seine Bewohner von ihrem wunderbaren Kollegen gehört. Die Pilger, die nicht Bettler, sondern leidlich bemittelte Bauern waren, hatten bereits ein paar Krüge mit Branntwein gekauft und erzählten nun einander beim Trinken von all den seltsamen Wundern, die mein weiser Gefährte getan haben sollte. Einer überbot den anderen dabei, und ein Mann behauptete gar, daß er, als wir den Nu-Fluß überschritten, deutlich gesehen hätte, wie der Lama nicht auf der Brücke, sondern daneben, mitten durch die Luft gegangen sei. Yongden fühlte sich, obgleich er als strenger Abstinenzler keinen Alkohol getrunken hatte, doch etwas von dem Rausch angesteckt. Er erzählte Geschichten von fernen Gegenden, die er auf seinen Pilgerfahrten besucht haben wollte: vom Fünfgipfelberg, nahe der großen Stadt Peking, vom Sitz des Gottes der Weisheit, Manjushri, und vom allerheiligsten Berg des Samantabhadra, wo Pilger, die reinen Herzens sind, den Buddha selber in einem runden Regenbogen sehen können. Mir schien allmählich der Scherz zu weit zu gehen. Das ganze Dorf und die Mönche des Klosters hatten sich um Yongden geschart, und er fuhr fort, Weissagungen und dergleichen zu verkünden. Die Leute brachten Geschenke, die er gnädigst entgegennahm. Mir war dieser Ruhm, der ihn auffällig machen mußte, eigentlich gar nicht lieb, aber vielleicht zu Unrecht, denn sicher wäre niemand auf den Gedanken verfallen, daß die »Mutter« des glänzenden Zauberers eine Ausländerin war. Immerhin versuchte ich, meinen Sohn auf meine Bedenken aufmerksam zu machen, indem ich mit etwas strenger Stimme »*Karma pa kien no*« rief, ein frommer Spruch, mit dem sich in früheren Zeiten Anhänger der Karma-Kagyü-Lehre an ihren geistigen Vater, das Oberhaupt ihrer Sekte, zu wenden pflegten. Heutzutage ist es nur mehr ein Ausruf wie »Vergelt's Gott!«. Aber in der geheimen Schlüsselsprache, die wir uns schon auf einer vorhergehenden Reise ausgedacht hatten, bedeuteten diese heiligen Worte »Rasch fort von hier!«.

Yongden tat es möglicherweise leid, seinen Triumph so schnell aufgeben zu müssen, aber er bat doch daraufhin gleich um Erlaubnis, nun seinen Weg fortsetzen zu dürfen. Das wollten die Leute aber nicht zulassen; sie meinten, bis zum nächsten Dorf wäre es ja noch weit und nirgends unterwegs Wasser zu finden. Wir täten besser, die Nacht bei ihnen zu verbringen, sie würden schon für ein gutes Zimmer sorgen. Ich sah wohl, mein Gefährte fand das ganz verlockend, aber ich beantwortete seine flehend auf mich gerichteten Blicke nur mit einem noch bedeutungsvoller betonten »*Karma pa kien no*« und beeindruckte dadurch einige der Umstehenden so, daß sie fromm ein paarmal wiederholten: »*Karma pa kien no.*«

So gingen wir denn, und ich war recht froh, als die Stille

und Einsamkeit uns wieder umgaben. Ich schalt Yongden, daß er sich so vorgedrängt hatte, und schloß daran noch manche weitere Ermahnung, was ihn etwas verstimmte.

Nun machten wir uns an die Besteigung eines etwa 2500 Meter hohen Passes, von wo es einen staubigen Pfad, der in weiße Hügel eingehauen war, hinabging, und ich mußte an die Landschaft bei Kansu in Nordchina denken. Wasser gab es allerdings nicht, und die Aussicht, weder jetzt am Abend noch am nächsten Morgen etwas zu trinken zu bekommen, verbesserte nicht gerade Yongdens schlechte Laune. Der aufgehende Mond beleuchtete unseren Weg, und wären wir nicht so müde gewesen, wir hätten leicht einen Teil der Nacht weiterwandern können. Aber beim Anblick einer kleinen, hoch über dem Pfad gelegenen Höhle übermannte uns der Wunsch nach Schlaf, und wir gaben ihm um so eher nach, da wir ja nun zwei Pässe hinter uns hatten und uns vor dem nächsten Dorf nicht fürchteten. Aber das sollte sich als Leichtsinn erweisen.

Unser Obdach war im höchsten Maße malerisch, unser Schlafplatz war so abschüssig und schmal, daß wir nicht aus der Angst herauskamen, im Schlaf ins Rollen zu kommen und uns die Knochen an den Felsen darunter zu brechen.

Der nächste Morgen war die Einleitung zu einer Reihe ereignisreicher Tage, die wohl einem schwächeren Wesen, als ich es bin, einen Nervenzusammenbruch hätten eintragen können. Mitten am Vormittag kamen wir in dem Dorf Wabo hungrig, aber noch mehr durstig an. Nur zu begreiflich, denn seit unserem Mittagshalt bei den Pilgern in der Nähe des Tschörten hatten wir keinerlei Nahrung mehr zu uns genommen.

Wir hatten gestern soviel über die Dämonen gelacht, wer weiß, ob uns nicht einer von ihnen einen Streich spielen wollte, denn wie wären wir sonst wohl auf die unkluge Idee gekommen, gerade da Tee zu machen, wo die Bauern sich eine primitive hölzerne Wasserleitung angelegt hatten? In der Nacht war etwas Schnee gefallen. Ich las zusammen, was ich an Zweigen und trockenem Kuhdünger herumliegen sah,

45

während Yongden schon Feuer machte. Das Wasser wollte lange Zeit nicht kochen, mein Gefährte aß und trank dann auch noch sehr langsam und bedächtig; kurz: die Zeit verging, und was war das Ende vom Liede? Erst kamen zwei oder drei der Dorfbewohner, dann wurde ein Dutzend daraus, schließlich verdoppelte sich auch dieses noch, und sie alle umstanden uns im Kreise. Eine gute Frau brachte von ihrem Hause Holz herbei, als sie sah, daß ich auf der Straße nicht viel gefunden hatte, aber das Ganze wäre vielleicht doch noch gut abgegangen, hätte Yongden nicht gestern die vielen weisen Worte gesprochen, mit denen er gleich dem göttlichen Odysseus die Einwohner von Ke entzückt und bezaubert hatte. Jetzt konnte freilich keine Bildsäule schweigsamer sein als der eben noch so große Redner. Durch meine Vorhaltungen und meinen Spott über seine Redseligkeit gekränkt, verhielt er sich diesmal mäuschenstill, er tat nichts, als abwechselnd unersättlich zu essen und zu trinken. Die Leute sahen uns mit starrem Erstaunen an, denn die Tibeter sind beredte Menschen, und Yongdens Haltung warf ihre ganze Erfahrung im Umgang mit weisen Lamas und weitgereisten Arjopas um.

»Was seid ihr für Leute?« fragte eine Frau, in der Hoffnung, wir möchten ihr darauf antworten. Aber der Lama schwieg unverbrüchlich weiter. Schade, schade! In unserer Schlüsselsprache war die Aufforderung »Sag endlich was!« nicht vorgesehen. So war ich machtlos und mußte, bescheiden meinen Tee trinkend, hinter dem Lama sitzen bleiben, dem ich einen alten Sack untergelegt hatte. Ich betonte vorsichtshalber sehr nachdrücklich meinen Respekt vor ihm und bediente ihn so demütig, wie ich nur konnte, um keinen Verdacht gegen meine Arjopa-Rolle aufkommen zu lassen. Aber gerade das hätte mich beinahe verraten.

Ich hatte den leeren Teetopf weggenommen und schickte mich an, ihn zu waschen; aber als meine Hände mit dem Wasser in Berührung kamen, war die natürliche Folge davon, daß sie reiner wurden, und mit der Reinlichkeit kam zugleich die weiße Haut meiner Hände zum Vorschein. In meinem Ärger über Yongdens auffallende Schweigsamkeit war mir das ganz entgangen, da hörte ich, wie eine Frau leise zu einer anderen sagte: »Sieh mal, ihre Hände schauen ja wie die der ›Philings‹ aus!«

Ob sie überhaupt jemals Ausländer gesehen hatte? Wenn sie nicht in Batang oder sonst irgendwo im chinesischen Tibet oder auch in Gyantse, dem äußersten Süden des Landes, gewesen war, so war das eher unwahrscheinlich. Aber jeder Tibeter glaubt auch so, genau zu wissen, wie ein Ausländer aussehen muß. Er oder sie ist groß, blond, hat weiße Haut, rosige Wangen und »weiße« Augen, worunter man jede nicht ganz schwarze oder dunkelbraune Farbe der Iris versteht. *Mig kar*, »Weißauge«, ist ein gebräuchliches Schimpfwort für die Ausländer in Tibet. Für den tibetischen Geschmack gibt es nichts Abscheulicheres als blaue oder graue Augen und nichts Verdächtigeres als weiße Haut.

So verriet meine Hautfarbe meine Herkunft. Ich zeigte in keiner Weise, daß ich die Bemerkung gehört hatte, und schwärzte mir die Hände rasch wieder am verrußten Boden des Topfes. Nun hatten sich auch noch drei Soldaten zu den Bauern gesellt. O Himmel, also hier war ein Militärposten und nicht in Thana, das wir so besonders vorsichtig passiert hatten! Was würde nun aus uns werden? Ich hörte im Geiste schon den Gendarm nach unseren Papieren fragen. Und dabei kaute der Lama wie versteinert dasitzend immer weiter seine Tsamba! Ich wagte nicht einmal mehr das *»Karma pa kien no«* auszusprechen, aus Angst, daß meine Stimme noch mehr die Aufmerksamkeit auf mich ziehen könnte.

Endlich, endlich erhob sich Yongden, und einer der Bauern fragte ihn, wohin er nun ginge. Schrecklich! Wir wollten doch gerade hier insgeheim die Pilgerstraße verlassen und durften unmöglich offen bekennen, daß die Reise nach dem Mittelpunkt Tibets gehen sollte.

Yongden erzählte den Leuten gelassen, daß wir die Pilgerfahrt rund um den Kha Karpo gemacht hätten und nun in unsere Heimat zurückkehren würden; weiter fügte er nichts hinzu, sondern schulterte einfach seine Last, ich gleichfalls,

47

und wir brachen vom Volk umringt auf, geradewegs auf die Straße nach Lhasa zu.

Und dann geschah das Wunder. Der kleine tückische Dämon, der uns eben noch übel mitgespielt hatte, änderte plötzlich seine Taktik und griff zu unseren Gunsten ein. Die allgemeine Spannung ließ nach. Ich hörte, wie jemand höhnisch sagte: »Das sind Mongolen, sag ich euch, sture Jaks, die im Kreis rumlaufen.«

Für beschränkte Mongolen, die nicht den Mund aufkriegen, hielt uns denn auch das ganze Dorf, als wir stillschweigend und halb wie im Traum die Kha-Karpo-Pilgerstraße verließen, um die bedeutend weitere Pilgerfahrt nach Lhasa anzutreten.

Gegen Abend dieses Tages hatten wir ohne Behelligung und ohne Mühe die Brücke über den Fluß Nu passiert, der dem Saluën zufließt, und wir beschlossen, die Nacht in einem lieblichen, von klaren Bächen durchzogenen Wäldchen zu verbringen. Wir konnten uns eine sättigende Mahlzeit leisten, denn am nächsten Tag würden wir bei dem Kloster Pedo vorbeikommen, wo man, wie wir gehört hatten, Nahrungsmittel kaufen konnte.

Jetzt bedienten wir uns zum erstenmal unserer mitgeführten Gummiflaschen. Es waren einfache Behälter für heißes Wasser. Als ich unser sonst so spärliches Gepäck damit belastete, dachte ich, daß sie einmal Leute wie uns, die ohne Wolldecken reisten, gegen die Nachtkälte im Hochgebirge schützen könnten. Überdies waren sie gut zu gebrauchen, um auf dürren Strecken etwas Wasser mitzunehmen. Aber ihres ausländischen Aussehens wegen wagten wir nicht, sie vor den Augen von Tibetern zu füllen, und wir mußten deshalb mehr als einmal Durst leiden, obwohl wir in unseren Flaschen genügend Teewasser hatten.

Allerdings hatten wir die Gummiflaschen ähnlich wie uns selbst maskiert. Sie steckten in einer dicken Umhüllung, die eine in einfarbig rotem, die andere in gelb und rotem Nambu, dem dicken tibetischen Wolltuch, und sahen nun wie Scha-

bluks aus, das heißt wie die in früheren Zeiten von den]
mas getragenen Wasserbeutel. Sie werden auch heutzutage
noch alten Modellen nachgeahmt und gehören mit zur Ausrüstung lamaistischer Mönche. Aber selbst in ihrer jetzigen
Aufmachung bestand doch noch ein erheblicher Unterschied
zwischen unseren direkt von einer großen amerikanischen
Firma bezogenen Flaschen und den ganz primitiven Dingern,
wie sie der Lama an seinem »Unterrock«, dem Schamtab,
trägt. Da wir sie aber nicht offen sehen ließen, mochten sie
aus einiger Entfernung immerhin einigermaßen tibetisch aussehen. Im übrigen gaben wir jedesmal, wenn irgendeiner unserer Ausstattungsgegenstände die Aufmerksamkeit der Eingeborenen erregte, ihn sofort für einen in Lhasa gekauften
Artikel aus, zugleich eine willkommene Gelegenheit, um
recht viel von den Wundern der großen Stadt zu erzählen, in
der ja so mancherlei ausländische Waren zu finden seien. Dabei brachten wir schlauerweise das Gespräch auf noch viel
merkwürdigere Dinge als die in unserem Gepäck enthaltenen
und steckten sie unauffällig weg, um sie in Vergessenheit zu
bringen.

Noch vor Beginn unserer Reise hatte ich mit dem Lama
verabredet, daß, was für eine Geschichte wir auch nach Be-
darf erfinden mochten, wir uns, sobald wir auf tibetischem
Gebiet wären, für Tibeter ausgeben wollten. Wir wollten bei
allen Begegnungen behaupten, wir kämen von Lhasa und
seien auf dem Wege nach der Grenze, wo unsere Heimat sei.
Es war in jeder Hinsicht das Sicherste, und wir konnten dadurch leicht die paar ausländischen Gebrauchsgegenstände,
die wir mitführten, auf Einkäufe in Lhasa zurückführen.

Als wir beim ersten Morgengrauen aufstanden, sahen wir
das Kloster nur ein paar Schritte entfernt vor uns liegen, aber
in ganz anderer Richtung, als wir es vermutet hatten. Wir
schlichen uns flink an seinen Mauern entlang und beeilten uns,
außer Sicht zu kommen. Ein gutgekleideter Eingeborener ritt
an uns vorbei, warf aber, ohne anzuhalten, nur einen gleich-
gültigen Blick auf uns. Es schien nicht einfach, einen Platz zu
finden, wo ich in Ruhe warten konnte, bis Yongden seine

Einkäufe gemacht hatte. Unser Weg senkte sich in ein enges Tal hinab, das ein Nebenfluß des Nu durchfloß; an den Ufern lagen mehrere Höfe und Mühlen. Wir begegneten einer ansehnlichen, aus Lhasa kommenden Handelskarawane. Überall sah man Menschen. Eine Zeitlang glaubte ich, mich höher oben im Walde aufhalten zu können, aber gerade da kam ein Mädchen und trieb Vieh nach derselben Richtung hin. Wir gingen weiter und weiter, verärgert darüber, daß wir uns so immer mehr von dem Kloster entfernten, denn wir brauchten notwendig neuen Mundvorrat. Gesunde Fußgänger wie wir haben einen gesegneten Appetit, und ich gestehe, ich konnte eine tüchtige Portion Gerstenbrei mit Butter oder, wenn wir endlich einmal etwas Weizenmehl ergattert hatten, auch ein ordentliches Stück Brot vertilgen. Und darin stand der Lama seiner Pflegemutter keineswegs nach.

Als ich das kleine Tal hinter mir hatte, sah ich einige große Felder, die erst im Frühjahr bestellt werden sollten. Hier blieb ich ein paar Stunden hinter Gebüsch versteckt sitzen. Ich vertrieb mir die Zeit mit dem Lesen einer tibetischen philosophischen Abhandlung, bis Yongden, beladen wie ein Maultier, zurückkam. Wir genossen nun eine außergewöhnlich üppige Mahlzeit: Fleischbrühe mit Weizenmehl verdickt. Die Brusttaschen voll von getrockneten Aprikosen, brachen wir dann guter Dinge auf. Nachmittags kamen wir wieder in wilde Gegenden. Wir begegneten einigen gemächlich daherschlendernden Pilgern, die zu einer großen Gesellschaft von mindestens fünfzig Leuten gehörten und deren Vortrupp wir später einholten, wo sich alle schon gelagert hatten und in riesigen Kesseln Tee kochten.

Yongden wurde lange bei ihnen aufgehalten, denn einige wollten sich von ihm ihr eigenes Schicksal voraussagen lassen, andere etwas über die Zukunft ihrer Angehörigen erfahren, und viele baten auch um seinen Segen. Ich hockte auf der Erde und beobachtete belustigt die verschiedenen Vorgänge, bei denen der Lama und die Gläubigen gleich ernsthaft ihre Rollen spielten, aber dabei nie die gute Laune und die überschäumende Fröhlichkeit verloren, die das Leben unter Tibetern so anziehend macht. Ich vergaß mit Freuden die Heimat im Westen. Noch früh genug würden mich die Klauen unserer trübseligen Zivilisation wieder zu packen bekommen. Ich fühlte mich ganz als einfache Dokpa vom Kuku-nor. Ich schwatzte mit den Weibern von meinem schwarzen Zelt in der Graswüste, von meinem Vieh, von den Festen, wenn die Männer um die Wette reiten und ihre Geschicklichkeit im Scheibenschießen zeigen. Ich kannte die Gegend, die ich beschrieb, so gut wie auswendig, so lange hatte ich da gewohnt, und meine Begeisterung für mein angebliches Vaterland war so echt und aufrichtig, daß wohl niemand darauf kam, daß ich log. Aber war es denn wirklich Lüge? Ein Lama sagte mir einmal, ich gehöre zur Rasse der Menschen, die nur gleichsam aus Versehen, oder vielleicht auch als Strafe für ihre Sünden, im Abendland zur Welt gekommen seien.

Wir hatten so viel Zeit bei den Pilgern verloren, daß wir bei Sonnenuntergang noch so lange wie möglich weiterwandern wollten. Als wir gerade eine Schlucht, die von einem Flüßchen durchströmt ward, hinabstiegen, bemerkte ich einen auf dem Boden liegenden Stoffetzen. Er erwies sich beim Näherkommen als eine alte pelzgefütterte Mütze, wie die Frauen in Kham sie zu tragen pflegen. Yongden spießte sie mit der eisernen Spitze seines Pilgerstabes auf und schleuderte sie aus dem Wege. Allein, die Mütze flog nicht weit und fiel auch nicht zur Erde, sondern vogelgleich, möchte ich sagen, flatterte sie durch die Luft, um sich auf einem Baumstumpf niederzulassen.

Ich fühlte mit seltsamer Vorahnung, daß dies häßliche, schmutzige Ding mir noch einmal sehr nützlich werden sollte, daß es mir von irgendwem »gesandt« war, und ganz unter dem Einfluß dieses geheimen Ratschlages ging ich und holte es mir heran.

Yongden sah das gar nicht gern, denn Tibeter nehmen sogar ihre eigenen Hüte nicht gern wieder vom Boden auf, wenn sie ihnen zufällig vom Kopf gefallen sind, geschweige denn, daß sie fremde Kopfbedeckungen vom Wege auflesen würden. Sie meinen, das bringt Unglück. Unterwegs gefundene

Stiefel dagegen sollen Glück bringen, und man kann oft sehen, daß ein Reisender sie wenigstens für einen Augenblick anzieht, ganz einerlei, wie schmutzig und abgetragen sie auch sein mögen. So abergläubisch war freilich mein Gefährte nicht, aber die fettige Pelzmütze war ihm widerlich, und er verstand nicht, was ich Besonderes daran fand. Er nahm an, daß sie irgendeinem Pilger gehört hatte, dem sie vielleicht von der Last, die er auf dem Rücken trug, unbemerkt herabgeglitten war. Möglicherweise hatte sie aber auch ein Pilger, nachdem sie auf den Boden gefallen war, aus Aberglauben mit Absicht liegen lassen.

»Ich will ja nicht behaupten«, sagte ich, »daß eine Göttin auf ihrem paradiesischen Lotosblumensitz für mich Putzmacherin gespielt und sie mir genäht hat. Ich will gern zugeben, daß sie von einem gewöhnlichen Menschenkinde herrührt, aber es fragt sich, warum er oder sie die Mütze gerade hier verloren hat.«

»Nun«, scherzte mein junger Begleiter, »dann laß uns immerhin glauben, daß es ein unsichtbarer Freund von dir war, der dir dieses herrliche Geschenk auf den Weg geworfen hat!«

Ich antwortete nichts darauf, verwahrte die Mütze aber sorgfältig in meinem Gepäck, und wir setzten unseren Weg fort.

Vor einigen Tagen war Schnee gefallen, und überall waren noch einige kleine weiße Flecken liegengeblieben. Wir waren müde und hielten deshalb an, als wir an den Eingang eines Quertales kamen, aus dem ein großer Sturzbach dem Nu-Fluß entgegenrauschte. Nach einigem Suchen entdeckte Yongden einen von der Straße aus unsichtbaren Lagerplatz, aber die Winde fegten doch zu rauh und unwirtlich über den kahlen Ort weg, und am Ende fanden wir etwas Besseres, tiefer unten und näher am Wege.

Unser Zelt als solches war uns bis dahin nicht viel wert gewesen, denn wir hatten es seit unserer Abreise erst einmal aufgeschlagen; dagegen leistete es uns als Decke gute Dienste. Wir legten uns nach tibetischer Art mit dem Gepäck zwischen uns hin, so daß man nichts davon wegnehmen konnte, ohne uns zu wecken. Wir hatten beide unsere Revolver zur Hand, und unsere Gürtel, die Silber und Gold enthielten, verbargen wir meist in unserer Nähe unter Steinen oder trockenen Blättern. Manchmal, wenn die Gegend sicher schien, legten wir sie auch einfach dicht neben uns. Darauf deckten wir mit den Zeltbahnen sowohl uns selbst wie das Gepäck zu. Wenn Schnee gefallen war, sah das weiße Leinen genau wie ein kleines, übriggebliebenes Schneefeld aus, namentlich wenn wir noch ein paar trockene Blätter und dürre Zweige darüber hingestreut hatten, und wir fühlten uns unter seiner Decke ganz sicher. So verbrachten wir auch jene Nacht dicht am Wege unter solch einem täuschend nachgeahmten Schneefeld, waren diesmal aber zu vertrauensselig. Denn so gut der Trick auch war, direkt vor den Füßen der Vorübergehenden mußte er freilich versagen. Noch vor Tagesanbruch gingen einige Handelsleute vorbei, und einem von ihnen fiel etwas an unserem »Schneefeld« auf.

»Sind das Menschen, oder ist das Schnee?« fragte er einen seiner Gefährten.

»Schnee«, erwiderte dieser, der den Schnee ringsumher im Walde sah, aber nicht in unsere Richtung blickte. Der erste schien doch noch seine Zweifel zu haben, und wir unter unserer Zeltbahn lachten leise in uns hinein. Aber es konnte dem Mann ja einfallen, mit einem Stein nach uns zu werfen (das tun die Tibeter oft und aus den verschiedensten Gründen), um sich zu vergewissern, ob wir zum lebendigen oder zum toten Naturreich gehörten. So bestätigte Yongden lieber mit tiefer Grabesstimme:

»Es ist Schnee.«

Die beladenen Maultiere der Karawane schreckten bei dem Geräusch zusammen, und die Leute lachten herzlich. Darauf kroch der Lama unter der Decke hervor und plauderte ein paar Minuten mit den Männern, während ich reglos unter der Zeltbahn blieb.

»Bist du allein?« fragten sie Yongden, und er bestätigte dies.

Am Morgen kamen wir durch ein Dorf und dann auf eine kleine Hochebene, von der aus wir vor uns in weiter Ferne einen steilen Berg sahen, an dem sich ein fadendünner Pfad hinanzog. Das mußte der To-Paß sein, den wir zu überschreiten hatten.

Wollte man den ermüdenden Anstieg und den dahinterliegenden Ku-Paß vermeiden, so konnte man auch einen schmalen Pfad den Fluß entlang einschlagen. Aber ich hatte gehört, er sei an einigen Stellen sehr schwierig, so daß man sich an die Felsen klammern und auf allen vieren kriechen mußte, kurz, daß er Kletterkunststücke erforderte, denen ich mich, noch dazu mit schwerbeladenem Rücken, nicht gewachsen fühlte. Viel besser, wir wählten den längeren, aber dafür sicheren Weg. Ich ahnte damals noch nicht, was für Seiltänzereien ich später noch einmal vollführen würde, bald an Abgründen entlang, bald über Felsen hinweg.

Mir fehlte noch eine andere, wichtigere Kenntnis. Wenn ich den Berg und das schmale helle Wegband, das hinüberführte, ansah, dachte ich nur an die ermüdende Kletterpartie, aber nicht, daß noch vor Beginn des Anstiegs der ganze Erfolg unserer Reise gefährdet werden sollte. In glücklicher Unwissenheit wanderten wir also gemächlich bergauf.

Wir fanden ein hübsches Plätzchen an einem Wasserlauf und gönnten uns für den Rest des Nachmittags und für die Nacht Ruhe. Wir waren sogar so unvorsichtig, unser Zelt aufzuschlagen, um es uns recht bequem zu machen, obgleich wir wußten, daß jenseits des Baches ein Dorf lag. Am folgenden Morgen hatten wir es auch nicht so eilig wie sonst mit dem Aufbruch. Ein Mann kam des Wegs und unterhielt sich lange mit Yongden, der ihn einlud, ein Schälchen Suppe mit uns zu teilen. Und bei der Gelegenheit erfuhren wir, daß wir töricht genug gewesen waren, im Blickfeld des Hauses eines Lamas haltzumachen!

Sosehr wir unsere Unvorsichtigkeit bedauerten, nun war es einmal geschehen. Der Mann, der sich mit meinem jungen Freunde unterhalten hatte, war Soldat und ein Untergebener des Lamas. Wenn er Verdacht geschöpft und seinem Vorgesetzten von uns berichtet hatte, war unser Schicksal besiegelt. Als wir, begleitet von dem Posten, den Gang durch das Dorf antraten, sahen wir sicherlich wie zum Tode Verurteilte auf ihrem Weg zum Schafott aus.

Wir kamen an einen Tschörten, den ich in tiefer Andacht dreimal umschritt und mit der Stirn berührte. Immer höher stieg der Weg, und das Haus des Lamas lag nun schon weit hinter uns, doch erst jetzt erhielt unser Begleiter seinen Befehl von oben.

Ein Bauer kam uns über die Felder nachgelaufen. »Ihr sollt zum Pönpo kommen!« rief er. Also zum Amtsvorsteher! Yongden verlor keinen Augenblick die Ruhe und blieb ganz Herr der Situation. Er setzte seine Last ab, denn wenn der Pönpo und seine Leute sie sah, konnten sie leicht aus Neugier den Inhalt untersuchen wollen. Und mich sah er mit keinem Blick an; es fiel ihm eben gar nicht ein, daß ein hochgestellter Herr sich für eine unbedarfte alte Frau wie mich interessieren könnte.

»Gehen wir also«, sagte er zu dem Soldat und ging plaudernd mit ihm fort.

Ich hockte bescheiden bei unserem Gepäck nieder, nahm meinen tibetischen Rosenkranz vom Hals ab und tat, als ob ich die Perlen zählte. Die Worte des Bauern hatten mich nur zu lebhaft an frühere Abenteuer erinnert. Es würde jetzt wohl wieder ebenso enden, und alle Strapazen wären umsonst gewesen. Ich sah uns schon unter Eskorte zur nächsten chinesischen Grenzstation zurückgebracht, sah uns beim Passieren der Dörfer als Zielscheibe für die Neugier der Landleute. Aber meinen Plan gab ich trotz alledem nicht eine Minute lang auf. Ich hatte mir nun mal geschworen, meinen Kopf durchzusetzen, und dabei blieb es, egal wann und wie, auch wenn es heute mißlang… Plötzlich hörte ich von fern eine Stimme. Sie kam näher, und ich erkannte sie; es war Yongden, der eine tibetische Liturgie sang. Er kam allein und sang dabei! Das klang hoffnungsvoll und durchzuckte mich wie eine Gewißheit des Gelingens.

Schon stand der junge Lama vor mir, lächelte mich halb

spöttisch an und zeigte mir in seiner offenen Hand eine Silber-
münze.

»Er hat mir eine halbe Rupie als Almosen gegeben«, sagte
er, »nun aber laß uns machen, daß wir fortkommen!« Wie
Yongden erfahren hatte, war der Pönpo eigens dazu ange-
stellt, die Straße zu bewachen und den Paßübergang unter
scharfer Aufsicht zu halten. Wir konnten von Glück sagen,
dank Yongdens sicherem Auftreten als Rotmützen-Lama so
gut davongekommen zu sein, mußten aber auf ähnliche Zwischenfälle gefaßt bleiben.

Es dauerte denn auch gar nicht lange und ein zweiter, noch
viel stärkerer Schreckschuß folgte.

Noch am selben Morgen, noch nicht viel weiter gekommen, hörten wir durch einen Soldaten, der irgendeiner Ablö-
sung wegen eilig bergab gelaufen kam, von einem weiteren
Pönpo. Wir waren nicht wenig erschrocken, denn dieser
sollte uns gerade entgegenkommen, ein Ausweichen war aber
auf dem Paß nicht möglich. Der Weg führte über einen steini-
gen Abhang; Schlupfwinkel gab es da nicht. Der Beamte
mußte uns beide schon von weitem sehen und würde uns
ohne Zweifel ausfragen. Diese Männer aus Lhasa kommen
weit herum, manche bis nach den englischen Himalajaorten
und sogar bis nach Indien hinein; sie haben oft Gelegenheit,
Weiße zu sehen, und erkennen sie deshalb auch viel leichter
als das gewöhnliche Volk aus dem östlichen oder nördlichen
Tibet.

Wir ängstigten uns eine Stunde lang fürchterlich und
glaubten bei jedem Geräusch, den gefürchteten Mann kommen zu hören, und blickten verzweifelt rechts und links, in
der Hoffnung auf eine plötzliche Hilfe in der Not, daß etwa
wie in alten Sagen ein Fels oder ein Baumstamm sich im rechten Augenblick gastlich öffnen und uns Schutz verleihen
würde. Aber ach, für uns geschah kein solches Wunder, Götter und Feen ließen uns scheinbar ganz im Stich.

Mitten am Nachmittag hörten wir auf einmal Glöckchen-
gebimmel. Gerade über uns erschien auf dem Zickzackweg
ein gutgekleideter, stattlicher Mann, gefolgt von Soldaten

und Dienern, die Pferde am Zaume führten. Er hielt bei unserem Anblick überrascht inne. Wir sprangen nach tibetischer Sitte, um unseren Respekt zu bezeugen, auf die abschüssige Seite des Weges hinüber. Der Beamte ging nun weiter, blieb aber dann mit seinem ganzen Gefolge dicht vor uns stehen.

Nun ging es ans Ausfragen über unsere Herkunft, unser Ziel und was sonst noch alles. Und schließlich, als alles erzählt war, blieb der Pönpo noch immer stehen, sah uns schweigend an, und mit ihm sein ganzes Gefolge.

Meine Nerven waren bis aufs äußerste angespannt, und ich hatte ein Gefühl, als ob Nadeln sich in mein Gehirn bohrten. Hatten die Männer Verdacht geschöpft? Jedenfalls mußte dies Schweigen gebrochen werden oder es passierte ein Unglück. Aber was konnte ich tun?

Halt, da fiel mir etwas ein! Mit dem psalmodierenden Singsang der tibetischen Bettler, nur wenig von dem Respekt vor der Obrigkeit gedämpft, stimmte ich die Bitte um Almosen an. *»Kuscho Rimpotsche, nga tso la solra nang aogs nang.* – Bitte, gib uns Almosen, edler Herr!«

Meine Litanei scheuchte die Gruppe im Nu auseinander; ich fühlte geradezu körperlich, wie die Spannung nachließ. Die Tibeter gaben ihre mißtrauische Haltung auf, einige lachten sogar. Der Beamte nahm ein Geldstück aus seiner Börse und reichte es meinem Gefährten. »Mutter«, rief Yongden mit gut gespielter freudiger Überraschung, »sieh doch, was der mildtätige Pönpo uns da schenkt!«

Ich äußerte meine Dankbarkeit ganz im Geiste meiner bescheidenen Rolle, und als ich meinem Wohltäter ein langes, glückliches Leben wünschte, kam mir das wirklich aus tiefstem Herzen. Er lächelte mich gnädig an, und ich dankte für die Gunst mit dem ehrfurchtsvollsten tibetischen Gruß, das heißt, ich streckte ihm so weit wie möglich meine Zunge heraus.

»Jetsunma – Ehrwürdige Dame«, sagte Yongden ein paar Minuten später, »du sprachst die Wahrheit, als du in den Wäldern des Kha Karpo weissagtest, du würdest ihnen Träume senden und sie Gesichte sehen lassen. Du kannst mir glauben, der Dicke und seine Leute waren von dir behext.«

Auf der Paßhöhe angekommen, riefen wir laut und innig: »*Lha gyalo! De tamtsche pham!* – Die Götter siegen! Die Dämonen sind bezwungen!«

Aber mit den Dämonen meinte ich wirklich nicht die beiden guten Pönpos. Ich wünschte ihnen im Gegenteil von Herzen Glück an allen ihren Erdentagen und im Jenseits.

ROBYN DAVIDSON

Spuren

Irgendwann hatte sich Robyn Davidson (geb. 1950) etwas ganz Verrücktes in den Kopf gesetzt: Sie wollte mit Kamelen die australische Wüste durchqueren. Doch sie besaß weder das Geld, Kamele zu kaufen, noch hatte sie die geringste Ahnung vom Umgang mit ihnen. Also zog sie nach Alice Springs, einem gottverlassenen Kaff am Rande der Wüste, arbeitete tagsüber als Stallbursche bei einem masochistischen Kamelhändler und mußte sich abends als Kellnerin gegen die betrunkenen Farmer in der einzigen Bar am Orte durchsetzen. 1978, nach einem Jahr in Alice Springs, ist es dann endlich soweit. Mit ihrer Hündin Diggity, den Kamelstuten Zeleika und Dookie und dem jungen Kamelhengst Bub macht sich Robyn auf den 2700 Kilometer langen Treck durch den australischen Busch. Auf dem ersten Teil der Strecke trifft sie immer wieder auf Menschen – weiße Touristen, die sich schlichtweg unmöglich verhalten, Aborigines, die ihr mit ruhiger Gelassenheit begegnen und sie, wie Mr. Eddie, ein alter Mann, mit dem sie sich nur schwer verständigen kann, sogar mehrere Tage lang begleiten. Aber dann kommt sie in ein völlig menschenleeres Gebiet ...

Ich verließ Warburton irgendwann im Juli. Vor mir lag eine Strecke, auf der ich etwa einen Monat lang keinen Menschen sehen würde. Auf dieser Etappe würde meine Fähigkeit zum Überleben zum erstenmal wirklich auf die Probe gestellt. Und wenn ich umkam, dann wahrscheinlich irgendwo in dieser weiten, tückischen Leere. Aber trotzdem sah ich dem mit einer neu gefundenen Ruhe, Furchtlosigkeit und gefestigtem Selbstvertrauen entgegen.

Der Gunbarrel Highway (die Australier haben einen merkwürdigen Sinn für Humor) bestand aus zwei parallelen Wagenspuren, die sich manchmal in nichts auflösten, aber im allgemeinen kerzengerade durch höchst unwirtliches, wasserloses Niemandsland nach Westen führten – und das Hunderte von Kilometern. Ursprünglich hatte man den Weg als Vermessungslinie geschaffen, und jetzt fuhren hier im Durchschnitt sechs Landrover im Jahr.

Ich zog neue Sandalen an. Ich hatte alles mögliche ausprobiert, aber Sandalen waren bei weitem das beste. Stiefel waren zu schwer und zu warm; in Turnschuhen ging man morgens etwa eine Stunde lang bequem, aber dann entstanden durch Schweiß und Sand Krusten unter den Ballen. Sandalen schützten die Füße zwar nicht vor Dornen, Stacheln und messerscharfen Grashalmen, aber nach ein bis zwei qualvollen Tagen und etlichen Blasen waren sie eingelaufen. Zu diesem Zeitpunkt war ich so fit, daß mir Kälte und Schmerzen praktisch nichts anhaben konnten. Meine Schmerzschwelle hatte absurde Höhen erreicht. Menschen (besonders Männer), die sich verletzen und vorgeben konnten, nichts zu spüren, hatten mich immer mit ehrfurchtsvollem Neid erfüllt. Jetzt war es bei mir nicht anders. Einen Schnitt oder eine tiefe Fleischwunde registrierte ich nur mit einem gemurmelten »Oh« und dachte schon nicht mehr daran. Meist nahm mich das, was ich gerade tat, so sehr in Anspruch, daß mir keine Zeit blieb, mich um so etwas zu kümmern.

Ich machte mich mit meinen neuen Sandalen auf den Weg und beschloß nach ein paar Stunden, den Weg zu verlassen und querfeldein zu gehen. Außer Dünen, Stachelkopfgras und dem unermeßlichen Raum gab es nichts. Vielleicht ging ich jetzt über einen Boden, den noch kein Mensch vor mir betreten hatte. Mich umgab soviel Raum – reine, jungfräuliche Wüste, die noch nicht einmal von Rindern gestört wurde. In dieser riesigen Weite fehlte selbst der kleinste Hinweis auf Menschen. Die Dünen verliefen hier nicht in parallelen Wellen, wie ich es zuvor erlebt hatte; sie schienen so aufgewühlt wie eine stürmische See. Hier hatte es kein Buschfeuer gegeben, und deshalb wirkten sie auch ganz anders – nicht so sau-

ber oder so irreführend üppig grün. Das trostlose, ungenieß-
bare Stachelkopfgras überzog sie und gab ihnen Halt.

Auf dem Trip gewann ich ein Bewußtsein und Verständnis
für das Land. Ich lernte, mich auf das Land zu verlassen. Die
Weite und die Leere, die mir zuerst bedrohlich erschienen,
waren jetzt eine Wohltat. In mir wuchs das Gefühl der Freiheit. Ich fühlte mich heiter und gelöst. Das Gefühl von Raum
wirkt tief im australischen Kollektivbewußtsein. Es ist erschreckend, denn die meisten Menschen drängen sich an der
Ostküste, wo das Leben einfach und der Raum etwas Faßba-
res ist, und dennoch schafft er ein Gefühl für Potential und
Möglichkeiten, wie es vermutlich in keinem europäischen
Land mehr existiert. Aber es wird nicht mehr lange dauern,
ehe auch dieses Land besiegt, eingezäunt und bezwungen ist.
Aber hier, hier war es frei, unverdorben und, wie es schien,
unzerstörbar.

Auf meinem Weg durch dieses Gebiet beschäftigte mich
der Raum auf eine höchst intensive, aber doch nicht völlig
bewußte Art. Die Bewegungen, Strukturen und die Zusam-
menhänge der Dinge erschlossen sich mir durch den Bauch.
Ich sah die Tierspuren nicht nur, sondern sie sagten mir
etwas. Ich sah einen Vogel nicht nur, ich kannte ihn im Zusammenhang mit seinem Tun und dessen Wirkungen. Die
Umgebung erzählte mir alles über sich selbst, ohne daß mir
dieser Vorgang deutlich bewußt wurde. Sie wurde ein leben-
diges Wesen, und ich war Teil dieses Wesens. Diesen Vorgang
kann ich nur anhand eines Beispiels beschreiben: Ich sah im
Sand die Spuren eines Käfers. Früher wäre dies lediglich ein
hübsches Muster gewesen, über das ich nicht weiter nachdachte. Jetzt wurden die Spuren zu einem Signal, zu dem mir
spontane Assoziationen kamen – Art des Käfers, seine Lauf-
richtung und warum er in diese Richtung lief, wie alt die Spuren waren und wem er als Futter diente. Am Anfang der
Reise lernte ich gewisse rudimentäre Dinge über das, was
mich in der Wüste erwartete. Inzwischen wußte ich genug
und besaß ein System, mit dem ich lernen konnte zu lernen.
Mir fiel eine neue Pflanze auf. Ich erkannte sie sofort, weil mir

ihre Zugehörigkeit zu anderen Pflanzen und Tieren in diesem Gebiet ins Auge fiel. Ich sah und kannte die Pflanze, und ohne ihr einen Namen geben zu können, betrachtete ich sie als ein Ganzes mit ihrer Umgebung. Früher war etwas nur eine Sache, die lediglich existierte. Jetzt wurde sie etwas, auf das alles andere reagierte und mit dem alles in Beziehung stand und umgekehrt. Wenn ich einen Gesteinsbrocken aufhob, konnte ich nicht mehr einfach sagen: »Dies ist ein Stein.« Ich sagte: »Er ist Teil eines Systems«, oder präziser: »Auf diesen Stein wirkt alles ein, und so wirkt auch er.« Nachdem diese Denkweise für mich selbstverständlich geworden war, verlor auch ich mich in diesem System, und meine Grenzen dehnten sich ins Grenzenlose. Am Anfang der Reise wußte ich irgendwie, daß dies geschehen konnte. Und der Gedanke erschreckte mich. Ich stellte es mir als ein chaotisches Prinzip vor und wehrte mich mit Händen und Füßen dagegen. Um mich zu schützen, hatte ich mir ein Gebäude aus Gewohnheiten und Routine errichtet; damals brauchte ich das unbedingt. Denn wenn man zersplittert und unsicher ist, erschrickt man zu Tode, wenn man feststellt, daß die eigenen Grenzen sich auflösen. Um in der Wüste zu überleben, muß man die Zerrissenheit überwinden – und zwar schnell. Es ist keine mystische Erfahrung – es ist gefährlich, ein solches Wort damit in Zusammenhang zu bringen. Solche Begriffe sind zu abgedroschen und anfällig für Fehlinterpretationen. Es ist etwas, was geschieht. Ursache und Wirkung. Das Überleben an unterschiedlichen Plätzen erfordert je nach Umgebung unterschiedliche Dinge. Die Fähigkeit zu überleben ist vielleicht die Fähigkeit, sich von der Umgebung verändern zu lassen.

Der Wechsel zu diesem Realitätsbewußtsein war ein langer Kampf gegen die alte Konditionierung gewesen. Es handelte sich nicht um eine bewußte Auseinandersetzung; es drängte sich mir auf, und ich konnte es annehmen oder ablehnen. Die Ablehnung hatte mich an den Rand des Wahnsinns gebracht. Das Ich, dem ich früher das Überleben anvertraute, war hier draußen in einer anderen Umgebung zum Feind geworden. Diese innere Auseinandersetzung hätte ich beinahe nicht verkraftet. Die intellektuellen und kritischen Fähigkeiten taten alles Erdenkliche, um die Grenzen aufrechtzuerhalten. Sie beschworen die Erinnerung herauf. Sie klammerten sich an Zeit und Maßeinheiten. Aber sie mußten den ersten Platz räumen, denn sie waren einfach nicht länger erforderlich. Das Unbewußte wurde viel aktiver und wichtiger – und zwar in Form von Träumen und Gefühlen. Ich entwickelte ein zunehmendes Bewußtsein für den Charakter eines bestimmten Punkts – ob es ein guter Ort mit einem beruhigenden Einfluß war oder ob er mich abschreckte. Dies alles verband sich mit der Realität der Aborigines und ihrer Vision von der Welt, mit der sie untrennbar verbunden waren. Das wurde an ihrer Sprache deutlich. In Pitjantjara, und ich vermute auch in allen anderen Eingeborenensprachen, gibt es kein Wort für ›existieren‹. Das ganze Universum steht in einer unaufhörlichen Interaktion. Man kann nicht sagen: Dies ist ein Felsen. Man kann nur sagen: Dort sitzt, lehnt, steht, fällt, liegt ein Felsen.

Das Ich schien keine Entität zu sein, die irgendwo im Kopf lebte, sondern eine Reaktion zwischen Geist und treibender Kraft. Wenn der Stimulus nicht sozial war, fiel es dem Ich schwer, sein Wesen zu definieren und seine Dimensionen zu erkennen. In der Wüste wird das Ich mehr und mehr zur Wüste. Es muß so werden, um zu überleben. Es wird grenzenlos und wurzelt mehr im Unbewußten als im Bewußten – die sinnlosen Gewohnheiten fallen ab, und das Ich beschäftigt sich mehr mit Realitäten, die mit dem Überleben in Zusammenhang stehen. Aber es liegt in seiner Natur, daß es sich verzweifelt assimilieren und die Informationen verstehen will, die auf das Ich einstürmen. In einer Wüste bedeutet das beinahe immer, daß sie in die Sprache der Mystik übersetzt werden.

Ich versuche damit folgendes zu sagen: Wenn man im Staub geht, im Staub schläft, im Staub steht, sich im Staub entleert, sich im Staub wälzt, vom Staub bedeckt ist und Staub ißt, und wenn es niemanden gibt, der einen an die Regeln der Gesellschaft erinnert, und es nichts gibt, das die Verbindung mit dieser Gesellschaft aufrechterhält, dann bereitet man sich besser auf ein paar ungeahnte Veränderungen vor. Die Aborigines scheinen in völliger Übereinstimmung mit sich und ihrem Land zu leben, und ich erfuhr an mir die embryonalen Anfänge dieser Übereinstimmung. Das tat mir gut.

Meine Angst hatte jetzt ebenfalls eine andere Qualität. Sie war direkt und nützlich. Sie machte mich nicht unfähig oder behinderte mein Können. Es war die natürliche, gesunde Angst, die für das Überleben notwendig ist.

Ich redete zwar ununterbrochen mit mir selbst, mit Diggity oder der Landschaft, aber ich fühlte mich nicht einsam. Im Gegenteil, wenn ich plötzlich einem anderen Menschen begegnet wäre, hätte ich mich entweder versteckt oder ihn wie einen Busch, einen Felsen oder eine Eidechse behandelt.

Es war mühsam, über die Dünen zu wandern. Nichts als hochkraxeln und wieder runterrutschen. Die Kamele waren jetzt in ihrem Element und arbeiteten wie die Teufel. Sie gaben nie auf, beklagten sich nie – auch wenn eins über ein Stachelkopfgraspolster stolperte und am Nasenzügel des nachfolgenden zerrte. Welch stoische Tiere! Das Stachelkopfgras, dieses allgegenwärtige Gewächs in der Wüste, wurde einem so über, daß man am liebsten jeden Busch einzeln verbrannt hätte. Diese Büschel hatten im allgemeinen einen Durchmesser von zwei Metern und waren etwa ein Meter zwanzig hoch. Sie standen dicht beisammen. Sie erschwerten das Gehen, machten es ermüdend und quälend. Ein solcher Busch ist nichts als Stacheln. Die winzigen Widerhäkchen am Ende der Halme bohren sich ins Fleisch, wo sie brennen und jucken. Bald würde ich die Dünen hinter mir lassen und die endlose, flache, heiße, von Stachelkopfgras überzogene Wüste erreichen, in der es nur hin und wieder eine flache Mulde mit Mulga oder mit einigem Glück auch andere Leckerbissen für die Kamele gab. Ich fragte mich, wie es den Kamelen in dieser Wüste ergehen würde.

Ich legte Kilometer um endlose Kilometer zurück. Ich schleppte mich über diese monotonen, endlosen Dünen und beschloß irgendwann, daß die Freuden des Alleinseins in keinem Verhältnis zur Energie standen, die ich aufbringen mußte, um die Wüste zu durchqueren. Ich hatte meinen Kompaß verloren. Aber ich geriet nicht in Panik, sondern folgte meiner Spur zurück, bis ich ihn wiederfand. Trotzdem ein dummer Fehler. Es fiel mir sogar schwer, den Kompaßkurs einzuhalten. Vielleicht stand plötzlich ein Hindernis vor mir – ein undurchdringliches Dickicht von Mulgabüschen. Versuchte ich, mir einen Weg hindurchzubahnen, verfingen sich die Äste im Gepäck, in den Kleidern und rissen mich blutig. Ich mußte aufgeben. Das bedeutete manchmal einen Umweg von ein oder zwei Kilometern. Oder ich mußte einen Hügel mit scharfkantigem Laterit umwandern. Ich beschloß, wieder auf den Weg zurückzugehen. Ich hatte keine Ahnung, wie deutlich erkennbar er war. An diesem Tag ging ich beinahe fünfzig Kilometer in der Hoffnung, den Weg vor dem Dunkelwerden zu erreichen. Das brachte mich beinahe um. Ich hatte das Gefühl, kein Hüftgelenk mehr zu haben. Das Gehen schmerzte unbeschreiblich. Ich hinkte, und das zehrte mehr an meiner Energie als die Sonne, die mir das Gesicht verbrannte, mir die Lippen austrocknete und aufspringen ließ. Wie sich herausstellte, war der Weg leicht erkennbar, und ich schlug das Lager auf, sobald ich ihn sah.

Im Morgengrauen lag der Gunbarrel Highway in seiner ganzen Endlosigkeit vor mir, rechts und links die unermeßliche Stachelwüste. Die Halme schimmerten zart gold und rosa. Aber sobald die Sonne höher stand, wurden sie zu einem trostlosen graugrünen Schrecken. Gras wogte im kühlen Morgenwind, und die Rispen wirkten zart und attraktiv. Wie sehr das Land täuschen konnte! Die extremen Temperaturunterschiede mußte man am eigenen Leib spüren, um sie zu glauben. Sie reichten von eiskalten Minusgraden im fahlen Morgengrauen bis hin zur kochendheißen Mittagshitze und sanken über die ersehnte Abendkühle wieder zur kristallklaren, eisigen Nacht. Ich trug nur Hosen, dünne Hemden und einen Schaffellmantel, den ich meist beim Auf- und Abladen auszog. (Das Beladen dauerte jetzt nur noch eine halbe Stunde!) Ich lernte, mich warm zu zittern. Ich lernte auch, während des Tages nicht zu trinken. Morgens trank ich vier oder fünf Becher Tee, mittags vielleicht einen halben Becher und dann nichts mehr, bis ich abends das Lager aufgeschlagen hatte. Dann stürzte ich acht bis neun Becher Flüssigkeit hinunter. Es ist merkwürdig, tagsüber pressen Sonne und trockene Luft einem den Schweiß literweise aus dem Körper, aber je mehr man trinkt, desto durstiger wird man.

Die Ebene war so eintönig, daß die kleinste landschaftliche Veränderung eine wahre Wohltat bedeutete. Eine armselige kleine Senke, die nur im Vergleich zur Umgebung anziehend wirkte, riß mich zu Begeisterungsstürmen hin. Eines Tages kampierte ich in einem Staubloch unter ein paar kümmerlichen, schattenlosen Bäumen. Aber sie bedeuteten in diesem Moment für mein ästhetisches Empfinden mehr als das Tadsch Mahal. Hier gab es Futter für die Kamele, und sie konnten sich nach Herzenslust im Staub wälzen. Am späten Nachmittag waren sie bereits entsattelt und begannen sofort zu spielen. Ich beobachtete sie eine Weile lachend, zog dann plötzlich spontan alle Kleider aus und spielte mit. Wir strampelten, rollten uns auf der Erde und bedeckten uns mit Staub. Diggity freute sich wahnsinnig. An mir hingen dicke, orangene Staubkrusten, und die Haare waren völlig verfilzt. Ich hatte noch nie in meinem Leben so ehrlich und selbstvergessen gespielt und mich gefreut. Ich bin sicher, daß die meisten von uns vergessen haben, wie man spielt. Wir haben Spielregeln erfunden, und die treibende Kraft beim Spiel ist der Wettbewerb. Der Wunsch zu gewinnen und jemanden zu schlagen hat das Spielen ersetzt – das Spielen um des Spielens willen.

Als ich am nächsten Morgen aufbrach, nahm ich den Wekker, zog ihn auf, stellte ihn auf vier Uhr und ließ ihn tickend auf einem Baumstumpf in der Nähe unseres Staubbads zurück. Ein passendes und angemessenes Ende für dieses heimtückische kleine Instrument. Und damit war auch diese Angewohnheit überwunden. Zur Feier der Stunde machte ich ein paar ungeschickte kleine Tanzschritte wie eine Tänzerin mit Blei in den Schuhen. Vermutlich sah ich mit meinen ausgelatschten Sandalen, den ausgebeulten, dreckigen Hosen, dem zerrissenen Hemd, den schwieligen Händen und Füßen und dem dreckverschmierten Gesicht eher wie eine alte Vogelscheuche aus. Ich gefiel mir so. Es war eine große Erleichterung, von Kostümierungen, dem hübschen und attraktiven Aussehen befreit zu sein. Vor allem befreit von der schrecklichen, verlogenen, verblödenden Attraktivität, hinter der sich Frauen verstecken. Ich zog mir den Hut über den Kopf, so daß nur noch die Ohren darunter hervorsahen. »Ich darf das nicht vergessen, wenn ich zurück bin. Ich darf nicht wieder in diese Falle laufen. Ich muß mich den Leuten zeigen, wie ich bin. So? Ja, warum nicht?« Aber dann wurde mir klar, daß die Regeln in einem Kontext nicht notwendigerweise auch für einen anderen gelten. Dort wäre dies nur eine andere Verkleidung. Dort gab es keine Nacktheit. Das konnte sich doch niemand leisten. Alle hatten ihr gesellschaftliches Ich so undurchdringlich gemacht. Nur der Alkohol öffnete die Pforten, und die Nacktheit dahinter war häßlich. Warum war das so? Warum umkreisten sich die Leute voll verzehrender Angst und voll Neid, wenn alles Illusion war, was fürchteten oder beneideten sie? Warum errichteten sie psychologische Wälle und Barrikaden, die nur ein Dr. im Panzerknacken durchbrechen konnte, die nicht einmal sie selber von innen überwinden konnten? Und wieder einmal verglich ich die europäische Gesellschaft mit der der Aborigines, die archetypisch paranoide, habgierige, destruktive mit der anderen, der gesunden. Ich wollte die Wüste nie mehr verlassen. Ich wußte, ich würde diesen Wunsch vergessen.

Ich hatte ungefähr die Hälfte des Weges hinter mich gebracht. Ich wußte nicht, wann genau ich die Hälfte erreichte, denn inzwischen hatte ich begriffen, daß die Zeit in der Wüste sich weigerte, sich selbst zu strukturieren. Sie zog es vor, in Schnörkeln, Wirbeln und Tunnels zu fließen – und außerdem: Wen kümmerte es?

Etwa fünf Kilometer vor mir lagen ein paar Hügel. Heiß. Es war heiß. Seit Tagen hatte ich nur Stacheln und Dornen gesehen. Oh, wie sehr wünschte ich mir, in diesen Hügeln zu sein. Ich konnte Bäume erkennen. Bäume. Und was schwebte da plötzlich aus der flirrenden Hitze wie Gespenster auf mich zu – nicht ein, nicht zwei, noch nicht einmal drei, sondern vier wilde Kamelhengste mit Schaum vor dem Maul... auf der Suche nach Kämpfen und Kamelstuten.

Gut. Keine Panik, D. Bitte keinen kalten Schweiß, der dir in gelben Bächen den Rücken herunterläuft und dir von den Augenbrauen tropft. Geh einfach in Deckung (ob ein Büschel Stachelkopfgras genügt?) und knall sie ab.

Gut. Aber das Schwierige ist, ich mag Kamele. Ich tu ihnen nicht gerne weh. Ich bin die Freundin aller Kamele. Ich gab einen Warnschuß ab, in der Hoffnung, sie würden vor Entsetzen davonrennen. Eines der wilden Kamele sagte: »Was ist dat denn? Eine Mücke?« und rannte weiter. Arrogante Sau. O. K. Muß ich eben eins erschießen. Wenn die anderen Blut riechen, hauen sie ab. Ich ging näher, kniete mich hin und zielte auf den Kopf. Aber als ich abdrückte, geschah nichts. Nichts. Zip. Ladehemmung. Gewehr kaputt. »O Gott«, sagte ich, als ein kalter Schauer mir den Rücken runterlief, und ich sah mich schon schreiend den ganzen Weg nach Warburton zurücklaufen. »O Gott, o Gott«, sagte ich, als die Kamele näher kamen. Ich schmiß das Gewehr auf den Boden, schrie es an und versuchte es mit dem Messer in Gang zu bringen – es nützte nichts.

Ich entdeckte den verkohlten Stumpf eines Korkbaums und band Bub daran fest. Als weitere Vorsichtsmaßnahme befestigte ich den Nasenzügel an seinem Bein, wohl wissend, daß er ihn wie ein Stück Bindfaden zerreißen, den Baumstumpf entwurzeln und sich davonmachen würde, wenn er wirklich Angst bekam. Mir blieb keine Zeit, an Diggity oder Goliath zu denken, denn die wilden Kamele waren nur noch drei Meter entfernt, und sie waren GROSS. Dookie und Zelly tanzten auf und ab wie Jojos und waren mehr als gereizt. Ich warf einen Stein auf einen der Hengste. Er gurgelte und stellte seine Maulblase zur Schau (ein schrecklich widerwärtig rosa, violett und grüner, schleimiger Ballon, der unbeschreiblich stinkt und den die Kamelstuten perverserweise attraktiv finden), schüttelte den Kopf, und wir spielten Katz und Maus.

Ich warf einen zweiten Stein und bedrohte ihn mit meinem Spaten. Er wich zurück und sah mich an, als sei ich eine Verrückte. Wir spielten einen halben Nachmittag lang Kamele vertreiben, und es bedurfte noch vieler anderer, gerissener Antikamelmanöver, um sie loszuwerden. Zu meiner großen Erleichterung fanden sie es irgendwann langweilig, mich zu terrorisieren, stolzierten davon und verschwanden wie eine Fata Morgana am klebrig dunstigen Horizont. Keiner der Hengste hatte wirklich angegriffen – ich wäre nicht mehr am Leben, wenn sie es getan hätten –, und ich dachte, es sei unnötige Vorsicht gewesen, die anderen Hengste alle zu erschießen. Dann erinnerte ich mich an Dookies Raserei und beglückwünschte mich.

Es war ein sehr langer Nachmittag – einer der längsten meines Lebens. Aber ich überstand ihn. O. K. Mein Gehirn hatte ein bißchen mehr zu tun, das Gewehr war hinüber und das Messer natürlich auch. Mein Verstand hatte mich gerettet, wo mein Gewehr versagte.

Es schien, als sei ein Fußmarsch von dreißig Kilometern am Tag nicht genug. Oft ging ich mit Diggity auf die Jagd oder erkundete die Umgebung, nachdem ich die Kamele nachmittags von ihrer Last befreit hatte. Auf einem solchen Ausflug verirrte ich mich einmal. Nicht richtig, nur ein bißchen, aber mir wurde es trotzdem flau im Magen. Natürlich konnte ich meine Spur zurückverfolgen, aber das kostete Zeit, und es wurde schon dunkel. Wenn ich früher wollte, daß Diggity mich nach Hause führte, sagte ich einfach zu ihr: »Marsch, nach Hause, Mädchen.« Sie hielt das für eine Art Strafe, legte die lächerlichen Ohren an, rollte mit den gelbbraunen Augen, zog den Schwanz ein und warf mir einen Blick über die Schulter zu, der unmißverständlich verkündete: »Was soll das! Was hab ich falsch gemacht?« Aber an diesem Abend hatte sie ihren großen Durchbruch.

Sie begriff die Situation sofort. Ich konnte förmlich sehen, wie ihr ein Licht aufging. Sie bellte mich an, lief ein paar Meter vorwärts, drehte sich um, bellte, rannte zurück, leckte mir die Hand, sprang wieder voraus und so weiter. Ich tat, als würde ich sie nicht verstehen. Sie geriet vor Kummer außer sich. Sie wiederholte das Ganze, und diesmal folgte ich ihr. Sie war begeistert und überglücklich. Sie hatte etwas begriffen und war stolz darauf. Als wir wieder im Lager anlangten, umarmte ich sie und lobte sie überschwenglich. Ich könnte schwören, Diggity lachte. Und dieser Ausdruck von Stolz, diese unmißverständliche Freude, etwas verstanden zu haben, den Grund und die Notwendigkeit dafür eingesehen zu haben, versetzte sie in ausgelassenes, hysterisches Entzücken. Wenn sie sich über etwas oder jemanden freute, wedelte sie nicht mit dem Schwanz, sondern ließ ihn kreisen und krümmte ihren Körper wie ein Schlange in S-Kurven.

Ich bin sicher, Diggity war mehr als ein Hund oder etwas anderes als ein Hund. Ich habe oft gedacht, ihr Vater müsse wohl ein Tierarzt gewesen sein. In ihr vereinten sich alle guten Qualitäten eines Hundes und eines Menschen – und sie war eine geduldige Zuhörerin. Inzwischen war sie ein schwarz-glänzendes, gesundes Muskelpaket geworden. Durch ihr ständiges Hin- und Herlaufen und die Jagd nach Eidechsen muß sie täglich wohl hundert Kilometer zurückgelegt haben. Der Trip brachte mich gezwungenermaßen allen Tieren näher, aber meine Beziehung zu Diggity war etwas Besonderes. Es gibt nur wenige Menschen, mit denen ich das Wort Liebe so leicht in Zusammenhang bringen kann wie mit diesem wunderbaren kleinen Hund. Es ist sehr schwer, diese gegenseitige Abhängigkeit zu beschreiben, ohne neurotisch zu wirken. Aber ich liebte sie, war richtiggehend in sie vernarrt und hätte sie am liebsten aufgefressen. Und sie entzog mir nie, niemals, nicht ein einziges Mal ihre Hingabe, gleichgültig wie launisch, gemein oder zornig ich mich benahm. Ich werde nie verstehen, warum Hunde sich Menschen anschließen.

O. K., ihr verkalkten alten Freudianer, ihr ehrwürdigen Laingianer, ihr könnt euch auf meine Psyche stürzen. Ich habe eine Schwäche eingestanden: Hunde.

Tierliebhabern, besonders Frauen, wirft man oft vor, neurotisch und unfähig zu sein, mit anderen Menschen erfolgreich in Beziehung zu treten. Wie oft haben Freunde sich über

meine Beziehung zu Diggity geäußert – meist mit dem ent-
sprechend bedenklichen Blick von Psychiatern: »Hast du
schon einmal daran gedacht, ein Kind zu haben?« Dieser
Vorwurf führt bei mir jedesmal zu einer explosiven Antwort,
denn ich glaube, Gott hat uns in seiner unendlichen Weisheit
drei Dinge gegeben, um das Leben erträglich zu machen:
Hoffnung, Witze und Hunde. Das Beste davon sind die
Hunde.

Inzwischen kampierte ich ganz gern neben oder auf dem
Weg. Die Vorstellung, daß hier jemand entlangkommen
würde, war seit langem in den Bereich des Absurden gerückt.
Aber mit Verrückten hatte ich nicht gerechnet. Eines Nachts
weckte mich dröhnender Motorenlärm. Ich raffte mich aus
tiefstem Schlaf auf. Diggity bellte wütend, und aus dem Dunkel rief eine Stimme: »He, ist das die Kamellady? Hier ist der
Easy Rider. Darf ich näher kommen?«

»Was zum...?«

Vor mir tauchte eine Gestalt auf, der Diggity am Hosen-
bein hing. Wie sich herausstellte, war der »Easy Rider« ein
Verrückter, der eine Suzuki testete, indem er sie an der breite-
sten Stelle quer durch Australien jagte – er brauste, so schnell
er konnte, über Stachelkopfgras, Dornen und Sand. Ihm fielen die Augen beinahe aus dem Kopf, er schlug sich immer
wieder auf die Oberarme, beklagte sich über die Kälte und
deutete an, er würde gern hier kampieren. Er war ein Maniak,
und die Geschwindigkeit hatte ihm vermutlich den Verstand
geraubt. Er wollte irgendeinen Rekord brechen.

Ich wollte ihn ganz bestimmt nicht hier oder in der Nähe
haben, und Diggity stimmte mir nachdrücklich zu. Ohne ausgesprochen unhöflich zu sein, machte ich ihm das klar. Er
setzte sich und sabbelte eine halbe Stunde lang, während
Diggity am Fußende des Schlafsacks knurrte. Ich gähnte be-
deutungsvoll und nachdrücklich, sagte wenig außer: »Hmm,
o wirklich, das ist aber nett (gähn, hmm), was du nicht
sagst...« Er sei schon seit einigen Kilometern meinen Spuren
gefolgt, erklärte er, und wenn man bedachte, daß er aus der
anderen Richtung kam, war das eine beachtliche Leistung.

Schließlich fuhr er weiter. Ich kratzte mich nachdenklich am Kopf, schüttelte ihn, um ganz sicher zu sein, daß ich nicht träumte, und legte mich wieder schlafen. Wenn ich geahnt hätte, was er tat, sobald er in die Zivilisation zurückgekehrt war, hätte ich ihm auf der Stelle den dicken Hals umgedreht.

Wir näherten uns Carnegie. Einerseits wollte ich nur noch in der Wüste und allein sein, andererseits gingen mir langsam die Vorräte aus. Meine letzte Mahlzeit, bevor ich dort ankam, bestand tatsächlich aus Hundekuchen, angereichert mit Puddingpulver, Zucker, Milch und Wasser. Der Gedanke, wieder Menschen zu sehen, machte mich nervös. Inzwischen war ich völlig entprogrammiert. Ich ging meistens nackt, denn die Kleider stanken nicht nur, sie waren auch unnötig. Meine Haut hatte die Farbe von Terrakotta und die Beschaffenheit von Sattelleder. Die Sonne konnte ihr nichts mehr anhaben. Auf den Hut verzichtete ich aber nicht, denn meine Nase schälte sich so oft, daß ich glaubte, sie würde eines Tages verschwinden und zurück bliebe ein Stück schnaubender Knorpel. Ich konnte mich wirklich nicht mehr an gutes Benehmen erinnern. Was macht es schon, dachte ich, wenn alle Knöpfe an Hemd und Hose abgerissen sind? Wer wird es bemerken oder Anstoß daran nehmen? Und Menstruationsblut? Ich scherte mich einen Teufel darum, ob es den Gesetzen der Schwerkraft folgte und mir am Bein herunterlief, aber würden andere ebenso denken? Würde es sie verwirren und beunruhigen? Aber warum um Himmels willen sollte es? Eine Wunde würde ich doch auch nicht verlegen verstecken. Meine Verwirrung quälte mich, denn ich wußte es einfach nicht. Ich staune, wie schnell und gründlich ich das Gefühl für die Bedeutung gesellschaftlichen Verhaltens verloren hatte. Und das Bewußtsein ihrer Absurdität hat mich seitdem nie wieder verlassen. Ich habe langsam einen Sinn für Nettigkeiten wiedergewonnen, aber ich hoffe, die Besessenheit mit gesellschaftlichen Formen und fraulicher Schicklichkeit wird mir immer als das erscheinen, was sie ist: ein perverser, destruktiver Schwachsinn.

Es ist erstaunlich, die beiden Fragen, die mir am häufigsten zu meinem Trip gestellt wurden (nach dem üblichen »Warum hast du diese Reise gemacht?«), sind: »Was hast du gemacht, wenn dir das Toilettenpapier ausging?« und (sie wird mir immer unter großem Gekicher von Frauen in irgendeiner Ecke gestellt) »Was hast du gemacht, wenn dir die Tampons ausgingen?« Was um Himmels willen stellen sich die Leute vor? Glauben sie, ich bin in die nächste Drogerie gelaufen? Also gut. Für alle, die vor Neugierde über Körperfunktionen bald sterben, sei gesagt: Wenn ich kein Toilettenpapier hatte, benutzte ich glatte Steine, Gras, und wenn ich Glück hatte, fand ich eine freundliche Wüstenpflanze, die als Katzenschwanz bekannt ist. Wenn ich keine Tampons hatte, machte es mir auch nichts aus.

Ich glaube, einer meiner größten Durchbrüche auf dieser Reise war, daß ich die Kunst des sanften Furzens erlernte. Ich hatte nie zuvor gefurzt. Nun ja, vielleicht ein- oder zweimal, aber dann nur armselige kleine Pfffts. Gott weiß, wo all diese Luft blieb. Sie muß mir wohl nachts durch die Hautporen entwichen sein. Ah, aber jetzt, jetzt konnte ich furzen, daß es nur so schallte – gute, solide Donnerschläge, die die Kamele erschreckten und die Tauben in Scharen aus dem Stachelkopfgras aufflattern ließen. Diggity und ich veranstalteten Wettkämpfe: Sie gewann immer, was den Gestank anging, und ich, was die Resonanz betraf.

Ich kam in Carnegie an und fand es verlassen, trostloser und deprimierender, als ich sagen kann. Sobald ich den Zaun erreichte, veränderte sich das Land plötzlich und dramatisch. Es war ruiniert, zerstört, von Rindern kahlgefressen. Vernichtet. Ich stand so im Einklang mit dem wunderbaren, unberührten Land, das ich durchwandert hatte, daß ich den Wechsel wie einen Schlag ins Gesicht empfand. Wie konnte man so etwas tun? Wie konnte man das Land mit Rindern überschwemmen und es mit dem heftigen australischen Motto »Nur schnell reich werden« derart veröden? Es gab nichts, aber auch nichts zu fressen für meine Kamele. Ich glaubte, den schlimmsten Teil hinter mir zu haben, und mußte erleben, daß die wahre Wüste begann, die Wüste des Menschen. Ich sollte nicht zu hart mit den Viehzüchtern sein. Sie litten unter einer vierjährigen Dürre, und viele Rinder waren verendet. Aber es gibt gutes und schlechtes Management. Meiner Meinung nach bekam jeder, der das Land überweidete, genau das, was er verdiente. Einige Pflanzenarten sind aus dem Weideland für immer verschwunden, und daran ist nur das gierige schlechte Management schuld. Die ungenießbaren, giftigen Pflanzen (wie der Terebinthstrauch) haben sich ausgebreitet. Ich hatte diese Pflanze bisher nur hin und wieder gesehen, aber hier wuchs sie überall. Es war das einzige Grün, das am Leben geblieben war, und es gedieh prächtig. Sogar das Mulga, das einzige, was meine Kamele am Leben erhielt, war braun und trocken.

Plötzlich tauchten aus heiterem Himmel zwei freundliche junge Männer auf. Sie waren nach Carnegie gekommen, um sich einen alten Jeep zu holen, den sie auf dem Schrottplatz entdeckt hatten. Auch sie wußten nicht, daß dieser Ort verlassen war. Offensichtlich war die Farm erst vor kurzem aufgegeben worden. Die beiden waren unglaublich freundlich. Der eine nähte einen Lederschuh für Dookies Fuß, und sie boten mir große Mengen Lebensmittel an. Ich gab ihnen Geld, das sie jedoch ablehnten. Ich mußte ihnen erst erklären, daß ich die Scheine als Toilettenpapier benutzte oder um Feuer anzuzünden, ehe sie es annahmen. Und dann wütete ich über den Ruin des Landes. Ich wies sie auf den Unterschied zwischen dieser Seite des Zauns und der anderen hin. Für mich war es ein Unterschied wie Tag und Nacht, aber sie hatten es noch nicht einmal bemerkt. Das verblüffte mich. Konnten sie nicht sehen? Nein. Ehe man den Unterschied sehen kann, müssen einem erst die Augen geöffnet, muß man Teil des Landes werden. Vor einem halben Jahr hätte ich vermutlich auch nichts gesehen.

Ich hatte mit dieser Entwicklung nicht gerechnet. Ich dachte, von da an sei der Trip ein Kinderspiel. Ich wollte geradewegs durch das Weideland nach Wiluna gehen. Ich änderte meine Meinung und brütete über der Karte. Ich beschloß, nach Norden zur Glenayle Farm zu marschieren und dort auf die Canningstock Route zu stoßen. Ich dachte, dort gäbe es keine Rinder und noch besser, keine Menschen. Ich hatte entsetzliche Geschichten über diese Route gehört. Man hatte sie vor Jahren aufgegeben, da auf dieser Strecke zu viele Rinder und Kamele umkamen. Der Weg führte durch eine der schlimmsten Wüsten Australiens. Es gab Brunnen entlang der Straße, aber da sie nicht mehr gepflegt wurden, waren die meisten mit Sicherheit versandet. Ich wollte versuchen, nur den leichtesten, südlichsten Teil der Strecke zu benutzen, und jemand hatte mir gesagt, es sei eine herrliche Landschaft. Ich machte mich also in Richtung Glenayle auf.

Inzwischen brauchten wir alle dringend eine Ruhepause. Obwohl die Gegend um Glenayle besser aussah (ich schloß daraus, daß die Farmer hier in größerer Harmonie mit dem Land lebten und wahrscheinlich das Salz der Erde waren), mußten sich die Kamele sehr bemühen, um ihre Mägen zu füllen. Meine Besorgnis war eigentlich absurd, denn Kamele überleben, wo alles andere stirbt. Aber besonders Zeleika war nur noch Haut und Knochen. Ihr Höcker schrumpfte zu einem traurigen Büschel Haare über hervorstehenden Rippen. Ich verteilte ihre Last auf die beiden anderen, aber dies war nicht das Problem. Für sie gab es nur Goliath. Er schwamm in Fett und war hoffnungslos verwöhnt. Je dünner sie wurde, desto mehr verschlechterte sich meine Beziehung zu diesem kleinen Schmarotzer. Ich konnte nichts gegen sein Säugen tun. Ich bastelte einen Eutersack, aber es gelang ihm immer wieder, ihn mit der Schnauze wegzuzerren. Nachts kam sie zu ihm zurück, und ich konnte ihn noch so eng an den Baum binden, er trank Unmengen von Milch. Wenn wir mittags rasteten, setzte ich die Kamele für eine Stunde in den Schatten. Sie verdienten die Ruhe und freuten sich darauf. Sie saßen genüßlich wiederkäuend da, starrten ins Weite und hingen ernsten Kamelgedanken über den Sinn des Lebens nach. Aber ich hatte das Vergnügen, Goliath von seiner Mutter fernzuhalten. Kaum wendete ich den Blick, schlich er sich zu seiner Mutter, stieß und bedrängte sie und verlangte

Milch. Wenn sie sich weigerte, nahm er ihren Nasenzügel ins Maul und zog daran. Dann sprang sie brüllend auf die Beine, und er schoß wie ein Blitz ans Euter. Vielleicht war er ein Quälgeist, aber dumm war er nicht. Er entwickelte noch eine andere schlechte Gewohnheit. Er galoppierte plötzlich neben den Kamelen her und versetzte mir einen schnellen Tritt. Das konnte ich ihm aber abgewöhnen. Ich hielt einen Mulgastock dicht am Körper und zog ihm mit voller Kraft eins über die Beine, wenn er gefährlich nahe an mir vorbeijagte. – Ein kurzer, heftiger Schock; er blieb wie angewurzelt stehen und sann auf Rache. Ich bewunderte widerwillig Zeleikas Selbstaufopferung, dachte aber, sie sei mit ihrem Erstgeborenen doch übertrieben nachsichtig.

Sogar die wilden Tiere starben. Sie lebten auf dem Gebiet der Farm, wo es noch Wasser in Wasserlöchern, bei den Windrädern, in Tanks und Trögen gab, aber die Rinder hatten das wenige Futter weggefressen. Ich kampierte nachts selten in der Nähe solcher Wasserstellen. Dort lagen immer verwesende Tierkadaver im Staub, diese qualverzerrten Körper hoben kaum die Stimmung. Ich versuchte, die Wasserstellen mittags zu erreichen, damit die Tiere trinken und ich mich waschen konnte. Dann wanderte ich noch etwa fünfzehn Kilometer weiter und schlug das Lager dort auf, wo ein bißchen mehr Futter wuchs. Das war nicht immer möglich. In der Nacht, bevor ich Glenayle erreichte, lagerte ich etwa einen Kilometer von einer Wasserstelle entfernt.

Ich hatte Diggity nie bestraft, wenn sie Känguruhs jagte, da ich wußte, sie würde nie eines fangen. Aber in dieser Nacht hetzte sie einem armen, rappeldürren Riesenkänguruh nach, das zum Wasser wollte. Ehe ich meine fünf Sinne beisammenhatte und sie zurückrufen konnte, war sie in der Dunkelheit verschwunden. Ich schlief wieder ein. Einige Zeit später kam sie zum Schlafsack zurück und leckte mich winselnd wach. Sie drängte mich aufzustehen und ihr zu folgen. »Mein Gott, Dig, du hast es doch hoffentlich nicht erwischt?« Winsel, winsel, kratz, leck. Ich lud das Gewehr und folgte ihr. Sie führte mich direkt zu ihrer Beute, einem riesigen grauen männlichen Känguruh kurz vor dem Verenden. Ich glaube, es war einfach zu schwach gewesen, um die Jagd zu überstehen. Diggity hatte es nicht angerührt; ich glaube, sie hätte gar nicht gewußt, wie; das arme alte Känguruh hatte der Schlag getroffen. Es lag auf der Seite und keuchte schwach. Ich schlug ihm auf den Kopf. Am nächsten Morgen kamen wir an dem toten Tier vorüber. Ich nahm das Messer, wollte Schwanz und Keule abschneiden und erstarrte. Was hatte Eddie über das Schneiden von Fleisch gesagt? »Aber das gilt nicht für dich, du bist eine Weiße. Bist du sicher? Woher willst du das wissen?« Ich konnte das ganze Känguruh nicht tragen, es war viel zu schwer. Aber dieses köstliche Fleisch verderben zu lassen, erschien mir verrückt. Nach fünf Minuten Unschlüssigkeit steckte ich das Messer weg und ging weiter.

Wenn Glaubensinhalte einer Kultur in die Sprache einer anderen übersetzt werden, taucht oft das Wort »Aberglaube« auf. Vielleicht war es Aberglaube, daß ich dieses Känguruh nicht anrührte, vielleicht lag es aber auch daran, daß ich zu viel gesehen hatte, um Wahrheit von Schwindel unterscheiden zu können. Da ich unsicher war, konnte ich es mir nicht leisten, Risiken einzugehen.

Ich hatte recht mit meiner Vermutung über die Leute auf der Glenayle Farm. Sie waren nicht nur das Salz der Erde, sondern charmant, freundlich, großzügig und taten, als bemerkten sie mein exzentrisches Verhalten nicht. Sie unterhielten sich freundlich, während ich rülpste, mich kratzte, Tee schlürfte und wie ein hungriger Wolf selbstgebackene Hörnchen verschlang.

Ich tauchte eines Nachmittags vor ihrer Haustür auf. Auf der anderen Seite des Zauns stand eine grauhaarige, gepflegte Dame in einem frischgebügelten Sommerkleid und goß ihre Blumen. Ohne auch nur die Augenbrauen zu heben, sagte sie: »Oh, guten Tag. Schön, Sie zu sehen. Wollen Sie nicht zu einer Tasse Tee hereinkommen?«

Eileen, Henry und ihr Sohn Lou luden mich ein, eine Woche bei ihnen zu bleiben. Ich freute mich darüber. Es waren angenehme Leute. Sie päppelten mich auf und umsorgten mich mit der echten Gastfreundlichkeit der Leute im Busch. Diese Großzügigkeit und Offenheit ist Teil der Buschethik, und ich bin sicher, sie ist universell. Sie geht Hand in Hand mit dem Glauben an Ehrlichkeit, harter Arbeit, Einfachheit und der Liebe zum Land. Meine Kamele brauchten alle ein bißchen Ruhe, ehe wir auf der Canningstock Route weiterzogen. Henry überließ mir für sie die Pferdekoppel. Sie bestand aus ein paar Quadratkilometern Felsen, grauem, ungenießbarem Stachelkopfgras und Staub. Aber es wuchs dort noch ein bißchen Mulga, es gab ein paar langweilige Blutholzbäume und eine leuchtend grüne Akazie, die vermutlich kein Wasser brauchte – oder ihre Wurzeln gruben sich mindestens hundert Meter in die Erde. Davon sollten meine Kamele sich im nächsten Monat ernähren.

Henry ging die Karte mit mir durch und zeigte mir, wo ich bei Brunnen zehn auf die Canning Route stoßen sollte. Er erklärte mir, welche Wege vorhanden waren, welche nicht und wo ich nach Süden abbiegen mußte. Er wußte, welche Brunnen entlang der Straße Wasser enthielten. Straße? Es überraschte mich. Ich hatte mit einer überwucherten und fast unsichtbaren Spur gerechnet und geglaubt, ich müsse mich auf den Kompaß verlassen. Der Bergbau war einer der Gründe für die Erschließung wilder Gebiete. Straßen tauchten aus dem Nichts auf und verschwanden wieder im Nichts.

In gewisser Weise war ich enttäuscht. Die Canning Route sollte mich durch die letzte unbesiedelte Strecke führen, bevor ich mein Ziel erreichte. Traurig dachte ich beim Packen, daß sich das Kernstück der Reise seinem Ende näherte. Ich rechnete mir aus, daß ich noch drei Wochen bis Wiluna brauchen würde, die erste Stadt seit Alice Springs.

Die beiden ersten Tage waren schrecklich. Verbrannte, nackte Erde, überall häßlicher grauer Staub. Ich wurde zweimal krank, direkt nacheinander, und das war das einzige Mal auf der Reise. In einem Brunnen hatte ich abends ein eiskaltes Bad genommen und wanderte nackt umher, um trocken zu werden. Nachts wachte ich mit einem schweren Blasenkatarrh auf. Tabletten – Gott sei Dank hatte ich welche gekauft. Aber ich verbrachte eine schlaflose Nacht. Ein oder zwei Tage später bekam ich heftige Magenkrämpfe. Daran war zweifellos das schlechte Wasser schuld, das ich getrunken hatte. Sie überfielen mich in einem plötzlichen und unkontrollierbaren Anfall. Während ich mich noch aus der Hose kämpfte und murmelte oh, oh, scheußlich, ah, konnte ich es nicht mehr halten – wie peinlich. Der Desozialisierungsprozeß hatte seine Grenze erreicht. Ich verbrannte die Hose, nachdem ich einen Eimer Wasser verschwendet hatte, um sie zu säubern.

Aber dann begann das Land wieder zu wirken. Der wenige Regen in den letzten vier Jahren war hier in diesem nördlichen Wüstengebiet niedergegangen und hatte die Rinderfarmen im Süden nicht erreicht. Der Pflanzenwuchs war keineswegs üppig, aber die Tiere fanden wenigstens etwas zu fressen. Am Anfang der Reise hätte ich darüber die Nase gerümpft; jetzt fand ich es hier schon grün. Es war eine großartige, fossile Urlandschaft. Eine zerklüftete, bizarre Einöde mit Sandsteinfelsen. Hier herrschte absolutes Schweigen, und die Evolution schien diesen Ort nicht erreicht zu haben. Vielleicht war es das Land Gottes, aber für Kamele war es nicht geschaffen. Der felsige Boden strengte sie an, und sie verletzten sich die Füße. Sie schleppten eine volle Ladung Wasser, und ich wußte, sobald ich einen geeigneten Platz mit Wasser und Futter fand, mußte ich ihnen eine Ruhepause gönnen.

Auf der Karte sah der Brunnen sehr vielversprechend aus. Mir war heiß, und ich war wütend, weil ich jeden Moment erwartete, auf das Bachbett zu stoßen, das auf der Karte eingezeichnet war. Es kam nicht. Der Hügel rechts hörte nicht auf. Ich brüllte Diggity an und gab ihr einen Tritt, weil sie die Kamele erschreckte. Ich kochte vor Wut. Die arme kleine Dig wußte nicht, was sie verbrochen hatte, und trottete geknickt mit eingekniffenem Schwanz hinterher. In letzter Zeit hatte sie viele Strafen erdulden müssen oder das, was sie dafür hielt. Die Wards hatten mir einen Ledermaulkorb gegeben, um sie vor den Strychninködern zu schützen, die vom Flugzeug aus überall in der Wüste abgeworfen wurden, um die australischen Wildhunde, die Dingos, auszurotten. Aber sie haßte den Maulkorb. Sie winselte und scharrte an ihm und bot ein Bild des Jammers und des Elends. Schließlich nahm ich ihn wieder ab. Sie ging nicht an Kadaver, und ich fütterte sie gut genug, damit sie nicht in Versuchung geriet.

Schließlich erreichte ich das Ende des Hügels und ging über hohe Sanddünen. Als ich die letzte erklettert hatte, lag vor mir eine unendlich weite Senke im pastellblauen Dunst. Darin schwammen und schimmerten bizarre Hügel, an deren Fuß feuerfarbene Dünen züngelten. In der Ferne erhoben sich magische violette Berge. Wer hat schon einmal gehört, daß Berge brüllen und rufen? Diese hier taten es – sie brüllten wie riesige Löwen. Es war ein Ton, der nur für die Ohren von Wahnsinnigen und Tauben bestimmt sein konnte. Der Anblick lähmte mich. Selbst in meinen Träumen hatte ich eine solch wilde, schöne Landschaft noch nie gesehen.

Hier vereinigten sich verschiedene Landschaften zu einem Ganzen. Die weiten Ebenen und Plateaus mit Stachelkopfgras unter fernen blauen Dunstschleiern, die leuchtenden Sanddünen, das tiefe Rot verwitterter Sandsteinhügel, und durch alles wand sich ein trockenes Flußbett – grün und grell glitzerndes Weiß. Wir liefen die Düne hinunter und suchten den Brunnen. Die Kamele sahen das Futter und wollten so schnell wie möglich dorthin. Der Brunnen war nicht leicht zu finden; die Akazien hatten ihn überwachsen. Er war drei Meter tief und roch sumpfig und faulig. Aber er enthielt ein bißchen Wasser, das für die nächsten Tage reichen würde. Es schmeckte scheußlich – wie Schlammsuppe. Aber mit genügend Kaffee konnte ich es hinunterwürgen. Über dem Brunnen hing ein uralter durchlöcherter Eimer, der völlig unbrauchbar war. Zwanzig Liter in meinem Blechkanister hochzuhieven war ein Unternehmen, das mir beinahe einen dreifachen Bruch einbrachte.

Die Kamele spielten an diesem Abend im weißen Sand. Die dicke rote untergehende Sonne fiel auf die Staubwolken, die sie aufwirbelten, und verwandelte sie in Gold. Ich lag auf einem weichen Laubbett, das tausend goldene Feuerblitze in alle Richtungen schickte. Der Wind trug mir die nächtlichen Rufe und das Seufzen der Blätter zu; ich lag in einer Kathedrale aus schwarz-silbernen riesigen geisterhaften Eukalyptusbäumen, die den dünnen silbernen Platinmond in ihren Zweigen wiegten. Ich hatte das Herz der Welt gefunden. In diesem Palast schlief ich ein, und die Berge verblaßten am Rand meines Bewußtseins. Das Herz der Welt, das Paradies.

Bettina Selby

Ah Agala!

Das knallrote Fahrrad faszinierte die Ägypter. »Ah Agala!«
schrien sie begeistert, wo immer es auftauchte. Daß darauf
auch noch eine Frau saß, verblüffte sie vollends. Bettina Selby
(geb. 1934) radelte mit dem Agala von der Mündung bis an
die Quellen des Nils – eine Strecke von insgesamt 7000 Kilo-
meter. Um sich wieder ans Fahrradfahren zu gewöhnen – die
Reise zu den Quellen des Nils war bereits ihre dritte große
Fahrradtour – verdingte sie sich vorher als Fahrradkurier und
flitzte mit Begeisterung durch die Straßen Londons. Im No-
vember 1987 war es dann soweit. Ausgerüstet mit Reiseapo-
theke, Trinkwasserfilter und einem Anti-Hundespray fuhr sie
durch Ägypten, den Sudan und schließlich in das nach der
Machtübernahme Musevenis immer noch von Kämpfen und
Unruhen heimgesuchte Uganda.

Ich näherte mich der Grenze zu Uganda mit einer Beklom-
menheit, wie ich sie nie zuvor verspürt hatte. Selbst »freundliche« Grenzen bewirken eine gewisse Anspannung: Sie führen den Reisenden aus einem Land, das ihm vertraut geworden ist, in eine fremde Umgebung, wo das Geld, die Sprache
und die Gebräuche ganz anders sind, was unweigerlich eine
Periode der Orientierungslosigkeit mit sich bringt. Im Fall
von Uganda waren solche gewöhnlichen trivialen Ängste jedoch von Befürchtungen viel dunklerer Natur überschattet,
und zwar so sehr, daß ich eine gewisse Erleichterung empfun-
den und meine Enttäuschung sich in Grenzen gehalten hätte,
wenn die Straße plötzlich gesperrt gewesen wäre. Ich war
daran, ein Land zu betreten, welches die letzten fünfundzwanzig Jahre einem größenwahnsinnigen Herrscher nach
dem andern als Tummelplatz gedient hatte, wo Folter, wahl-

loses Morden und Massaker im großen Stil alltäglich geworden waren und wo eine raubgierige Armee in aller Öffentlichkeit die Zivilbevölkerung ausgeplündert und Menschen mit einer Beiläufigkeit eliminiert hatte, als wären sie nicht mehr wert als Fliegen.

Jetzt gab es einen neuen Präsidenten, der seit weniger als einem Jahr an der Macht war und den das Außenministerium in London einen »guten Kerl« genannt hatte: Yoweri Museveni. Er hatte mehrere Jahre im Busch gekämpft, um Milton Obote die Macht zu entreißen, bis die schauerlichen Auswüchse, die bei Musevenis Machtübernahme ans Licht kamen, einer entsetzten Welt enthüllten, daß Obotes zweite Amtsperiode in noch mehr Mord und Folter ausgeartet war als vorher Idi Amins blutige Schreckensherrschaft. Konnte sich nach einer solchen Barbarei, die erst so kurz zurücklag, auch nur annähernd so etwas wie ein normales, zivilisiertes Leben entwickelt haben? Diese Frage nagte ständig in mir, viel stärker noch als die Warnung der Botschaft vor erneut aufflammenden Kämpfen. Solche Kampfhandlungen sind im allgemeinen eine begrenzte Angelegenheit, etwas Lokales, um das man einen Bogen machen kann; etwas anderes ist es, wenn eine brutalisierte, verkommene Soldateska die berüchtigten Straßensperren bemannt – davor hatte ich unleugbar Angst.

Nicht zuletzt wegen dieser Angst genoß ich meine letzte Tagesreise durchs Hochland von Ostäquatoria wie eine Henkersmahlzeit. Vom Gedanken an die Gefahr waren meine Sinne geschärft, und ich freute mich über jede Kleinigkeit. Die Straße wand sich zum Plateau hoch. Sie befand sich in keinem guten Zustand und wurde immer rauher, doch war sie von seltsamen, sinnträchtigen Düften überlagert, die sich mit dem überall vorherrschenden Geruch des in der Sonne gebackenen Staubs vermischten. Ein paar zerlumpte, stille Gestalten stapften auf ihr dahin, einige schoben traurige, heruntergekommene, überladene Fahrräder, was zum mindesten meine letzten Befürchtungen über vereinzelte Minen zerstreute. Ich verlangte nichts mehr vom Leben, nur daß die Straße sich für immer und ewig vor mir hinziehen möge. Alles von Menschenhand Geschaffene – die winzigen Felder, die runden, zerbrechlichen Spielzeughäuschen in den rauhen, geheimen Lichtungen – erschien mir vergänglich und nichtig, kleine Kratzer nur auf der riesigen Oberfläche Afrikas. Es gab nichts, was die Natur überragt hätte. Bäume türmten sich in die Höhe, ihre vielen Äste mit dichtem Laub bedeckt, doch sogar sie wirkten klein in der Weite, die sich vor meinen Augen auftat – eine hügelige, rote Landschaft mit einer spärlichen dunkelgrünen Decke, welche gegen den Horizont hin dichter wuchs.

Gegen Mittag tauchte irgendwo ein Dorf auf. Nachdem ich beim Polizeiposten vorgesprochen hatte, fand ich ein Café, wo ich auf einem durch Grasmatten vor der Sonne geschützten Brettertisch ein Mittagessen aus Leber und Tomaten zu mir nahm, bevor ich mich ans letzte Stück vor der Grenze machte. Ich fuhr jetzt genau nach Süden, parallel zur Grenze mit Zaire, die zu meiner Rechten immer näher rückte, bis ich an eine Stelle kam, wo die eine Straßenseite in Zaire lag und die andere noch immer im Sudan und wo alle Holzschuppen zur Rechten auf französisch angeschrieben waren, die zur Linken jedoch auf englisch oder arabisch.

Ich hatte die fünfundsiebzig Kilometer von Jei bis hierher für meinen Geschmack viel zu schnell bewältigt und war nun in Kaja, einem unbedeutenden Dorf, ans Ende des Sudans gelangt. Hier stand die Hintertür nach Uganda offen, hier war der einzige Grenzübergang aus dem Norden, der nicht gesperrt war. Er bestand aus nichts als einer langen Straße, an welcher sich baufällige Gebäude aufreihten und wo beidseits ein offener Abzugsgraben hinunter zum Bach lief. Kurz davor ragte eine Metallstange mit einem Schloß quer über die Straße, dahinter führte der Weg, der unterdessen immer schlechter geworden war, in einer steilen Kurve aufwärts. In der tiefstehenden Spätnachmittagssonne glühte er dunkelrot wie eine offene Wunde, die man ins unbewohnte Buschwerk geschlagen hatte. Ein junger Mann, der mich so dastehen sah, drehte seinen Kopf in Richtung Barriere und Holzbrücke, sagte »Uganda« und spuckte in den Staub.

Der Polizist, der die langwierige Prozedur auf sich nahm, meinen Ausreisepaß abzustempeln, verriet mir, er heiße Stabsfeldwebel Francis Gordon und sei mein Freund und heute nacht müsse ich an einem Ort schlafen, wo er für meine Sicherheit garantieren könne. »Falls es Schwierigkeiten gibt. Natürlich gibt es hier keine, denn hier sind wir im Sudan.« Ich mußte warten, bis er sich in seine Zivilklamotten gestürzt hatte, um, wie er andeutete, jemanden zu verhaften, der nicht wissen sollte, daß er im Anmarsch war. »Um so schlimmer für ihn«, sagte er dunkel und tippte sich mit dem Zeigefinger geheimnisvoll seitlich an den Kopf. Er brachte mich auf den Weg zu meinem »sicheren Ort«, einem schrecklichen Drecksloch. Das »Hotel« bestand aus einer Reihe kleiner Buden mit winzigen Fenstern hoch oben in einer lehmverputzten Mauer, die wie heruntergekommene Gefängniszellen aussahen. Meine war etwas Besonderes: Sie hatte eine Tür, auf der sich immer noch das Wort »Toalet« entziffern ließ. Ich zauderte bei diesem Anblick, wurde jedoch beschwichtigt, daß die »Toalet« verlegt worden war und dies sowieso nur die Tür davon sei, ich brauche mir also keine Sorgen zu machen. Drinnen war gerade Platz genug, um das Fahrrad zwischen die durchhängenden Überreste eines alten Eisenbettes und einen Holzstuhl ohne Rückenlehne zu quetschen. Unter dem Bett lag eine reichhaltige Sammlung von Zigarettenstummeln, Plastikstücken und Insektenleichen.

Später, als ich mit einigen arabischen Händlern, die kühl und elegant in ihren langen, weißen Roben vor ihrem Laden saßen und mir zugerufen hatten, ihnen Gesellschaft zu leisten, ein Glas Tee trank, erfuhr ich, daß mein »Hotel« dem Polizeichef gehörte, der sich stets vergewisserte, daß seine Untergebenen Reisende dort und nicht etwa im besseren Etablissement oben an der Straße unterbrachten. Der Ort schien von Gerüchten nur so zu wimmeln, und ich merkte, daß sie nicht abgeneigt waren, mir mehr über das hiesige Treiben zu erzählen. Sie wurden jedoch abgehalten, weil sich ein fetter, völlig unbekleideter Mann nahe hinter mich setzte – Moslems sind ja immer so empört über Nacktheit.

Den Polizeichef und Eigentümer meiner jämmerlichen Unterkunft bekam ich nicht zu Gesicht, wohl aber seinen zweiten Sohn, einen jungen Mann namens Cosmos, der sich gerne gewandt und weltmännisch gegeben hätte und mich einlud, mit ihm ein Bier zu trinken. Cosmos war Moslem wie sein Vater, welcher das Kunststück fertigbrachte, Allahs Alkoholbann mit dem Besitz der einzigen Bar in Kaja unter einen Hut zu bringen. Als ich vor einem Liter angenehm kühlem, recht wohlschmeckendem Lager saß, der mir mit sinnlichem Zeremoniell von einer exquisit gekleideten jungen Dame eingeschenkt wurde, dämmerte mir, daß diese Bar wenn auch nicht das städtische Bordell, so doch mindestens ein »Maison de Rendez-Vous« sein mußte. Sie war jedoch sehr viel attraktiver als mein »Hotel«, und bei näherem Zusehen entpuppte sich Cosmos als ein anziehender, unbefangener junger Mann, der eifrig über alles und jedes diskutieren wollte, was mit dem Westen zu tun hatte, und brennend gern nach England oder noch besser nach Amerika gekommen wäre. Er wiegte unaufhörlich seine Schultern in Harmonie mit der schmalzigen Popmusik, welche eine andere exquisite junge Dame ins Tonbandgerät einlegte.

Mein Bier stieg mir gleich in den Kopf, weil ich noch nichts im Magen hatte. Als es ausgetrunken war, schob Cosmos seine unberührte Flasche zu mir herüber und sagte: »Ich bin Moslem, ich trinke nicht. Ich leiste Ihnen bloß Gesellschaft.« In diesem Augenblick kam eine der jungen Frauen und flüsterte ihm etwas ins Ohr, worauf er sichtbar erbleichte. »Mein Vater kommt. Wenn er mich hier findet, wird er sehr böse«, sagte er in panischem Tonfall und stürzte davon. Außer mir war nur noch ein einziger Gast in der kleinen Bar, und während eins der Mädchen um ihn herumschwebte, kam die andere und schenkte Cosmos' Bier in mein Glas. Dabei saß sie mir praktisch auf dem Schoß, legte ihren Arm auf die Lehne meines Stuhls und streichelte mir langsam den Nacken. Ich begann mich zu fragen, wo ich hier eigentlich gelandet war. Verwirrt und mit dem Wunsch, bloß wegzukommen, stürzte ich das zweite Bier in Windeseile herunter. Ich fühlte mich recht beduselt, als ich mich davonmachte und auf die pechschwarze Straße trat. Krampfhaft versuchte ich mich an den Rückweg zu meiner widerlichen kleinen Zelle zu erinnern. Ich hatte kaum ein paar zögernde Schritte gemacht, als ich jemand flüstern hörte. Es war Cosmos mit einer abgeschirmten Taschenlampe, etwas zusammengestaucht, aber fest entschlossen, seine Pflicht zu tun und mich sicher nach Hause zu bringen. »Mein Vater weiß, daß ich in der Bar war«, berichtete er traurig. »Er will mich zurück in unser Dorf schicken.« Ich versuchte, Mitgefühl für ihn zu empfinden, da er dies anscheinend als harte Strafe empfand, doch der Gedanke an eine Verbannung aus einem Provinznest wie Kaja wollte einfach keinen Sinn ergeben.

Kaja liegt schon ziemlich hoch, und um sechs Uhr früh ist es sehr kalt. Zu diesem Zeitpunkt wollte ich nach Uganda hinüber. All mein Papierkram war letzte Nacht erledigt worden, und mein »Freund«, der Stabsfeldwebel Francis Gordon, hatte mir versichert, er werde dort sein, um die Barriere aufzuschließen und mich zu verabschieden. Er war es aber nicht, und auch um halb sieben war er noch nicht erschienen. Beim Polizeiposten lungerte wie üblich eine stattliche Schar arbeitsloser sudanesischer Männer herum, die ihre Nase in alles steckten, was eine willkommene Abwechslung versprach. Sie waren alle überzeugt, daß ich nichts in Uganda verloren hatte, und taten ihr Bestes, um mich von der Weiterreise abzuhalten. Es war schon fast sieben Uhr, als ich mich endlich um die Metallstange herumquetschen konnte (der Schlüssel war verlorengegangen) und loslegte, über die Brücke und auf der anderen Seite den steilen, erdigen Abhang hoch.

Die Angst hatte die ganze Nacht in mir rumort und versuchte, an die Oberfläche zu steigen, jetzt saß sie wie ein enger Knoten in meiner Brust und erschwerte mir den Anstieg. Immer wieder packten mich scharfe, panikartige Anfälle. Der einzige Weg, sie in Schach zu halten, bestand darin, mich auf etwas anderes zu konzentrieren. Ich versuchte mir vorzustellen, wie wohl die riesigen Lastwagen, die ich tags zuvor gesehen hatte, es fertiggebracht hatten, dieses entsetzliche, in tiefe Furchen und Krater zerpflügte Straßenstück zu bewältigen, das einzig für Panzer oder Mehrzweckfahrräder passierbar schien. Vor mir in der Ferne konnte ich auch schon eine lange, stillstehende Lastwagenkolonne sehen, und als ich näher kam, unterschied ich Gestalten mit deutlich sichtbaren Gewehren, die energisch um die Fahrzeuge herumliefen. Die Konfrontation, die ich so gefürchtet hatte, war also unvermeidlich. Der Klumpen in meiner Brust bewegte sich nach oben, und dabei spürte ich plötzlich die kühlen Jett-Amulette, die ich an den Riemen meines Beutels unter dem Hemd angebunden hatte. Ich hatte den drei kleinen Talismanen – ein Kreuz, ein Anker und ein Herz, die Glaube, Hoffnung und Liebe symbolisierten – nie magische Eigenschaften zugeschrieben, doch in diesem Augenblick erinnerten sie mich an alle meine Freunde zu Hause und an ihre Gebete für meine Sicherheit, und mit diesem Gedanken legte sich meine Panik ein wenig. Ich hatte noch immer Angst, fühlte mich jedoch nicht mehr so allein.

Die Soldaten standen mit weit aufgerissenen Augen, in denen sich ein Gemisch von Erstaunen und Entzücken spiegelte, um mich herum. Sie steckten in einer buntscheckigen Aufmachung von Militärkleidern und waren aufgeputzt mit einem komischen Schuß Zivil – ein Paar hellgrüne Shorts unter einem langen, schweren Militärmantel oder ein zerbeulter, weicher Filzhut über einem Kampfanzug. Sie waren alle sehr jung, einige nicht älter als zwölf, sogar ein paar höchstens Siebenjährige waren darunter. Alle hatten Eier- und Stielhandgranaten in ihren Gürteln stecken und hielten schwere automatische Gewehre in den Händen. Sie schauten mich an, als sei ich ein unverhofftes, willkommenes Geschenkpaket, nur wüßten sie noch nicht genau, wo anfangen mit dem Auspacken. Mit ihren Gewehrläufen stocherten sie an meinen verschiedenen Satteltaschen herum, trillerten »Aufmachen! Aufmachen!« und schienen ihre Ungeduld kaum zügeln zu können. Ich hatte mir nicht im voraus zurechtgelegt, was ich sagen oder tun wollte, wenn ich an meine erste Straßensperre kam, doch mir schien, in meinen Taschen seien viel zu viele Dinge, nach denen es diese zerlumpten jungen Soldaten gelüsten könnte. Wenn sie einmal angefangen hatten, darin herumzuwühlen, konnte niemand voraussagen, wie das enden würde. Statt also die komplizierten Schnallen zu lösen, fischte ich meinen Beutel heraus, übergab dem ältesten von ihnen meinen Paß und sagte mit fester Stimme: »Ich bin eine VIP und habe einen wichtigen Brief von Ihrer Regierung, in welchem steht, daß ich in Ihrem Land sehr willkommen bin!« Dies führte zunächst einmal zu einer Ruhepause, und als das Dokument, welches mir die Botschaft von Uganda in Khartum ausgestellt hatte, laut vorgelesen wurde, sah ich überall Lächeln und hörte Willkommensgemurmel. Einer oder zwei der Buben waren enttäuscht, daß ihnen die Möglichkeit verwehrt war, den Inhalt meiner Taschen zu inspizieren, doch ich konnte sie trotz ihrer Waffen nicht ernst nehmen und scheuchte sie wie irgendwelche anderen zwölfjährigen Störenfriede.

Nach diesem ersten Zusammenprall mit Ugandas Soldaten hatte sich meine Angst größtenteils gelegt, obwohl ich noch immer nervös war – Kinder mit Handgranaten sind meiner Seelenruhe nicht gerade förderlich. Die nächsten zehn Kilometer gab es starke Truppenmassierungen, und ich passierte mehrere Straßensperren, wo mich meine VIP-Masche und mein Brief jeweils sicher durchbrachten.

Nach einer Weile hörte ich auf, an verirrte Gewehrkugeln zu denken und meinen Kopf einzuziehen, und widmete mich mit aktiverem Interesse meiner Umgebung. Von diesem Land erzählt eine uralte Legende, hier liege das irdische Paradies, von welchem vier mächtige Ströme wegführten, die der ganzen Erde Fruchtbarkeit brachten. Mein Eintritt ins Paradies war jedoch recht ernüchternd, der Sündenfall mußte schon weit zurückliegen. Das Land sah zwar potentiell reich und fruchtbar aus, wie die Legende behauptete, doch es war wieder zu Buschland degeneriert, ausgebleicht und unbevölkert. Die Häuser, an denen ich vorbeifuhr, waren nur noch ausgeweidete Ruinen: Dach, Fenster und Türen, überhaupt alles, was nicht niet- und nagelfest war, war weg, nur Gerippe von Backsteinen oder Mauerwerk standen starr im grauen Licht. Auch zwei kleine Kirchen waren nur noch nackte, abgenagte, mit Unkraut überwachsene Skelette.

Meine Gedanken kreisten mehr und mehr ums Essen, denn ich hatte weder Abendessen noch Frühstück im Bauch und viel Energie verbrannt. Landeswährung hatte ich keine bei mir. Ich konnte mir auch nicht vorstellen, daß irgend jemand in diesem verheerten Land für Fremde etwas zu essen übrig hatte, selbst wenn ich je auf eine Siedlung stoßen sollte. So blieb mir nichts anderes übrig, als weiterzuradeln. Die nächsten fünfundzwanzig Kilometer schienen endlos lang, doch dann erreichte ich das kleine Städtchen Koboko, den ersten Ort, wo ich Häuser mit Dächern sah.

Ich hielt einen jungen Mann an und fragte ihn, wo man hier etwas zu essen kriegen könne. Sanft und höflich wies er mich eine Straßenbiegung hinunter zu »den Patres«. Er meinte damit eine riesige Missionsschule der Patres von Verona, eine der größten und renommiertesten in ganz Uganda. Auch hier war auf keinem der vielen Gebäude ein Dach übriggeblieben. Pater Dino päppelte mich mit Avocados, Käse, Ananas und herrlich erquickendem Kaffee auf und berichtete mir, wie dieser Ort seit 1979 dreimal geplündert und ausgeraubt worden war. Jedesmal waren die Patres nach Zaire geflohen und hatten bei ihrer Rückkehr alles verwüstet vorgefunden, worauf sie sich darangemacht hatten, das ganze Anwesen wieder aufzubauen.

»Wer klaut denn all diese Blechdächer?« fragte ich verblüfft.

»Ach, gewöhnliche Leute«, sagte Pater Dino. »Die Wirtschaft des Landes ist vollkommen ruiniert. Nichts wird mehr eingeführt, nichts wird produziert. Ein Stück Dachblech ist so viel wert, wie ein Mann in sechs Monaten verdient – vorausgesetzt, es gibt überhaupt so etwas wie einen Lohn! Mit dem, was ein Lehrer in einem Monat verdient, kann man nicht einmal ein Büschel Bananen kaufen. Die Leute hier überleben, so gut es eben geht. Läßt man einen Ort leerstehen, ist in ein, zwei Tagen nichts mehr da, die Versuchung ist zu groß. Manche Leute bleiben zurück und riskieren sogar Granaten und Kugeln, nur um den Besitz eines Nachbarn zu plündern.«

Ich setzte meinen Weg mit einem dicken Packen ugandischer Shilling fort, die mir Pater Dino gegen ein paar Dollar eingewechselt hatte. Es gab jetzt immer mehr Leute, und bald schwoll das Rinnsal zu einem Menschenstrom an, meist lebhafte, fröhliche Frauen, die ihre Waren – Bündel mit Blattgemüse und Körbe voller seltsamer, schwerer, stachliger Jacafrüchte, Ananas, Zitronen und Bananen – auf dem Kopf zum Markt trugen. Sie hatten lange, farbige Kleider an, viele mit Puffärmeln besetzt, volle Röcke und hoch über fülligen Busen zugeknöpfte Mieder, ein von den Missionaren um die Jahrhundertwende eingeführter Stil, der immer noch sehr in Mode war. Zuweilen riefen sie mir einen Gruß zu, doch meist brachen sie bei meinem Anblick in ein lautes Geschnatter aus, woraus ich schloß, daß Frauen auch in Uganda normalerweise nicht radfahren. Es machte mir nicht das geringste aus, eine komische Figur abzugeben, so wundervoll war es, wieder Lachen zu hören und Menschen zu sehen, die ihren gewohnten Geschäften nachgingen.

Pater Dino hatte mich auf eine weitere Mission der Patres von Verona hingewiesen, bequem in Reichweite fürs Mittagessen. Man hieß mich herzlich willkommen und fütterte mich mit köstlichen Spaghetti. Diese Mission war ein Krankenhaus, das einzige im Umkreis von vielen Meilen, und obwohl das letzte militärische Überfallkommando vor einem Jahr mutwillig den Operationssaal zertrümmert hatte, war es nicht derart radikal ausgeplündert worden wie Koboko und stand wieder in Betrieb. In dem wunderschönen Gelände lagen weitläufige, gepflegte Gärten, und ich war versucht, das freundliche Angebot der Patres anzunehmen und die Nacht dort zu verbringen, aber es zog mich weiter, und so pedalte ich durch die Nachmittagshitze nach Arua, wo ich eingeladen war, bei den Eltern von Mark und Tom Hooyer zu wohnen, den beiden jungen Amerikanern, mit welchen ich den schmutzigen Boden des Schuppens in Wadi Halfa geteilt hatte.

Die Zeit drängte allmählich, und so war es doppelt ärgerlich, daß ich ein paar Tage in der Regionalhauptstadt herumhängen und warten mußte, bis die Unabhängigkeitsfeiern zum ersten Jahrestag von Musevenis Regierung vorüber waren. Ich brauchte den obligatorischen Einreisestempel in meinem Paß, doch das zuständige Büro hatte erst nach Beendigung der Festivitäten wieder geöffnet. Nur noch wenige Wochen, und die Regenzeit stand vor der Tür, wo sich die Naturstraßen in Morast verwandelten und die Weiterreise praktisch verunmöglichten. Wenn ich die Mondberge erreichen wollte, mußte ich mich sputen. Ich wollte auch so rasch als möglich Verbindung mit der Heimat aufnehmen und meinen Mann wissen lassen, daß ich wohlauf war – seit meiner Abreise von Khartum war dies nicht mehr möglich gewesen, und er mußte wohl warten, bis ich die Hauptstadt Kampala erreichte.

Ich fand mich, so gut es eben ging, mit meiner Lage ab, schaute, daß ich genug Geld hatte, um mich durch Uganda zu schlagen, und pflegte mein staubverkrustetes Fahrrad. Ugandas Wirtschaft lag in Scherben. Geld wechselte man nicht auf der Bank, sondern auf der Straße, denn harte Währung war mehr als fünfzehnmal soviel wert wie der offizielle Wechselkurs, und alles wurde zu diesem »Straßenkurs« berechnet. Mein Wechsler, ein Mann namens Matthäus, trug zu seinem Namen auch ein teetellergroßes Abzeichen mit der Aufschrift »Der Herr ist mein Hirte« auf der Brust, so daß ich mich in guten Händen wußte. Für meine hundert Dollar erhielt ich genau eine Million Uganda-Shilling (in Kampala hätte ich noch die Hälfte mehr erhalten). Obwohl der Gedanke, Millionärin zu sein, einem ganz schön in den Kopf steigen kann, hatte ich etwelche Probleme, das dicke Banknotenbündel sicher zu verstauen. Matthäus ließ mich für seine Dienste zusätzlich bezahlen: Ich mußte mir die lange, lange Geschichte seiner »Bekehrung zum Pfad der Rechtschaffenheit« anhören, die eng mit leidenschaftlichster Bibelexegese verquickt war, so daß ich bald nicht mehr aus noch ein wußte und den Faden verlor.

Weitere glühende Predigten folgten am nächsten Morgen in der Kirche, als ich mit meinen Gastgebern einem sehr presbyterianischen Gottesdienst beiwohnte. Ein junger schwarzer Prediger hielt seine erste Predigt. Seinem Text hatte er die Geschichte von der Frau mit dem Ausfluß unterlegt, und er untermauerte dieses Thema mit Bibelstellen von vorne bis hinten. Wiederum fand ich es schwierig, seinem Gedankengang zu folgen, doch diesmal wegen des starken, durchdringenden Geruchs von eng zusammengepferchten Menschen, der die heiße, kleine Kirche unter dem Blechdach ausfüllte. Da es in der Stadt weder Wasser noch Strom gab und auch die meisten anderen öffentlichen Dienste nicht funktionierten, war der Gestank ungewaschener Leiber nicht weiter verwunderlich.

Um Arua führte ein fast kilometerlanges Straßenstück mit Belag – die reinste Selbstmordstrecke, wo jeder junge Mann, der irgendein Vehikel in die Hände kriegte, ausprobierte, wie schnell es fuhr, bevor es zusammenkrachte. Ich konnte von Glück reden, daß die meisten anderen Straßen im ganzen Land in einem derart ruinösen Zustand waren. John und Ihla Hooyer, meine Gastgeber, hatten hier erst kürzlich eine Tragödie erlebt. Vor zwei Jahren hatten sie ein junges Mädchen mit einem Säugling zu sich genommen. Sie hatten sie beide liebgewonnen und hielten den Jungen wie ihr eigenes Enkelkind. John nahm den Dreikäsehoch oft hinten auf seinem Fahrrad mit, und eines Tages war einer dieser selbstmörderischen Jugendlichen in sie hineingerast. Das Kind war auf der Stelle tot, John landete lebensgefährlich verletzt im Krankenhaus. Seit dem Unfall litt er an schrecklichen Kopfschmerzen, und kurz nachdem ich abgereist war, flog er nach Nairobi für ein Schädeltomogramm, das ein Blutgerinnsel in seinem Hirn nachwies. Zum Glück konnte es erfolgreich entfernt werden, doch dadurch wurde das Kind nicht wieder lebendig.

Die öffentlichen Unabhängigkeitsfeiern bestanden hauptsächlich aus zweistündigen Ansprachen des Distriktverwalters und anderer Würdenträger, alle in Militäruniform. Sie unterschieden sich wenig von der Predigt am Vortag, außer im Thema natürlich, und waren so unbeschreiblich langweilig, daß alle, die nicht auf dem Podium gefangen waren, bald auseinanderliefen, die Musikkapellen und Tänzer mit sich nahmen und angenehmeren Dingen nachgingen. Nach den vielen Männern zu schließen, welche den Gullys von Arua entlangtorkelten, als ich am nächsten Morgen mit meinem frisch gestempelten Paß losfuhr, muß auf diesen privaten Festen ganz schön gebechert worden sein. Einer sang laut und melodisch »Gott schütze unsere holde Königin« – eine recht merkwürdige koloniale Gefühlsregung, wie mir schien.

Die nächsten Tage radelte ich stundenlang durch eine grüne, hügelige Landschaft und hatte Zeit, zum besänftigenden, hypnotischen Kreisen der Pedale über Uganda nachzusinnen. Meine Befürchtungen, ein gewalttätiges, barbarisches Volk vorzufinden, hatten sich rasch zerstreut, denn die Menschen erwiesen sich als äußerst freundlich. Und war es auch ein tragisches und zerstörtes Land, so traten seine bizarren Aspekte viel eher in Erscheinung als die Bedrohlichkeit dahinter, genau wie am verrückten Hof der Roten Königin von *Alice im Wunderland*. Es mangelte nicht an Charme und Humor, und bei soviel spürbarer Sanftheit ließ sich nur schwer begreifen, wie es zu den abscheulichen Greueltaten und Grausamkeiten hatte kommen können.

Die tödlichsten Gefahren, denen ich mich ausgesetzt sah, rührten von der Straße selbst her, wo sich allerlei Hindernisse abwechselten, von plötzlichen Flecken weichen Sandes bis zu verstreutem Kies, der trügerisch auf engen, schlüpfrigen, von der Sonne gebackenen Lehmfurchen lag. Ich war jetzt nur noch etwa dreihundert Kilometer vom Äquator entfernt. Das Wetter wurde immer heißer, Staub durchdrang alles. Zu essen gab es praktisch nichts; alles, was ich kaufen konnte, war ein Häufchen Limonen. Von Limonen konnte ich nicht gut leben, und so wurde ich immer schwächer, obwohl ich doch Millionärin war. Die meisten Menschen schienen vom Tauschhandel zu leben, da Geld nichts mehr zählte.

Es war jedoch weder der Straßenzustand noch der Hunger, die meiner Reise beinahe ein Ende gesetzt hätten, und ich bin heute noch überzeugt, daß nur ein Wunder ein unrühmliches Ende abwendete. Ich drückte bei einem steilen Anstieg kräftig auf die Pedale, als plötzlich jeder Widerstand aufhörte. Das Fahrrad kam zum Halten, die Pedale kreisten so frei vorwärts wie rückwärts. Was ich seit einiger Zeit befürchtet hatte, war eingetreten – der Freilauf war derart mit Staub verstopft, daß die Klauen aus den Rätschen gesprungen waren.

In Minutenschnelle waren mehrere besorgte Ugander von irgendwoher aufgetaucht, standen um mich herum und kamen nach eingehender Prüfung des Problems alle zum selben Schluß: Ohne den Spezialauszieher, den ich zu Hause gelassen hatte, war nichts zu machen. Es war höchst unwahrscheinlich, daß ich irgendwo ein derart hochspezialisiertes Werkzeug auftreiben konnte, vermutlich in ganz Afrika nicht. Und nun dieses Mißgeschick, bloß weil ich ein paar Gramm Gewicht sparen wollte! Ich schämte mich wegen meiner Kurzsichtigkeit, doch noch schlimmer war das Gefühl, mit einem Schlag meiner kostbaren Bewegungsfreiheit beraubt worden zu sein. Jetzt blieb mir nichts anderes übrig, als zu warten, bis ein Lastwagen mich und mein verstümmeltes Fahrrad auf die lange Reise nach Kampala mitnahm. Ich hätte mich auf den Boden setzen und losheulen können!

Ich kann mich nicht erinnern, um ein Wunder gebetet zu haben. Hätte ich es dennoch getan, wäre ich wohl selbst über meine Dreistigkeit erstaunt gewesen, lag doch der Fehler bei mir allein. Aber irgend etwas ließ mich nach einer Weile den Fuß aufs Pedal setzen, und zu meiner Freude fand ich, daß die Klauen wieder fest in die Rätschen griffen. Und nicht genug: Etwas später stieß ich unversehens auf eine kostbare Dose Schmiermittel mit Tiefenwirkung, mit welchem ich den gröbsten Sand und Staub herausspülen und das Problem beheben konnte. (Wie ich dies heute, fünf Monate später, niederschreibe, wird mir bewußt, daß ich den Freilauf noch immer nicht abgezogen habe, um dem Wunder auf die Spur zu kommen.)

Jede Nacht verbrachte ich, ähnlich wie die Reisenden im Mittelalter in Europa, als Gast irgendeiner religiösen Körperschaft. Wie sie hatte ich gar keine andere Wahl, denn es gab nichts anderes. Ich hätte es auch nicht missen wollen, denn jedem Aufenthalt kam eine besondere Bedeutung bei. Eine Nacht verbrachte ich in einer ehemaligen Leprakolonie, die jetzt als Krankenhaus diente, andere Nächte blieb ich bei ugandischen Nonnen aus verschiedenen Orden. Jedes Kloster wies mir den Weg zum nächsten. Sie waren alle sehr einfach und oft ziemlich arm, und mein Beitrag an den Essenskosten wurde ohne falsche Bescheidenheit gern angenommen.

Ein Ort namens Nebbi ist mir besonders im Gedächtnis haftengeblieben, weil sich die Nonnen dort solche Mühe gaben, mich zu bewirten und willkommen fühlen zu lassen. Sie wischten und schmückten die häßliche kleine Betonzelle, wo sie mich unterbrachten, hingen Laken anstelle von Vorhängen ans Fenster, sie wuschen sogar meine verschwitzten, fleckigen Kleider und bügelten sie bei Mondlicht mit einem Holzkohlebügeleisen. Ohne sich zu erkundigen welchem Bekenntnis ich angehörte (und ob überhaupt einem), zogen sie mich hinaus auf die Veranda, damit ich am abendlichen Rezitieren des Rosenkranzes teilnehme, und führten mich anschließend in die Kapelle, wo sie vier Ave-Maria für meine sichere Ankunft und eine glückliche Weiterreise beteten. Wer weiß, vielleicht war es ihr Gebet, welches mich den bizarren und furchterweckenden Zwischenfall am nächsten Tag überleben ließ – an dem Ort, wo ich wieder auf den Weißen Nil traf.

Ich erreichte das Nilufer bei der baufälligen Brücke von Pakwach, wo der Strom in einem rechtwinkligen Bogen seinen nördlichen Lauf wiederaufnimmt, nachdem er sich kopfüber aus dem Viktoriasee auf seinen vierhundert Kilometer langen Weg durch tosende Wasserfälle und Stromschnellen gestürzt und sich schließlich mit den Wassern des Albertsees verbunden hat. Pakwach liegt nur wenige Meilen unter dem Albertsee. Die Feuchtigkeit, die unsichtbar von seiner riesigen Wasserfläche aufsteigt, hatte das Aussehen des Landes völlig verändert. Man konnte eigentlich gar nicht mehr von Land sprechen: Es war eine einzigartige Szenerie aus Luft und Wasser, von unbegrenztem Raum, von einem wundersamen Licht, auf dem ein Hauch urzeitlicher und ewiger Frische lag. Der Himmel, eine opalisierende Schale, warf einen rosaroten Schimmer ins glitzernde Blau der oberen Luftschichten, der sich auf der tanzenden, silbernen Oberfläche des jungen Flusses widerspiegelte. Weit weg im Westen, so zart gestrichelt, als gehörten sie demselben Element zu, waren die grauen Umrisse einer Bergkette sichtbar.

Ich hätte wohl noch lange an diesem Aussichtspunkt verweilt, wären da nicht die Soldaten gewesen, die in einer Reihe längs des verrotteten Plankenwerks der Brücke wachsam auf ihren Fersen kauerten. In ihren steifen, schweren Uniformen und mit den schwerfälligen Waffen, die sie im Staub schleifen ließen, erschienen sie mir an diesem urtümlichen, ätherischen Ort so fehl am Platz wie die Brücke selbst. Sie brauchten mich nicht extra daran zu erinnern, daß Leute, die auf Brücken stehenbleiben, höchst verdächtig sind. Als ich sie endlich überquert hatte und den flachen Abhang auf der anderen Seite hinunterrollte, waren meine Hemmungen verflogen. Ich konnte mich nicht satt sehen und fuhr unbekümmert an dem rostigen, umgekippten Schubkarren vorbei, der eine militärische Straßensperre darstellte, an welcher ich gefälligst anzuhalten hatte.

Die erste Andeutung, daß ich einen schrecklichen Fehler begangen hatte, war der furchtsame Ausdruck im Gesicht einer alten Frau, die mich mit flatternden Handbewegungen zurückscheuchte. Im selben Augenblick schwante mir, daß die Grunzer hinter mir, die immer höher und lauter geworden waren, etwas mit mir zu tun haben könnten. Als ich mich umdrehte, sah ich einen Soldaten auf mich zustürzen, das Gewehr auf meine Mitte gerichtet, den Finger zitternd am Abzug. Sein Gesicht war wutverzerrt. Seine Rufe hatten sich zu Schreien und wütendem Gekläff gesteigert, und ich merkte, daß er sich nur mit äußerster Mühe beherrschen konnte, nicht abzudrücken. Als ich sah, was ich getan hatte, eilte ich ihm entgegen. Und während ich noch versuchte, die Lage zu erfassen, blitzte der Gedanke auf, daß hier endlich die Kehrseite der Münze zum Vorschein kam, die Wurzel jener Angst, die ich gespürt hatte, als ich die Grenze überquerte. Es war meine erste Begegnung mit der fürchterlichen Gewalttätigkeit, die dieses Land zerstört hatte.

Ich glaube, ich spürte sogleich heraus, daß der Soldat auf kuriose Weise ebenso hilflos wie ich war und möglicherweise von seinem eigenen Zorn ebenso erschrocken. Er wußte, er durfte mich nicht erschießen, und geriet in ernsthafte Schwierigkeiten, wenn er es doch tat, und doch drängte es ihn fast unwiderstehlich, den Abzug durchzuziehen, weil ich die Sperre nicht beachtet und sein Selbstwertgefühl tödlich beleidigt hatte. Statt dessen versuchte er, seiner Wut Herr zu werden, indem er mich demütigte. Er schrie mich an, ich solle mein Fahrrad hochheben, es auf meinen Kopf legen und es zurück zum Schubkarren tragen. »Sie müssen bestraft werden«, brüllte er immer wieder.

Das Denken ist etwas Merkwürdiges und Vielschichtiges, und wahrscheinlich wird einem das nie stärker bewußt als in Situationen akuter Gefahr. Einesteils war ich mir gewahr, wie nahe ich davor stand, getötet zu werden, hatte eine Riesenangst und konnte mich selbst hören, wie ich mich immer wieder entschuldigte und mein Bestes tat, um den Mann zu beschwichtigen und ihn zu beruhigen. Und gleichzeitig stritt sich ein Teil meines Gehirns über die Absurdität seines Befehls herum, mein Fahrrad auf dem Kopf zu tragen – ein unmöglicher Kraftakt, wie ich fand, ganz abgesehen davon, daß ich kaum ein Rad vom Boden heben konnte, so schwer war es beladen –, und ich mußte fast lauthals lachen wegen des Bildes, das es heraufbeschwor, und wußte, daß ich nicht im Traum daran dachte, bloß so zu tun als ob, und koste es mich das Leben. Zum Glück war da noch eine dritte, vernünftigere Schicht, welche die Kontrolle übernahm und bestrebt war, uns beide zurück zu der Sperre zu bringen, in die vergleichsweise Sicherheit bei den anderen Soldaten, die ich dort warten sah. Sobald ich das Fahrrad gegen den rostigen Schubkarren lehnen und meine Papiere sowie den magischen Brief herausfischen konnte, wußte ich, daß alles gutgehen würde.

Ich hatte jedoch keine Ahnung, wie entsetzt ich in Wirklichkeit gewesen war, bis mir die Soldaten bedeuteten, mich zu beruhigen und zu schweigen, und ich merkte, daß ich mich noch immer eins ums andere Mal entschuldigte und die Worte in ihrem Eifer übereinanderpurzelten. Ich sagte den Soldaten, sie seien an allem schuld, weil sie mich derart erschreckt hätten, und sie sagten, es tue ihnen leid, und plötzlich war die Aufregung vorbei, und wir waren alle Freunde, mit Ausnahme des ersten Soldaten, dessen Brust noch immer von unterdrückten Emotionen wogte und schauderte.

Hier, an dieser Stelle, fing der berühmte Murchison-Wildpark an. Ich bezweifelte, daß man mir erlauben würde, ihn auf einem Fahrrad zu durchqueren, und zuerst waren die Soldaten denn auch alle strikt dagegen: »Zu gefährlich! Löwen, große Tiere, mampf, mampf. Die fressen Sie auf.« Dann kamen sie zum Schluß, ich müsse eine Waffe bei mir haben, was erklärte, warum ich durch einen Wildpark wollte, und sie versuchten, mich mit allen Mitteln dazu zu bringen, sie zu deklarieren. Sie sagten mir sogar unaufrichtigerweise, es sei erlaubt, mit einem Gewehr herumzureisen, nur müsse ich es ihnen zeigen. Als dann ein Suzuki-Lieferwagen heranfuhr, verloren sie ganz plötzlich das Interesse an mir und winkten mich durch. »Es ist nicht gefährlich«, sagte einer noch, »gehen Sie!« Ich machte mich hastig davon, bevor sie es sich anders überlegten.

Auf der Straße bewegte sich viel Militär. Ich sah mindestens zwölf große Armeelastwagen, jeder mit einem perfekt gekleideten Miniatursoldaten von etwa sieben Jahren, der starr und streng, und ohne eine Miene zu verziehen, auf dem Trittbrett der Führerkabine posierte. Sie fuhren alle nach Osten, in Richtung Gulu, wo Kampfhandlungen aufgeflammt sein sollten. Sobald ich jedoch in den schmalen Sandpfad eingebogen war, der südwärts durch den Park gegen den Viktorianil führte, hatte ich die Gegend ganz für mich. Nach der jüngsten Konfrontation war ich überglücklich, endlich wieder allein zu sein, und sorgte mich nicht allzusehr, von wilden Tieren angegriffen zu werden.

Jetzt, wo ich bald einen ersten, faszinierenden Blick auf eine der großen Quellen des Nils werfen konnte, erschien mir jede Meile wie ein zusätzliches Geschenk. Ich war an einem bedeutsamen Ort, im Herz aller Dinge, und verspürte ein wunderbares Glücksgefühl, daß ich so weit gekommen war. Alle die Vorbereitungen, alle die vielen, langen, staubigen Meilen hatten mich endlich hierher an diese Stelle gebracht, und nun fuhr ich allein auf einem Fahrrad durch dieses fast schon legendäre Wildreservat – ein Teil jenes sagenhaften Paradieses, von dem man lange gemunkelt hatte, das jedoch bis vor knapp einem Jahrhundert vor den Augen der Welt versteckt geblieben war. Es war ein unaussprechliches Glück, hier sein zu dürfen, selbst wenn die Berichte stimmten, daß Idi Amins Truppen fast alles Wild abgeknallt hatten.

Die einzigen Tiere, die ich erblickte, waren große Hirschantilopen, die in weitgezogenen Sprüngen über das offene Gelände hüpften, Gazellen, welche auf ihrer Flucht in der Luft zu schweben schienen, ein paar afrikanische Störche und ein sehr großer Stelzvogel mit einem langen, spitzen Schnabel. Ich hatte ziemlich Glück, überhaupt etwas zu Gesicht zu bekommen, denn nach kurzer Zeit hörte ich Schüsse und traf auf einen großen, in der Mitte des Pfades stationierten Armeelastwagen. Die Soldaten waren in alle Richtungen ausgeschwärmt, um etwas für den Kochtopf zu schießen. Ich vergewisserte mich, daß sie meine Anwesenheit schon von weitem bemerkten, bevor ich mich ihnen näherte, denn ich hatte keine Lust auf nähere Bekanntschaft mit einer großkalibrigen Gewehrkugel.

Danach sah ich niemanden mehr. Ich mußte mich ins Zeug legen, um noch vor dem Einnachten das schützende Paraa zu erreichen. Vielfach war der Sand weich und zwang mich abzusteigen. Der Schweiß strömte mir durchs Stirnband das Gesicht hinunter, und doch machte sich ein Gefühl tiefer Freude und Zufriedenheit breit. Wieder hatte die Landschaft ein dramatisch neues Gesicht. Die lichte, wässerige Szene ein paar Meilen zuvor war einer grenzenlosen Weite gewichen: Heiße, trockene, braune Ebenen zogen sich unendlich in die blaue

Ferne, als ob man sich auf dem Dach der Welt befände – eine heroische, energiegeladene Landschaft mit leicht bedrohlichem Unterton, eine Landschaft, die eine Herausforderung ausstrahlte. »Dies ist Afrika«, schien sie zu sagen, »dies zu finden, bist du so lange herumgereist.«

Helen Thayer

Polartraum

Schon als Kind hatte Helen Thayer (geb. 1938) von einem Trip in die Arktis geträumt, konnte diesen Traum aber erst 1988 verwirklichen. Die aktive Sportlerin und erfahrene Bergsteigerin wählte den magnetischen Nordpol als Ziel und beschloß, die Expedition zu Fuß und auf Skiern zu unternehmen, allein, ohne Nachschubversorgung durch Flugzeug oder Schneemobil, nur mit einem einzigen Schlitten, den sie selber hinter sich herziehen wollte. Um das Geld für den Trip, etwa zehntausend Dollar, zusammenzukriegen sparten sie und ihr Mann zwei Jahre lang. Zum Testen ihrer Ausrüstung flog Helen im November 1987 nach Resolute Bay im Nordpolarmeer, ihrer späteren Ausgangsbasis, bei der sie sich einmal täglich über Funk meldete, und unternahm eine fünftägige Probetour. Die Leute vor Ort, besonders die Inuit, rieten ihr dringend davon ab, ohne Hundegespann loszuziehen – vor allem als Schutz gegen Eisbären. Doch Helen blieb stur. Sie wollte es allein schaffen. Als es dann im März 1988 endgültig losgehen sollte, ließ sie sich schließlich überzeugen, wenigstens einen Hund mitzunehmen: Charlie, einen großen schwarzen Husky, ohne den sie, wie sie schon nach der ersten Begegnung mit einem Eisbären feststellen mußte, das Abenteuer nie überlebt hätte.

Vierzehnter Tag

Um acht Uhr morgens war es endlich soweit. Der Wind hatte sich gelegt, die Sicht hatte sich gebessert, so daß ich den Aufbruch wagen konnte. Charlie war spielerischer Stimmung und brannte darauf loszugehen. Vergnügt wälzte er sich auf dem Eis, um seinen Rücken zu kratzen. Ich packte in Rekord-

zeit, froh, endlich weiterziehen zu können. Es war wohltu-
end, etwas tun zu können, etwas, das mich dem Nordpol näher brachte.

Aber kaum war ich losgegangen, gab es schon Probleme.
Der Wind hatte den Schnee zu steinharten Kämmen zusam-
mengepreßt, manche kaum fußhoch, andere bis zu sechzig
Zentimetern hoch. Zwischen ihnen lag tiefer weicher Schnee.
Das war etwas ganz anderes als die glatte Schneedecke vor
dem Sturm. Ohne die Felle rutschten mir die Skier dauernd
nach hinten weg, wenn ich meinen Schlitten die Kämme hin-
auf- und hinunterzog. Durch die Felle hatten meine Skier die
Bodenhaftigkeit gehabt, die ich jetzt gebraucht hätte. Ohne
Felle waren sie nutzlos. Ich hielt an und öffnete – wütend auf
mich selbst – die Bindungen. Wie hatte ich so dumm sein können! Ich band meine Skier auf den Schlitten und ging zu Fuß
weiter. Sehr schnell steckte ich fast bis zu den Knien in dem
weichen Schnee zwischen den Kämmen. Meinen Schlitten
hinter mir herziehend, stapfte ich mühsam durch jedes Tal,
kletterte über jeden Kamm und versank auf der anderen Seite
im nächsten Tal. Charlie sank auch ein, aber sein leichterer
Körper und das geringere Gewicht seines Schlittens zogen ihn
nicht so tief hinunter. Nach dreißig Minuten entschloß ich
mich, anzuhalten und die Felle über die Skier zu ziehen. Inzwischen aber hatte der Wind aufgefrischt, und dies würde
das Vorwärtskommen schwierig, wenn nicht gar unmöglich
machen. Dennoch kämpfte ich mich weiter vorwärts, entschlossen, eine so große Strecke wie möglich hinter mich zu
bringen, bevor der Wind so stark wurde, daß ich haltmachen
mußte.

Ich hielt einen nördlichen Kurs, wandte mich aber leicht
dem Land zu meiner Linken zu. Der Wind hatte sich wieder
nach Westen gedreht. Ich war fest entschlossen, wenigstens
ein oder zwei Meilen zurückzulegen. Trotz des Windes und
des tiefen weichen Schnees tat es gut, sich wieder zu bewegen,
aber natürlich kam ich nur langsam vorwärts. Nach einer
Stunde harter Arbeit hatte ich nur etwa eine Meile geschafft,
und die stürmischen Winde drückten mich nach rechts.

Meine linke Körperseite war von Schnee zugeweht. Meine Gesichtsmaske, die mich vor dem eisigen Wind schützte, war mit einer zentimeterdicken Schneeschicht bedeckt. Das linke Glas meiner Skibrille war beschlagen, dann gefroren, so daß ich nur rechts noch etwas sehen konnte. Charlies Kopf war voller Schnee, aber sein Körper hatte nicht allzuviel abbekommen. Er war geschützt, da er rechts von mir lief. Das Spielen war ihm dennoch vergangen. Ernst, mit gesenktem Kopf, stapfte er vor sich hin.

In der folgenden Stunde zwang uns der stetig stärker werdende Wind zum Anhalten. Eine solche Anstrengung, und nur zwei Meilen als Belohnung. Ich hoffte, daß ich mir trotz meiner Entschlossenheit, eine möglichst große Strecke zu bewältigen, noch genug Zeit gelassen hatte, mein Zelt aufzubauen. Ich verankerte meinen Schlitten, machte Charlie an der geschützten Seite fest und nahm dann den Kampf mit dem Zelt auf. Einen Zipfel machte ich im Eis fest, damit nicht gleich das ganze Zelt wegflog, wenn der Wind es mir aus den Händen reißen sollte. Ich packte den wild flatternden Stoff und machte erst die eine Seite mit Heringen im Eis fest, dann die andere. Nach einiger Mühe und Anstrengung hatte ich wieder ein windgeschütztes Zuhause. Ich machte Charlie los, und er stürzte sich sofort ins Zelt. Noch ehe ich auch nur angefangen hatte, meinen Schlafsack und die Kochutensilien auszupacken, hatte er es sich schon hinten im Zelt bequem gemacht.

Nach einer schnellen Mahlzeit gab es wieder einmal nichts anderes zu tun, als darauf zu warten, daß der Sturm sich legte. Es war ein typischer arktischer Sturm. Der Himmel war klar, sogar sonnig, aber der Wind fegte wie wild über das Packeis und wirbelte den Schnee zu einem solchen Gestöber auf, daß man kaum noch die Hand vor den Augen sehen konnte. Nachdem ich Charlie in den Zeltvorraum befördert hatte, kroch ich in meinen Schlafsack, um mich warm zu halten. Schlafen konnte ich nicht. Ich lag nur da und lauschte dem Heulen des Windes und beobachtete die schwankenden Zeltwände.

Um vier Uhr morgens war der Sturm zur schwachen Brise abgeflaut. Ich zog mich an und packte zum Aufbruch. Charlie war wach und lag gemütlich ausgestreckt auf meinem Schlafsack. Selbst im Zelt hielt ich ihn an der Kette, die an einem Eishering vorn an der Tür befestigt war. Ich war guter Dinge und überzeugt, daß der Wind sich endlich ausgetobt hatte und daß es gutes Wetter gab. Ich packte gerade den Kocher ein und informierte Charlie über den Tagesplan, als wir draußen vor dem Zelteingang ein lautes Knirschen hörten. Wir wußten beide sofort, was dies bedeutete. Charlie hob ruckartig den Kopf. Er sprang auf und raste mit einem Knurren, das wie das Gebrüll eines Löwen klang, zur Zelttür hinaus. Ich ließ den Kocher fallen, packte das Gewehr und kroch zur Tür hinaus. Sechs Meter entfernt stand ein Eisbär und starrte uns an. Er war zurückgesprungen, als er sich plötzlich dem knurrenden Charlie gegenübergesehen hatte. Der tobte an seiner Kette, während ich wie eine Wahnsinnige nach meiner Leuchtpistole kramte. Schließlich gelang es mir, sie aus der Tasche zu ziehen, und ich feuerte mehrere Leuchtkugeln auf die Pfoten des Bären ab. Hastig machte er einen Schritt nach rückwärts und lief dann, ohne uns aus den Augen zu lassen, etwas nach links hinüber. Während ich mit der einen Hand weiterhin Leuchtkugeln abfeuerte, hielt ich in der anderen mein Gewehr schußbereit.

Irgend etwas war an diesem Bären anders, das spürte ich. Immer wieder machte er einen Schritt nach vorn und zog sich erst vor Charlies wütendem Knurren und meinen Leuchtkugeln zurück. Er wirkte mager, und das konnte heißen, daß er hungrig war. Der Mund wurde mir trocken, das Blut dröhnte in meinen Ohren, mir zitterten die Hände. Eben noch, beim Packen, war meine Welt so friedlich und idyllisch gewesen, jetzt lag sie in Trümmern der Angst.

Der Bär wechselte die Richtung und ging, noch immer sechs Meter entfernt, wieder nach rechts hinüber. Obwohl von unserer Verteidigung offensichtlich beeindruckt, war er noch nicht bereit, das Feld zu räumen. Hastig schaute ich nach meiner Munition. Ich hatte immer zwei Jackentaschen voll Leuchtpatronen, das Gewehr war geladen, und in einer Reihe von Schlaufen, die extra für diesen Zweck vorn auf meine Jacke genäht worden waren, hatte ich weitere Gewehrpatronen.

Der Bär schwenkte wieder nach links und überraschte mich damit, daß er sich umdrehte und – ohne das Tempo zu ändern – sechzig Meter weiter nach links marschierte, zu einigen flachen Eisbrocken, die dort verstreut lagen. Und während ich noch voller Verwunderung dort hinüberblickte, trabten plötzlich zwei reinweiße, junge Eisbären Seite an Seite auf ihre Mutter zu. Sie führte sie zu einer breiten Eisplatte ein paar Schritte weiter weg, hinter der sich ein fast fünf Meter hoher zerklüfteter Eishügel erhob. Dort legte sie sich nieder, den Bauch der Sonne zugewandt, und säugte ihre Jungen.

Einen Moment lang glaubte ich, Halluzinationen zu haben. Ich vergaß sogar meine zitternden Hände und mein klopfendes Herz. Es war ein wunderschönes Bild. Die saugenden Jungen waren dicht an ihre Mutter gedrängt. Vor einem Moment noch hatte die Bärin kampfbereit vor mir und Charlie gestanden, jetzt rief die Mutterpflicht. Ganz offensichtlich hielt sie uns weder für besonders wichtig noch für übermäßig gefährlich. Ich war verwirrt. Ich blickte zu Boden und sah ihren Pfotenabdruck direkt vor dem Zelteingang, nur knapp zwei Meter entfernt. So nahe war sie gewesen und jetzt, keine sechzig Meter entfernt, ignorierte sie uns einfach.

Dennoch beschloß ich, in Verteidigungsstellung zu bleiben. Ich zog den Reißverschluß meiner Jacke zu, setzte meine Mütze auf und schlüpfte in meine Unterhandschuhe. Die dicken Fäustlinge waren zu unförmig, um sie beim Einsatz von Gewehr und Leuchtpistole tragen zu können. Meine Stiefel hatte ich bereits an. Ich holte mir noch drei Packungen Leuchtkugeln und legte sie zusammen mit einer Packung Patronen für das Gewehr auf meinen Schlitten. Dann überprüfte ich Charlies Halsband und den Schnappverschluß an seiner Leine. Es war alles bereit, aber ich war beinahe überzeugt, daß die Bärin sich davonmachen würde, sobald ihre Jungen gesättigt waren. Ich hoffte es von ganzem Herzen. Ich stellte mich neben Charlie und wartete. Meine Hände zitterten nicht mehr, mein Herzschlag hatte sich beruhigt. Ich hatte meine Angst unter Kontrolle. Der nächste Schritt war Sache der Bärin.

Nach ungefähr zwanzig Minuten stand sie auf, gab ihren beiden Jungen einen zärtlichen Nasenstüber und trottete dann nach Süden davon. Die beiden Kleinen folgten ihr dichtauf. Sie schlug einen weiten Bogen und bahnte sich langsam ihren Weg zwischen den verstreut liegenden Eisbrocken hindurch, immer die Nase am Boden, um alles genauestens zu inspizieren. Nur ab und zu hob sie den Kopf in die Luft, als wollte sie die Witterung einer Robbe aufnehmen. Sie schien auf Robbenjagd zu sein und hatte sich anscheinend entschlossen, Charlie und mich in Ruhe zu lassen. Weiterhin inspizierte sie aufmerksam das Eis, bis sie wieder den Eisblock erreicht hatte, bei dem sie ihre Jungen gefüttert hatte. Ein paar Minuten lief sie dort mit ihren Kleinen umher, dann ließ sie die beiden zwischen einigen niedrigen Eishaufen auf der Seite stehen und wandte sich noch einmal uns zu. Mit dem vertrauten Bärentrott, den sie bei der Jagd mit ihren Jungen gezeigt hatte, kam sie auf uns zu und machte etwa dreißig Meter entfernt halt. Charlie, der ihr Tun schweigend verfolgt hatte, begann jetzt wieder zu knurren und an seiner Kette zu zerren.

Mir machte nicht nur diese neuerliche Annäherung angst, sondern auch die offensichtliche Entschlossenheit der Bärin. Sie war eindeutig in Jagdlaune, und ich schloß daraus, daß sie hungrig war. Glaubte sie vielleicht, ich sei eine leichtere Beute als eine Robbe?

Ich feuerte rasch drei weitere Leuchtkugeln ab; dann schloß ich, in der linken Hand schußbereit mein Gewehr, die rechte Hand um Charlies Halsband und legte den Daumen auf den Schnappverschluß seiner Leine, um ihn jederzeit freilassen zu können. Ich spürte das Zittern von Charlies starken, kräftigen Halsmuskeln, als er wütend knurrte. Die Augen der Bärin waren auf mich gerichtet. Sie war dreißig Meter entfernt, und ich wartete gespannt, was sie als nächstes tun würde. Die Zeit schien stillzustehen, die Welt um mich herum versank. Nur wir beide standen uns hier gegenüber, allein im Kampf ums Überleben.

Ganz langsam machte sie auf einmal einige Schritte rückwärts und blieb stehen. Ich bewegte mich nicht. Ich starrte unverwandt in diese winzigen, schwarzen Augen und wagte nicht einmal zu blinzeln. Sie bewegte ihren Kopf von einer Seite zur anderen und reckte dabei ihre Nase hoch in die Luft, um unsere Witterung aufzunehmen. Dann bewegte sie sich lautlos nach rechts, glitt mit fließendem, ruhigem Schritt über das Eis, ohne mich aus den Augen zu lassen. Sie trabte wieder nach links hinüber, lief dann hinten um das Zelt herum und kam wieder nach vorn. Ich wagte nicht, meine Hand von Charlies Halsband zu nehmen. Ich drehte mich mit ihr, als sie das Zelt umkreiste, und behielt sie dabei ständig im Auge. Langsam zog ich meine Hand von Charlies Halsband weg, blieb aber an seiner Seite stehen, das Gewehr schußbereit. Immer noch bewegte sich die Bärin im Kreis, ohne dabei näher zu kommen oder sich zu entfernen. Meine Nerven hatten den Punkt höchster Anspannung längst überschritten. Sie waren wie betäubt. Wieder sah ich mich dem gleichen schrecklichen Dilemma gegenüber. Sollte ich schießen und es hinter mich bringen, oder sollte ich warten? Ich konnte mir nur vorstellen, was geschehen würde, wenn es mir nicht gelang, sie sofort zu töten. Doch auf ihren nächsten Schritt zu warten war beinahe zuviel für mich.

Eine zweite bedrückende Frage war, was aus den jungen Bären werden würde, wenn ich ihre Mutter tötete.

Ich war sicher, daß vor allem Charlies wütendes Knurren die Bärin davon abhielt, näher heranzukommen, und ich war sehr versucht, ihn von der Leine zu lassen. Er war ja auch nach der Jagd auf Bär Nummer vier unverletzt zurückgekommen. Aber ich wollte Charlies Leben nicht aufs Spiel setzen, wenn es nicht absolut notwendig war. Solange die Bärin ihre Runden drehte, würde ich warten. Sobald sie jedoch Anstalten machte, die Taktik zu ändern, würde ich Charlie auf sie loslassen. Wenigstens hatte ich jetzt einen Plan. Als sie von neuem das Zelt umrundete, drehte ich mich mit ihr, um ihr zu zeigen, daß ich wachsam blieb. Und ich blieb dicht an Charlies Seite, um sie spüren zu lassen, daß wir eine Einheit waren.

Ewigkeiten schien das nun schon zu dauern. Jetzt mußte sie doch bald aufgeben. Mir begann es kalt zu werden vom Herumstehen, aber ich wagte nicht, mir eine zweite Jacke aus dem Zelt zu holen. Ich fror an den Fingern, aber ich konnte nichts dagegen tun. Immerhin schien meine Taktik zu funktionieren. Die Bärin blieb uns fern. Aber ich war völlig erschöpft von der Anstrengung ständiger Konzentration. Nach einer Unendlichkeit, wie es schien, blieb sie schließlich stehen und starrte mich an, als träfe sie eine letzte Entscheidung. Während ich wartete, senkte ich langsam meine Hand zu Charlies Halsband hinunter. Ich war bereit.

Auf einmal drehte sie sich um und trottete zu ihren Jungen zurück. Nur einmal blieb sie stehen, um sich kurz umzusehen, ehe sie weitertrottete zu ihren Jungen, die ihr entgegensprangen. Nach einer kurzen Begrüßung führte sie sie durch ihre eisige Welt nach Norden davon, den Kopf gesenkt, erneut auf der Jagd.

Ich sah ihr nach, wie sie sich langsam entfernte. Charlie beruhigte sich. Wir wußten beide, daß wir uns das Recht auf Leben erobert hatten. Aber erst als die Bärin außer Sicht war, wagte ich es, aufzuatmen. Von nervöser Erschöpfung übermannt und unfähig, mich länger auf den Beinen zu halten, sank ich auf meinen Schlitten. Ich zitterte am ganzen Körper, und eine Welle der Übelkeit überflutete mich. Ich erbrach neben dem Schlitten, hob den Kopf und sah, daß Charlie mich beobachtete. Wir tauschten einen Blick des Verständnisses. Wieder hatte er geholfen, einen Eisbären zu vertreiben. Das Band zwischen uns war noch fester geworden.

Ich mußte jetzt langsam meine fünf Sinne wieder zusammennehmen. Der Schreck war vorüber, mein Körper produzierte nicht mehr soviel Adrenalin wie zuvor. Mir war kalt. Ich holte meinen Daunenparka und schlüpfte hinein. Immer wieder spähte ich nach Norden, um mich zu vergewissern, daß die Bärenfamilie nicht zurückkehrte. Immer noch hatte ich Angst. Mir schien, als sei die Zeit stehengeblieben, aber als ich auf meine Uhr sah, stellte ich fest, daß es bereits zehn nach acht Uhr abends war. Vier Stunden lang hatte mich die Bärin in Schach gehalten. Kein Wunder, daß ich mich so schwach fühlte. Plötzlich fiel mir das Funkgerät ein. Die Batterien waren kalt, deshalb zündete ich rasch den Kocher an und hielt sie über das blaue Flämmchen, um sie aufzuwärmen. Um halb neun sprach ich mit Terry und erzählte ihr kurz, wir hätten von einer Bärenmutter und ihren Jungen Besuch gehabt. Ihre Stimme wurde fast schrill, als sie fragte, ob wirklich alles in Ordnung sei.

»Uns beiden geht es gut«, antwortete ich. »Kein Problem.« Ich war froh, daß sie mich nicht ein paar Minuten vorher erlebt hatte.

Jetzt erst gestattete ich mir den Luxus, daran zu glauben, daß die Bären wirklich weg waren und nicht zurückkommen würden. Es war Essenszeit, und ich wollte Charlie einen ganz besonderen Leckerbissen zubereiten. Ich kochte für jeden von uns eine Schale Reis und mischte eine Menge Butter darunter. Danach gab es Cracker und drei Erdnußbutterpralinen. Ich hatte heute einige wertvolle Stunden verloren, aber jetzt wollte ich erst eine Weile schlafen, um beim Aufbruch wieder frisch zu sein. Da es vierundzwanzig Stunden hell war, konnte ich losgehen, wann immer ich wollte.

Zwanzigster Tag

Ich erwachte um null Uhr dreißig, und das erste, was ich sah, als ich das Wetter überprüfte, waren die Wolken am Himmel, manche länglich wie Zigarren, andere rund wie Untertassen. Langsam zogen sie über den blaßblauen Himmel. Diese Wolken fürchtete ich so sehr wie die Eisbären; sie waren das letzte, was ich sehen wollte. Nervös prüfte ich die Temperatur. Sie war auf minus fünfzehn Grad gestiegen, und der Südwind hatte auf zehn Meilen pro Stunde aufgefrischt. Niedergeschlagen mußte ich erkennen, daß die Wettervorhersage richtig gewesen war. Jetzt stellte ich mir die Frage, ob ich dem Wetter zum Trotz weitergehen oder lieber bleiben sollte, wo ich war, um hier in Küstennähe das Ende des Sturms abzuwarten. Ich wußte, daß Stürme um diese Jahreszeit von langer Dauer sein konnten. Aber es gab immer noch die Möglichkeit, daß der Sturm sich auflösen würde, bevor er sich zu einer ernsten Bedrohung entwickeln konnte.

Ich wog die Alternativen gegeneinander ab. Wenn ich versuchte, den Pol zu erreichen, bevor der Sturm einsetzte, und es nicht schaffte, dann mußte ich mein Lager irgendwo draußen auf dem Eis aufschlagen und warten, bis er vorbeigezogen war. Ich hatte ohne Zweifel schon an unwirtlicheren Orten campiert, und ich hatte auch schon Stürme erlebt. Mein Zelt und meine Ausrüstung waren in gutem Zustand und mußten einem Sturm standhalten können. Die Frage war, konnte ich hier mehr Schutz bei einem Unwetter erwarten als weiter unten im Süden? Schon als ich mir die Frage stellte, wußte ich, daß die Antwort nein lautete. Das Warten hatte also keinerlei Vorteile. Dann konnte ich ebensogut losgehen und mein Glück versuchen.

Ich packte schnell alles zusammen und brach um ein Uhr nachts – wie immer mit Charlie an meiner rechten Seite – zum Pol auf. Ich wollte direkt nach Süden gehen, zuerst an der Küste der König-Christian-Insel entlang, dann südlich der Insel weiter, bis ich am Pol war. Ich wollte es an einem Tag schaffen. Auf Kurs zu bleiben, würde keine Schwierigkeiten bereiten, solange ich das Festland in Sichtweite hatte. Danach würde ich mich auf die Navigationsmethoden verlassen, die mich zur König-Christian-Insel geführt hatten. Ich lief die Küste hinunter in den Wind, diesmal etwas weiter entfernt von ihr als auf dem Hinweg, und staunte erneut über die bizarre Mondlandschaft der Insel. Es sah aus, als gäbe das Meer das Land nur widerwillig her und erlaubte ihm nur ab und zu, niedrige Hügel zu bilden. Ich passierte den Wallis River und lief mit Höchstgeschwindigkeit weiter, immer die Wolken im Auge. Der Wind blies jetzt stetig aus Südosten.

Als ich die Südspitze der Insel erreichte, warf ich einen letzten langen Blick auf dieses seltsamste, verlassenste Stück Land, das ich je gesehen hatte. Sie war weder besonders groß noch besonders imposant, dennoch würde ich sie niemals vergessen. Als ich meine Expedition geplant hatte, hatte die Insel, der nördlichste Punkt meiner Expedition und sehr wichtig für Navigation und Orientierung, mit der Zeit eine romantische Aura bekommen. Jetzt, da ich im Begriff war, sie zu verlassen, war sie noch immer ein romantischer Ort, großartig in ihrer Einsamkeit und Stille.

Nach einer Weile wandte ich mich von ihr ab, um mich auf meine Aufgabe zu konzentrieren, meinen Weg über die vergleichbar leere, nirgends von Land begrenzte Weite zu suchen, die ich auf dem Weg nach Norden durchquert hatte. Nachdem ich Sonnenstand und Windrichtung genau geprüft hatte, ließ ich die König-Christian-Insel hinter mir und setzte meinen Weg nach Süden fort. Der Pol war nur noch neunzehn Meilen entfernt.

Um sechzehn Uhr hatte sich im Süden eine gewaltige blauschwarze Wolkenwand aufgebaut, die sich über mehrere Meilen erstreckte und beständig näher rückte. Der weite Horizont gestattete mir einen überwältigenden Blick auf die Sturmfront in ihrer ganzen geballten Macht. Ab und zu fegten starke Windböen über das Eis und wirbelten den Schnee hoch in die Luft. Die Sonne verschwand hinter den Wolken, aber vorher prüfte ich noch einmal ihren Stand und stellte mit Hilfe meiner Geräte fest, daß der Wind immer noch aus Südosten kam und ich auf exakt südlichem Kurs war. Der Wind wurde zunehmend stärker, aber nicht in einem Maß, das mich veranlaßt hätte, anzuhalten. Die drohenden schwarzen Wolkenmassen schoben sich näher heran, blieben jedoch seitlich von mir. Es sah aus, als würde ich nur die Ausläufer des Sturmes zu spüren bekommen.

Ich hielt ein Tempo von zwei Meilen pro Stunde und kam dem Pol immer näher. Aber irgendwann nach sechzehn Uhr bemerkte ich zu meinem Entsetzen, daß die schwarze Wolkenfront, der peitschendes Schneegestöber über dem Eis vorausging, direkt auf uns zukam. Ich hielt an, packte den Beutel mit den Eisheringen und machte schnell alles, was nicht niet- und nagelfest war, im Eis fest: Charlies Leine, seinen Schlitten, dann meinen größeren Schlitten, den ich vorsichtshalber vorn und hinten verankerte. Er war unser einziger Schutz vor dem Sturm. Ich zog meinen Daunenparka an und stopfte meine Fäustlinge in die Tasche. Als ich dann alles so gut wie irgend möglich abgesichert hatte, zerrte ich das Zelt heraus. Es blieb keine Zeit mehr, es aufzustellen, aber ich wußte, daß ich es um mich herumwickeln konnte, wenn ich mich mit Charlie hinter meinem Schlitten verschanzte.

Ich zog den Reißverschluß an der Schlittentasche zu und wollte noch eine der Schnüre, die alles zusammenhielten, fest- zurren, als ich ein Geräusch hörte, das sich wie das Donnern eines herannahenden Jets anhörte. Gleich darauf stürzte sich der Sturm mit einer wahnsinnigen Wucht auf uns. Das Zelt fest an die Brust gedrückt, wollte ich hinter den Schlitten lau- fen, aber schon nach ein oder zwei Schritten packte mich der Sturm, riß mich von den Füßen und schleuderte mich mit sol- cher Wucht auf das Eis, daß ich meine Skibrille verlor. Als die Rutschpartie endlich zu Ende war, brannten meine bloße Haut und meine Augen wie Feuer von den winzigen Eisparti- keln, die der Wind mir ins Gesicht gefegt hatte. Bei diesem entfesselten Sturm war es fast unmöglich, etwas zu sehen oder auch nur zu atmen. Der Wind schien mir die Luft aus der Lunge zu saugen. Ich sah zu Charlie hinüber, voller Angst, er könnte fortgerissen worden sein. Aber ich hatte ihn gut festgemacht, und er hockte zusammengekauert hinter dem Schlitten. Hastig kroch ich zum Schlitten, fast auf dem Bauch in dem höllischen Wind, der Teile meiner Ausrüstung ins Un- bekannte mitnahm. Da ich nicht mehr dazu gekommen war, die lose Schnur festzuziehen, war der Reißverschluß aufgeris- sen worden, und jetzt zerrte der Wind am Inhalt der Schlitten- tasche und riß sie dabei beinahe vom Schlitten. Ich packte den Reißverschluß und zog ihn zu, zurrte die Schnur fest und warf mich dann über den Schlitten hinüber auf die andere Seite, wo Charlie kauerte. Plötzlich gab es einen Moment der Windstille. Die erste Attacke war vorüber, aber aus der Ferne hörte ich weitere donnernde Windstöße heranjagen. Ich merkte auf einmal, daß mir Blut über das Gesicht lief. Blinzelnd, um das Blut nicht in die Augen zu bekommen, tastete ich Stirn und Schläfen ab. Als mir die Skibrille weggerissen worden war, hatten die Eisnadeln den bloßen oberen Teil meines Gesichts zerschnitten. Ich konnte mein rechtes Auge nicht offenhalten. Ich hatte große Angst, mich ernsthaft verletzt zu haben. Ich stand auf, um den Erste-Hilfe-Kasten herauszusuchen, aber im selben Moment sah ich die nächste gewaltige Wolke wind-getriebenen Schnees und Eises auf uns zukommen. Ich hatte gerade noch Zeit, mich zu ducken, dann raste sie gegen den Schlitten. Sitzend zog ich Charlie dicht an mich und breitete das Zelt über uns und um uns herum aus. Eine brodelnde Wolkenmasse hing über uns, als wollte sie uns ins Eis hinein-stampfen. Der Schlitten hielt die schlimmste Wut des Sturms ab, aber ungeschoren blieben wir nicht, als der Sturm über den Schlitten hinwegtobte, uns mit wirbelndem Schnee und Eis überschüttete, an unseren Körpern riß, während er ver-suchte, uns das Zelt zu entreißen und wegzublasen.

Den Kopf auf meine angezogenen Knie gesenkt, warmes Blut im Gesicht, das von Stirn und Auge herabsickerte, saß ich dicht an Charlie gedrängt und hielt verzweifelt das Zelt fest. Ich spürte, wie der Sturm gegen den Schlitten drückte und ihn mir in den Rücken preßte. Das Donnern wie von den Maschinen eines startenden Jets war ohrenbetäubend. Ich machte mir Gedanken um die Ausrüstungsgegenstände, die der Wind möglicherweise fortgetragen hatte, als der Reißver-schluß offen gewesen war, und ich hatte Angst um mein Auge. Ich konnte nichts sehen. Es schien mir ausgeschlossen, daß ich aus dieser Hölle, in die ich da hineingeraten war, je wieder lebend herauskommen würde. Ein paar Tränen mischten sich mit dem Blut, das mir über das Gesicht lief.

Da wurde mir plötzlich mit einem Schlag klar, was ich tat. Ich erlaubte dem Sturm, mich und mein Leben zu beherr-schen.

»Verdammt noch mal!« sagte ich laut zu Charlie, der das

bei dem Lärm bestimmt nicht hören konnte. »Wenn die Arktis glaubt, sie kann mich mit Eisbären, Stürmen und trügerischem Eis unterkriegen, dann täuscht sie sich. Ich werde einfach warten, bis dieser Sturm vorbei ist. Ich werde die Oberhand behalten.«

Charlie zeigte keinerlei Anzeichen von Bewunderung, aber für mich hatte sich damit die ganze Situation geändert. Ich war nicht bereit, mich tatenlos dem Schicksal zu unterwerfen. Ich wollte kämpfen. Aber dazu brauchte ich einen Aktionsplan. Ohne Plan würden meine Gedanken nur ziellos umherschweifen.

Kurz bevor ich hatte anhalten müssen, hatte ich festgestellt, daß ich auf dieser letzten südlichen Etappe elf Meilen zurückgelegt hatte. Das bedeutete, daß ich nur noch zwei Meilen vom Pol entfernt war. Ich brauchte also, sobald der Sturm vorüber war, nur noch diese zwei Meilen hinter mich zu bringen, dann zum Festland weiterzugehen und mich zum vereinbarten Treffpunkt zu begeben. Ich hatte es fast geschafft. Und von diesem teuflischen Sturm würde ich mich jetzt nicht mehr aufhalten lassen.

Aber zunächst einmal kam es darauf an, daß ich mich warm hielt. Ich konnte während des Sturms nicht aufstehen, und durch die Untätigkeit drang die Kälte immer tiefer in meinen Körper ein. Ich zog den Reißverschluß meiner Jacke bis oben hin zu. Ich zog meine Fäustlinge an und schob das Ende der Zeltbahn unter mich, damit ich nicht auf dem blanken Eis sitzen mußte. Aus einer Innentasche holte ich die letzten zwei Erdnußbutterpralinen der Tagesration, aß eine selbst und gab die andere Charlie. Dann glättete ich eines der Papierchen, in die die Pralinen eingeschlagen waren, legte es über mein rechtes Auge und band mir eine Schnur, die ich innen aus meiner Jacke herausgezogen hatte, um den Kopf und über das runde Papierchen, damit es nicht herunterrutschen konnte. So konnte ich das Auge bequemer geschlossen halten. Ich zog die Zeltbahn noch einmal fest um Charlie und mich und wappnete mich, den Sturm über mich ergehen zu lassen.

Charlie lag zusammengerollt an meiner Seite. Ich konnte einfach nicht glauben, daß er bei diesem Höllenspektakel schlief. Die Kälte wurde immer schlimmer. Ich mußte etwas tun, um einer Unterkühlung vorzubeugen. Ich versuchte, mich mit isometrischen Übungen warm zu halten, indem ich erst die einen Muskeln zwanzig Sekunden anspannte, dann die nächsten. Ich bewegte Finger, Zehen, Knöchel, Schultern, Arme und Beine so energisch, wie das in der Enge dieser notdürftigen kleinen Zuflucht möglich war. Mein Gesicht und mein Auge hatten zu bluten aufgehört. Das Blut war auf meinem Gesicht festgefroren. Jetzt aber, da ich eine Überlebensstrategie entwickelt hatte, fühlte ich mich trotz der prekären Situation, in der ich mich befand, als Herrin der Lage. Optimismus durchflutete mich und ließ keinen Raum für negatives Denken.

Die Zeit kroch dahin. Auch nach einer Stunde hielt mich der heulende Orkan noch hinter dem Schlitten gefangen. Die Kälte drohte meinen Körper in Besitz zu nehmen. Meine Hände und Füße waren kalt, aber nicht erfroren, während mein übriger Körper in dem Bemühen, warm zu bleiben, fröstelte und zitterte. Ich drängte mich eng an Charlie, der, die Nase unter seinem Schwanz versteckt, fest zusammengerollt liegenblieb. Ich war hungrig, was nicht unbedingt zur Lösung des Kälteproblems beitrug. Ich getraute mich nicht aufzustehen, und noch weniger getraute ich mich, in meinem Schlitten nach etwas zu essen zu suchen. Der Hunger mußte eben warten. Ab und zu spähte ich unter der Zeltbahn hervor und sah noch immer nichts anderes als den wildtobenden Sturm, der Eis und Schnee über mich hinwegfegte, mich verschlingen wollte und die Sicht auf ein Minimum reduzierte. Meine Gelenke waren steif und wie wund. Die Kälte war unerträglich, und ich begann vor mich hin zu dämmern. Ich übte mich im Kopfrechnen, um mich wach zu halten, aber nichts schien das langsame Vordringen der Kälte aufhalten zu können. Der Wind tobte weiter, ich hatte keine Lust mehr zu rechnen und mußte mich zwingen, weiterzumachen, um wach zu bleiben. Aber die Kälte nahm stetig zu, und ich wurde immer träger.

Nach einer weiteren Stunde schließlich legte sich der Wind allmählich, und das irre Pfeifen und Heulen klang gedämpfter. Als ich begriff, daß der Sturm zumindest für den Moment nachgelassen hatte, versuchte ich aufzustehen, aber ich war so durchgefroren und meine Glieder waren so steif, daß ich nur auf die Knie kam und mich dann ganz langsam hochstemmen mußte. Sämtliche Gelenke protestierten. Es war, als hätte die Kälte sie zusammengeschweißt. Es blies immer noch ein starker Wind, aber er wehte mich nicht um, und träge dachte ich, wenn ich es schaffen könnte, ein wenig auf Touren zu kommen, würde ich mein Zelt aufbauen. Aber zuerst mußte ich mich aufwärmen. Nachdem ich das Zelt sicher auf dem Schlitten verstaut hatte, rotierte ich meine Arme wie Windmühlenflügel durch die Luft und lief dabei im Kreis herum. Es war ein erbärmliches Bemühen, aber ich ließ nicht locker und spürte, wie die Wärme langsam zurückkehrte. Es dauerte eine Weile, aber schließlich war mein Körper, wenn auch immer noch nicht warm, wenigstens nicht mehr dieses starr und steif gefrorene Bündel, das verzweifelt hinter dem Schlitten Schutz gesucht hatte.

Ich holte das Zelt wieder heraus und ging daran, es aufzubauen, obwohl ich im selben Moment bemerkte, daß der Wind wieder zunahm. Ich versuchte, mich zu beeilen, aber meine Finger arbeiteten immer noch langsam und schwerfällig, und mein Körper, der wie von einer ungewöhnlich drückenden Last beschwert schien, ließ sich nicht antreiben. Schnee, der vom auffrischenden Wind aufgewirbelt wurde, stob durch die Luft. Ich hatte große Angst, ich könnte es nicht schaffen, das Zelt rechtzeitig aufzubauen, aber da machte mein Körper endlich doch noch mit, wurde warm und gewann an Kraft. Der reine Überlebenswille übernahm jetzt die Führung. Ein Ende des Zelts hatte ich schon festgemacht, ehe ich überhaupt begonnen hatte, es aufzurichten, um zu verhindern, daß es im Sturm wegflog. Jetzt schob ich die Stangen durch die Zeltlöcher und arbeitete wie verrückt, um dem Sturm zuvorzukommen. Ein einziger Windstoß stülpte das Zelt beinahe nach außen, und ich hatte Angst, daß ein Stab brechen, mit seiner scharfen Spitze das dünne Nylonmaterial durchbohren und mir meine einzige Zuflucht in dieser feindlichen Welt zerstören würde.

Schließlich war das Zelt mit einer Kombination aus Stangen, Heringen und Stricken fest auf dem Eis verankert. Aus weiter Ferne konnte ich die nächste Sturmattacke kommen hören, und während ich betete, daß das Zelt der Wucht des Ansturms standhalten würde, rannte ich rundherum und sicherte es, wo es nur ging, mit Schnüren, bis ich kein einziges Stückchen Schnur mehr übrig hatte. Ich zog meinen Schlitten ins Zelt und schob ihn als Stütze gegen den Wind vor die eine Wand, dann machte ich Charlies Schlitten mit einem Eisehering direkt vor dem Zelt fest.

Als das schrille Kreischen des Windes näher kam, rannte ich zu Charlie hinaus und trieb ihn eilig in den hinteren Teil des Zelts. Nachdem ich mich ein letztes Mal vergewissert hatte, daß alles gut gesichert war, kroch ich ins Vorzelt und holte ein Sicherungsseil heraus, das ich für Notfälle auf dem Schlitten aufbewahrte. Ein Ende schlang ich mir um die Taille, das andere befestigte ich an Charlies Geschirr. Dann rannte ich so schnell ich konnte vor das Zelt und verankerte das Seil an einem Eisehering, um zu verhindern, daß Charlie und ich mitgeschleift wurden, wenn das Zelt vom Sturm weggefegt werden sollte. Nachdem ich den Reißverschluß der Tür zugezogen hatte – soweit das Seil es erlaubte –, lehnte ich mich an die Zeltwand, um mich der nächsten Sturmbö entgegenzustellen.

Sie brach donnernd über uns herein, schleuderte mich mit Wucht nach vorn und riß das Zelt in die Höhe. Die Füße gegen den Schlitten gedrückt, warf ich mich wieder zurück und streckte meine Arme an den Wänden aus, um mich dem nächsten rasenden Ansturm entgegenzustemmen. Die Zeltwände blähten sich, als wollten sie bersten. Der Sturm hatte uns wieder im Griff, aber jeder Angriff wurde abgewehrt, indem ich mich mit meiner ganzen Kraft an die windseitige Wand stemmte, um sie abzustützen. Selbst Charlie ging es zu wild zu, um sich niederzulegen, und so half auch er, ohne sich dessen bewußt zu sein, im Kampf gegen den Sturm, indem er ruhig an die schmalere Rückwand gelehnt dasaß und mit seinem Gewicht dazu beitrug, das Zelt auf dem Boden festzuhalten. Er war trotz des wilden Tosens um uns herum ruhig und gelassen.

Nachdem wir etwa eine Stunde lang mit dem Wind gekämpft hatten, fielen mir ab und zu kurze Flauten auf, die immer deutlicher wurden, bis es sogar Momente gab, in denen ich Luft holen konnte. Schließlich kamen nur noch vereinzelte Windstöße angefegt, die über uns herfielen, als wollten sie partout nicht aufgeben. Der schlimmste Sturm war vorüber, aber das Zelt vibrierte immer noch im wirbelnden Schnee. Als ich hinaussah, stellte ich fest, daß die Wolken immer noch sehr tief hingen und alles Licht verdunkelten. Die Landschaft war in Grau gehüllt. Bei einer Inspektion des Zelts zeigte es sich, daß der Schaden in einer einzigen herausgerissenen Öse bestand. Die niedrige Konstruktion und das moderne Material hatten gesiegt.

Ich stellte die Antenne auf, um die Basis anzufunken. Man erkundigte sich besorgt nach dem Wetter. Nachdem ich eine Beschreibung des Sturms geliefert und meine Position angegeben hatte, verabschiedete ich mich. Ich hatte es eilig, bei meinem Schlitten Bestandsaufnahme zu machen.

Nicht ohne Furcht zog ich den Reißverschluß der Schlittentasche auf und fand meine schlimmsten Befürchtungen bestätigt. Meine gesamte Verpflegung, bis auf einen kleinen Beutel Walnüsse in der Tasche mit der Tagesration, die ich vorn im Schlitten verstaut hatte, war vom Sturm fortgetragen worden; dazu der größte Teil des Brennstoffes, ein paar Eissporne, zwei Gasflaschen, der Ersatzkocher, ein paar Kleidungsstücke und diverse andere Kleinigkeiten. Ich ging hinaus, um nach Charlies Schlitten zu sehen. Er war mit Schneewehen überdeckt, doch immer noch sicher an dem Eishering verankert. Er war umgekippt, und dabei hatte sich eine Schnur gelockert, so daß einige Futterbeutel weggeblasen worden waren.

Ich würde noch sieben Tage brauchen, um zum Pol zu gehen und weiter zum vereinbarten Treffpunkt auf der Insel Helena. Ich rechnete mir aus, daß von Charlies Futter noch so viel da war, daß ich ihm davon acht Tage lang eine halbe Ration geben konnte. Mir selbst machte die Vorstellung, mich mit schmaler Kost begnügen zu müssen, nicht allzuviel aus; aber es machte mir sehr zu schaffen, Charlie auf halbe Ration setzen zu müssen. Aber wenigstens war er in besserer Verfassung, besser genährt als bei unserem Aufbruch aus Resolute Bay. Ich hatte ihn immer gut gefüttert, und er hatte gelernt, mehr Wasser zu trinken; er würde, sagte ich mir, auch mit der halben Ration zurechtkommen und konnte in diesen sieben Tagen ja wieder nach alter Gewohnheit Eis fressen. Inuit-Hunde sind Hungerperioden gewöhnt und haben im Lauf vieler Generationen gelernt, unter Bedingungen zu überleben, die viel härter waren als die Situation, in der wir uns jetzt befanden. Es tat mir leid, von Charlie verlangen zu müssen, mit halber Kost auszukommen, aber ich wußte, er würde es mit Gelassenheit ertragen, genau wie er so vieles andere auf dieser Expedition gelassen ertragen hatte.

Nachdem ich mich auf diese Weise hinsichtlich Charlies Wohl beruhigt hatte, wandte ich mich meinen wenigen verbliebenen Vorräten zu. Ich zählte fünf Handvoll Walnüsse. Nicht genug. Ich teilte sie neu auf und kam auf sieben Handvoll. Perfekt. Es war noch genug Brennstoff da, um Eis für einen halben Liter Wasser pro Tag zu schmelzen, nicht viel im Vergleich zu den zwei Litern, an die ich gewöhnt war, aber es mußte eben genügen. Die nächste Frage war, ob ich mit so wenig Nahrung und Wasser in diesem kalten, äußerst trockenen Klima überleben konnte. Ich wußte, daß Frauen aufgrund ihrer physiologischen Veranlagung in Hungerzeiten ziemlich lange von den eigenen Reserven zehren können; ich brauchte also, sagte ich mir, keine Angst zu haben, nicht zu überleben. Mir war klar, was es bedeutete, von fünftausend Kalorien pro Tag auf einhundert Kalorien herunterzugehen und von zwei Litern Wasser pro Tag, dem Mindestbedarf, auf nur einen halben Liter, und das bei harter Arbeit in einem kalten, trockenen Klima. Ich würde gegen Hunger, Durst und

Schwäche zu kämpfen haben, und das würde die Bewältigung der noch verbleibenden Reisestrecke erschweren, aber ich wußte, daß ich es schaffen konnte. Um immer genug Flüssigkeit zu haben, konnte ich Eis und Schnee essen. Ich glaubte zuversichtlich daran, daß es mir gelingen würde, diese Expedition zu beenden. Ich wußte, daß mir möglicherweise harte Zeiten bevorstanden, aber das reichte nicht aus, mich zu veranlassen, aufzugeben.

Ich war keineswegs verzagt, als ich dasaß und Pläne schmiedete. Ich wußte schließlich, daß ich in der Arktis war, und ich hatte auch von Anfang an gewußt, daß unter den vielen Gefahren, denen ich mich möglicherweise stellen mußte, Probleme auftauchen konnten, die die Logistik der Expedition verändern würden. Ich hätte diese Expedition niemals angetreten, wenn ich mir diese Probleme nicht vor Augen gehalten und nicht das Vertrauen besessen hätte, mit ihnen fertig werden zu können. Es gab noch etwas anderes, das mich anspornte, etwas tief in meinem Inneren, das ich erst später besser verstehen würde, wenn ich Zeit hatte, über meine Gefühle in diesem Augenblick nachzudenken. Es war etwas in mir, das herausspringen und dieser neuen Herausforderung ins Auge sehen, sie anpacken und siegen wollte.

Ich holte den Signalspiegel und den Erste-Hilfe-Kasten heraus, um mein Gesicht und meine Augen zu untersuchen. Mein Spiegelbild zeigte mir zahlreiche kleine Schnitte in der oberen Hälfte meines Gesichts, oberhalb jenes Bereiches, den meine Maske abgedeckt hatte. Ich hatte einen Schnitt im rechten Augenlid, und der eine Augenwinkel war sehr empfindlich. Beide Augen waren blutunterlaufen, geschwollen und von Blutergüssen verfärbt, aber das linke Auge zeigte wenigstens keine Schnittverletzungen. Insgesamt sah ich aus wie eine Preisboxerin, die eine Runde zuviel gemacht hatte.

»Ich bin froh, daß ich noch ein paar Tage Zeit habe, damit das alles heilen kann«, sagte ich zu Charlie. »Ich möchte doch nicht, daß die anderen mich so sehen.« Und dann dachte ich, was für eine blöde Bemerkung. Eitelkeit schien hier völlig fehl am Platz. Der Sichtwinkel meines rechten Auges war eingeschränkt, ebenso der meines linken, wenn auch nicht ganz so stark. Ich legte eine Augenklappe auf mein rechtes Auge, um es zu schonen, und hoffte, eine ruhige Nacht mit gesundem Schlaf werde alle Wunden heilen.

Ich packte meine Schlafsachen aus und warf sie ins Zelt. Ich fütterte Charlie im Zelt und ließ ihn auch dort schlafen. Er war mir an diesem Tag ein solcher Trost gewesen, ruhig und gehorsam. Ich war hungrig, aber ich würde mit dem Essen und Trinken bis zum nächsten Morgen warten müssen. Die Temperatur war auf minus neun Grad gestiegen, ein unglaublicher Sprung und zweifellos Mitauslöser des Sturms. Der Wind hatte sich gelegt, und es begann zu schneien.

»Wenn es hier Bären gibt«, sagte ich zu Charlie, »dann müssen sie bis morgen warten.« Er lag zusammengerollt neben meinem Schlafsack und hörte mich gar nicht mehr. Es dauerte nicht lange, da schlief auch ich ein, froh und erleichtert, diesen höllischen Tag glücklich überstanden zu haben.

Lucy Irvine

Eva und Mister Robinson

Ihre Geschichte machte Schlagzeilen und wurde später sogar verfilmt: Lucy Irvine, die 1981 auf eine Zeitungsanzeige reagierte – »Schriftsteller sucht Frau für ein Jahr auf tropischer Insel« – und mit dem wesentlich älteren G. W. Kingsland auf die winzige, unbewohnte Insel Tuin zwischen Australien und Neuguinea zog. Zuvor hatten die australischen Behörden die beiden zur Heirat gezwungen, da ihnen sonst der Aufenthalt verweigert worden wäre. Das war für die freiheitsliebende Lucy der Anfang vom Ende. Sie war zwar nach wie vor bereit, das Jahr auf der Insel durchzustehen, verweigerte aber hartnäckig jeden sexuellen Kontakt mit Kingsland. Was als romantische Robinsonade geplant war, wurde in vieler Hinsicht zum nackten Überlebenskampf.

Die folgenden Wochen waren erbarmungslos heiß und trocken. Eine neue Wetterphase schien eingetreten zu sein. Es gab keine vorbeigleitenden grauen Wolken mehr, die uns mit unzuverlässigen Regenversprechungen verhöhnten. Die grelle Magnesiumfackel der Sonne hing in dem stechenden Blau des Himmels und versengte alles mit ihrem brennenden Atem. Die kühlen Stunden nach der Morgendämmerung und vor dem Sonnenuntergang schienen immer kürzer zu werden. Die trockene Hitze trug ihre eigenen Geräusche in das stille Inselinnere. Spröde Zweige bröselten von den Bäumen, wenn man sie nur ganz zart mit der Schulter streifte, und fielen in puderigen Klumpen in das papiertrockene Gras. Fußtritte hallten laut durch das raschelnde, sterbende Unterholz. Mit jedem Tag wurde es leichter, die blaue Ferne auf der anderen Inselseite zu sehen, je stärker die Bäume ihr ausgebleichtes Laubwerk abwarfen. Die Farben, Rostbraun, Ocker, Bronze, erinnerten mich an den Herbst, aber hier schickte die Sonne den Tod, und kein üppiger, dunkler Winter stand vor der Tür.

G. kämpfte mit dem leblosen Boden. Tiefer und tiefer grub er, übersäte die Oberfläche mit den Pockennarben wasserloser Brunnenlöcher. Die spindeligen Gemüsesprossen, die so eifrig hochgeschossen waren, fielen wie Strohhalme um; ihre Wurzeln fanden keinen Halt in der Erde. Die älteren Pflanzen wie Tomaten und Zuckermais blieben stehen; sie zogen es vor, aufrecht zu sterben. Ein kürzlich gepflanztes Kohlrabibeet, winzige, soeben geformte Purpurblättchen, blieben wochenlang ein paar Zentimeter groß und gingen dann allesamt ein. Es war ein Kampf ohne Hoffnung, und doch hofften wir die ganze Zeit über.

An der Long Beach sammelte ich alle angeschwemmten Benzinfässer, die ich nur finden konnte, und schleppte sie quer durch die Insel; manche fielen unterwegs vor lauter Rost auseinander. Daraus baute G. Schattenspender für die Gemüsebeete. Die Fässer, aus Gründen der Beweglichkeit besser als in den Boden gesteckte Stangen geeignet, wurden an je ein Beetende gestellt; dann legten wir Stangen darüber und häuften kühle Palmwedel auf. So wie die Sonne ihre Bahn zog, so verrückte G. seine Schattenspender und schützte seine verdorrten Pflanzen vor den vernichtenden Strahlen. Aber ohne Wasser nützte das alles nichts. Eine Weile setzten wir unsere Hoffnung auf einige Samen, die ich versuchsweise in einer Gegend auf der anderen Inselseite ausgestreut hatte, wo das Gras noch grün und üppig war. Aber innerhalb weniger Wochen wurden all diese Pflanzen, die sehr schnell hochgeschossen waren, plötzlich braun und verdorrten.

Trinkwasser war jetzt noch viel strenger rationiert. Wir waren bei zwei Tassen täglich für jeden angelangt, und zum Kochen wurde nur noch die kleine Pfütze benützt, in der ich den Reis kochte. Beim Graben nach einer Quelle traf G. einmal auf Süßwasser, nicht weit entfernt vom Bach. Aber unser Jubel war nur von kurzer Dauer; das Wasser stammte vom oberen Teich unseres Baches, der langsam wegsickerte und durch Sand gefiltert an anderer Stelle wieder austrat. Die hochsteigenden Fluten versetzten uns in größere Aufregung. Wenn das Meer direkt in unseren Bach brandete, dann befürchteten wir, daß unser kostbares Frischwasser auf Dauer salzig werden könnte. Aber nach vierundzwanzig Stunden war es immer wieder rein und der gleiche, kleine Tümpel blieb zurück. Wußten wir, daß die Flut nachts hoch steigen würde, so entnahm ich schon am Abend zuvor das Frischwasser für den nächsten Tag; auf die Weise mußten wir uns nie einen ganzen Tag lang nur mit Kokosnußsaft begnügen. Weil die Wasserration über einen längeren Zeitraum hinweg immer kleiner geworden war, empfanden wir es nicht als plötzlichen Verlust. Wir urinierten weniger, und selbst unser Schweiß schien auszutrocknen, als würden unsere Körper jeden Tropfen Flüssigkeit konservieren, aber wir litten keinen übermäßigen Durst, solange wir noch die Peepas hatten.

Eine mittlerweile fast ausschließlich aus Proteinen bestehende Ernährung hatte uns bis auf die Knochen abmagern lassen. Meiner Meinung nach besaß ich immer noch genügend Energie, aber Kraft und Ausdauer schwanden dahin. Die Eimer mit Wasser, die ich vom Meer hochschleppte, kamen mir immer schwerer vor; manchmal mußte ich anhalten und mich auf halbem Wege ausruhen. Unsere Entzündungen hatten gut auf die Behandlung angesprochen, und unsere Beine befanden sich in recht ordentlichem Zustand. Der Fehlschlag des Gartens und der entsetzliche und nie ausgesprochene Gedanke, daß es vielleicht nie wieder regnen würde, waren es, die unsere Zukunft bedrohten und uns belasteten. Tag um Tag tauchte keine einzige Wolke am Himmel auf.

Merkwürdig: Wir hatten keine Skrupel gehabt, uns mit allen Feinheiten verbaler Grausamkeit gegenseitig zu zerreißen, als die Lage noch nicht so verzweifelt war. Jetzt, angesichts einer Bedrohung, die wesentlich größer war als die Summe unserer beiden Egos, spendeten wir uns gegenseitig Aufmunterung und Trost, so gut es nur ging.

Meine einsamen Wanderungen wurden zu einer ständigen Suche nach Nahrung und möglichen Wasserquellen. G. konzentrierte all seine Kraft darauf, wenigstens den Zuckermais und die Tomaten zu retten. Manchmal goß er ein paar Tropfen von seiner eigenen Wasserration um die Wurzeln einer Tomatenpflanze, für die noch Hoffnung bestand. Vor dieser totalen Dürre hatte sich der Mais gut gehalten. Jetzt stand er knappe zwei Fuß hoch und begann gelb und welk zu werden. Mit ihm starb unsere Hoffnung auf eine größere Menge Nahrung, die den zu Ende gehenden Reis hätte ersetzen können. Und dann lenkte Gott oder das Glück meine Füße in Richtung einer wunderbaren Entdeckung.

Ich war weit um die Südspitze der Long Beach marschiert, so weit, daß ich mich schon fast wieder auf der Westseite von Tuin befand. Die Sonne hatte noch ein Stück vor sich, ehe sie die Gipfel von Tukupai berührte, aber ich wußte, wie lange ich für den Rückweg brauchen würde. Ich beschloß, das Risiko einzugehen, mich durch das in diesem Teil der Insel unbekannte Innere zu kämpfen und direkt auf das Camp zuzuhalten.

Tagebuch

Noch nie bin ich an der schmalsten Stelle von Tuin auf so lange Gräser gestoßen wie hier. Manchmal wühlte ich mich durch eine Vegetation, die mir über den Kopf reichte und mir den Blick auf die Hügel verstellte, die ich anpeilte. Aber das Rauschen des Meeres, hinter mir und links von mir, ließ mich die ungefähre Richtung halten. Während ich mich vorwärts kämpfte, zerkratzten mir die hohen Gräser die Arme und peitschten gelegentlich mein Gesicht, aber ihre Höhe beschützte mich auch vor der immer noch heißen Sonne. Ich fragte mich, ob an diesem Ende der Insel vielleicht eine Schlangenkolonie hauste, und hoffte, daß der Lärm meiner Anwesenheit sie in die Flucht schlagen würde.

Im Sonnenlicht wirkten die hochgewachsenen Grashalme blaß. Manchmal trat ich auf weiche, elastische

Farne, strähnig wie Frauenhaar. Plötzliche Bodensenken erschreckten mich ab und zu ein bißchen, aber ansonsten fühlte ich mich wie ein Kind in einem hohen Weizenfeld an einem wunderschönen Sommernachmittag.

Einmal kletterte ich auf einen massiven Felsblock, der mir den Weg versperrte. Von oben konnte ich deutlich die vertrauten Umrisse des Hügels sehen. Zwischen mir und diesem Hügel lag eine Senke, flach und breit, mit zufällig verstreuten Felsblöcken übersät, die fast so groß waren wie der, auf dem ich stand. Nahe am Fuß des Hügels schien sich ein rechteckiges Fleckchen ungewöhnlich dunklen Bodens auszudehnen. Neugier und aufkeimende Hoffnung trieben mich in diese Richtung. Diese Form war von Menschenhand gemacht worden. Es war so bearbeitet worden, wie man Erde für einen Garten herrichtet. Und wenn dort ein Garten gewesen war, dann gab es in der Nähe sicherlich auch Wasser. Als ich blindlings loskletterte, rutschte ich in einen tiefen Bodenspalt. Ein Flußbett! Ich bückte mich und betastete den Boden. Er war knochentrocken und mit senkrechten Splittern gezahnt. Ich schob mich auf dem Pfad, den der Bach gebahnt hatte, vorwärts. Er führte mich nahe an den verlassenen Garten. Nun war es nur zu offensichtlich, warum man ihn aufgegeben hatte.

Anscheinend hatte man hier einst mühsam die Erde zu ordentlichen Häufchen geformt. Jetzt bröselte der krümelige graue Boden in staubigen Klumpen von den kleinen Hügeln. Sie sahen aus wie Aschenhaufen. Aber ganz oben sproßten gelbliche Ranken wie Skelettfinger, schlängelten sich in knotigen Linien und vergruben sich unter Spinngeweben rötlicher Farne, so dünn wie das Haar auf dem Kopf einer alten Frau. Ich setzte mich mittendrin auf einen der Haufen und stieß meine Finger tief unter zwei der toten Ranken. Zuerst fühlte ich nichts als trockene, warme Erde, dann trafen meine Hände auf etwas Hartes, Rundes. Es ließ sich nicht leicht rauszerren. Mit einem letzten Ruck brachen die langen Wurzeln und der Schatz war gehoben. Lange Zeit saß ich da und starrte darauf. Er besaß ungefähr die Größe einer kleinen Rübe oder großen Kartoffel, blaßfarben, glatt und knollig. Ich roch daran, ein Geruch nach Wurzeln und Erde und Gemüse. Ich stieß das harte Fleisch gegen meine Zähne und biß tiefer hinein, ohne mich um den Dreck zu kümmern. Es schmeckte süß und gut und kräftig. Ich ließ die angebissene Frucht in meinen Sari-Streifen fallen, bückte mich tief und wühlte, die Arme bis zu den Schultern mit grauem Staub bedeckt, zwischen den Haufen herum. Es gab viele von diesen Dingern. Manche waren verschrumpelt und weich an den Enden, aber ich nahm sie alle.

Ich wünschte, ich könnte mit einem Zauberteppich sofort und auf der Stelle an G.s Seite fliegen, doch ich hatte noch einen weiten Weg vor mir. Um die »Yams« leichter tragen zu können, öffnete ich meinen Sari-Streifen, häufte sie in der Mitte auf und verknotete dann die Ecken wie das Bündel eines Landstreichers. Das warf ich mir über die Schulter. Jedesmal, wenn es mir auf dem Weg zum Camp auf den Rücken klatschte, dachte ich voller Freude an die kommenden Mahlzeiten.

Die Entdeckung der Süßkartoffeln oder Yams – wir waren nicht sicher, was es wirklich war – war ein gewaltiger Segen. Anstatt lediglich Kokosnuß zum Lunch, hatten wir nun gedünstete, geröstete oder gekochte Yams. Zusammen mit geschnetzeltem Papagei- oder Blaufisch ließen sich herrliche Fischkuchen daraus machen. Manchmal bereitete ich schlichte »Yamburgers«, die immer gut schmeckten, aber wir besaßen so wenig Öl, daß dieses Gericht nur selten serviert wurde. Obwohl wir zum Abendessen stets eine Prise Salz nahmen, um Krämpfen vorzubeugen, brauchten wir insgesamt nicht viel davon, da das Essen meistens mit etwas Salzwasser zubereitet wurde. Außerdem achteten wir darauf, nicht zu großen

Durst zu bekommen. Nach einigen guten Mahlzeiten stieg unsere Moral beträchtlich. Als uns die Yams allmählich ausgingen, freute ich mich darüber, daß G. mich zu dem Garten begleiten wollte. Wir beschlossen, einen Tagesausflug daraus zu machen. Anstatt quer durchs Innere der Insel zu gehen, was für seine frisch geheilten Beine böse Folgen hätte haben können, marschierten wir um die ganze Küste herum via Palm Beach, bis wir uns der Stelle näherten, wo ich beim erstenmal ins Innere eingedrungen war. Ich brauchte Stunden, um den Garten wiederzufinden. Nirgendwo konnte ich den Felsblock entdecken, auf dem ich gestanden hatte. Schließlich erklärte ich G., ich müßte auf den nächsten Hügel klettern, um einen Überblick über die Gegend zu bekommen. Geduldig ließ er sich auf einer erhöhten Bodenstelle nieder und wartete, während ich schwitzend den Hügel hochkeuchte, recht unzufrieden mit mir selbst, weil ich so wenig Orientierungssinn besaß. Als ich schließlich den Gipfel erreichte und hinunterschaute, mußte ich lachen. Von hier oben war der Pfad, den ich eingeschlagen hatte, deutlich zu sehen; ich hatte den Garten höchstens um ein paar Meter verpaßt. G.s erhöhter Platz befand sich direkt darüber. Von hier konnte ich außerdem einen unbehinderten Weg zum Strand sehen.

Ich ging schnurstracks zurück zu G.s Hügelchen und sprang von dort direkt in den Garten. Wir füllten den Rucksack bis obenhin mit Yams. Wir nahmen den Weg, den ich vom Hügel oben gesehen hatte, und gelangten in eine hübsche, schattige Gegend, nur ein kleines Stück vom Strand entfernt. Hier machten wir Feuer und bereiteten uns gleich ein Picknick: Yam, gekocht in Meerwasser. Wir hatten entdeckt, daß das Salz den Geschmack nicht verdarb, wenn man die Früchte nicht aufschnitt. Wir beschlossen die Mahlzeit mit dem Saft und Fleisch einer Kokosnuß und blieben angenehm gesättigt liegen.

Auf dem Heimweg bemerkten wir einige weitere alte Wellbleche, die verstreut um ein paar zerbrochene Pfähle lagen. Vielleicht hatten die Gartenbauer hier für sich selbst einen Schattenplatz errichtet. Sobald wir uns noch weiter gestärkt hatten, würden wir zurückkommen und diese Bleche für unser eigenes Dach holen. Mittlerweile hatte sich meine Antipathie, Abfall aus einer anderen Welt zu verwenden, abgeschwächt. Falls es etwas Nützliches auf dieser Insel gab, dann würden wir es verwenden, egal ob »natürlich« oder sonstwie entstanden.

Der gebesserte Zustand unserer Beine fügte unserem Tagesablauf ein neues Ritual hinzu. Ich gewöhnte mir an, jeden Morgen und Abend ein Bad im Meer zu nehmen. Morgens schloß sich mir oft ein neugieriger kleiner Hai an, den ich Sammy taufte. Bei Ebbe marschierte ich den ganzen Weg bis zum Ende der sandigen Landzunge und tauchte in eine der tiefen Mulden zwischen den Sandhügeln. Ich liebte es, lange Zeit so zu liegen; bloß mein Kopf ragte aus dem Wasser. Die Vorstellung fiel mir leicht, daß ich das letzte noch übriggebliebene Landlebewesen dieser Welt war; eine Vorstellung, die ein Gefühl gewaltiger Selbstschätzung auslöste, ebenso wie das Bewußtsein, daß man kein bißchen bedeutsamer war als eines der Myriaden winzigster Lebewesen um einen herum.

Eines Tages, als die Flut das Wasser näher brachte, sah mich G. wie einen Seehund im warmen Wasser schwelgen. Schwappte das Wasser zwischen meinen Brüsten hoch, während ich auf dem Rücken lag, dann drehte ich mich auf den Bauch und ließ die kleine Welle über meine Schulter rollen; anschließend legte ich mich wieder auf den Rücken und wartete auf die nächste Welle. Ein Spiel, das ich stundenlang spielen konnte.

»Weißt du was?« sagte er zu unser beider Überraschung. »Ich glaub, ich leiste dir ein bißchen Gesellschaft.«

Tagebuch

Wenn die Flut da ist und die Sonne zu sinken beginnt, gehen wir manchmal hinunter ans Wasser und baden gemeinsam. Die Flachstellen, die sich Hunderte von Metern über die Spitze der Landzunge hinaus bis in dunkelblaue Tiefen erstrecken, sind warm und angenehm und schlagen besänftigend über schmutziger, schweißfleckiger Haut zusammen. Scharf nach den ovalen Schatten der blauen Stachelrochen Ausschau haltend, lassen wir uns nebeneinander in bequeme hüfttiefe Mulden sinken, bis nur noch unsere Köpfe aus dem Wasser ragen. Wir räkeln uns ausgiebig, von Sonnenlicht und kleinen Wellen besprenkelt. Unsere auf den Ellbogen ruhenden Körper, langgestreckt und golden, nehmen die Wellenbewegung auf und wogen auf und ab; zwei fremde, rührend ungeschickte Landkreaturen, für einen kurzen Augenblick vom Meer schön und stromlinienförmig gemacht.

Das tatsächliche Waschen ist weniger romantisch. In dem vergeblichen Versuch, uns gründlich von tief eingefressenem Schmutz zu säubern, reiben wir Arme und Beine kräftig mit Sand ein. Ich unterwerfe mein schmutziges Hinterteil derselben heftigen Behandlung, die ich dem verkrusteten Inneren eines Kessels angedeihen lasse. Erfrischt und glänzend tauchen wir wieder auf und sind trocken, noch ehe wir das Handtuch erreichen.

Die Strafe, die G. für dieses harmlose Vergnügen bezahlen mußte, war grausam. Ob die Krankheit seiner Beine wieder aufgeflammt wäre, wenn er sich vom Wasser ferngehalten hätte, werden wir nie erfahren. Seine Fußknöchel schwollen an wie blasse, pockennarbige Würste, und in seiner Leistengegend wuchs ein unheilverkündender Knoten heran. Ich ermunterte ihn, seine Beine so oft es ging hochzulegen, um die Schwellung abklingen zu lassen. Gleichzeitig sorgte ich mich, daß sich durch diese Haltung das Gift schneller ausbreitete. Es war erschreckend, so unwissend zu sein.

Ruhe tat seinen Beinen stets gut, aber durch diesen Rückschlag lebten all seine früheren Depressionen wieder auf. Ich gab mir nun bewußt Mühe, mehr Zeit im Camp zu verbringen. Jetzt trieb mich G. mit seiner Apathie und Gereiztheit nicht davon. Er war einer Sache zum Opfer gefallen, über die er keine Kontrolle besaß, und ich wollte es ihm nicht noch schwerer machen, indem ich den Anschein erweckte, ihn im Stich zu lassen, wenn er Trost am nötigsten brauchte.

Ich holte meine Flöte hervor, auf der ich lange nicht mehr gespielt hatte, und fragte ihn, ob er was dagegen hätte, wenn ich hier in der Nähe übte. Er schien sogar erfreut darüber, und so steckte ich mein Notenblatt an einen Baum und mühte mich keuchend ab, ein paar entfernt vertraute Töne zu produzieren. Um mich in Lagernähe zu beschäftigen, begann ich ein Büchergestell zu basteln. Die blitzblanken, hellen Knochen der abgeschälten, schlanken Mangroven gefielen mir so sehr, daß ich dafür kein anderes Material zu verwenden suchte. Unglücklicherweise versagten die Bindemittel kläglich. Zuerst versuchte ich die Stöcke mit Kordeln gedrehter Ranken zusammenzuknoten, fest in ins Holz geschnittene Kerben gewunden, aber sie spleißten auf, wenn sie frisch waren, und brachen in trockenem Zustand. Alles gute Bindematerial mußte für die Schutzhütte aufgehoben werden, und so blieben mir lediglich von meinem Sari-Tuch abgerissene Fetzen oder Stücke schmutziger Bandagen. Ihr Anblick verdarb die Wirkung des Holzes dermaßen, daß ich den Gedanken an ein Büchergestell ganz fallenließ und mit den glatten, polierten Stöcken lieber eine Art Mikado spielte, beobachtet von Reihen kleiner, glitzernder Eidechsenaugen.

Unsere Camp-Eidechsen waren uns ans Herz gewachsen. Wenn G. eine Kokosnuß für den Morgenreis rieb, dann tauchte eine langgestreckte, silbergraue Eidechse, die wir Oscar (nach Oscar Wilde) nannten, ganz beiläufig aus dem Nichts heraus auf, saugte die Krümel auf und zog sich dann in die Sicherheit eines Holzstoßes zurück, von wo aus er die Welt mit hellen, verächtlichen Augen musterte. Mein spezieller Liebling war Bronzey, ein hübscher kleiner Kerl mit einem leuchtenden, bronzenen Rücken und einem strahlend orangefarbenen Bauch. Er besaß eine große Nachkommenschaft, die ständig in Gefahr schwebte, ertränkt oder verbrannt zu werden, da sie sich an den Orten herumtrieb, wo ich gebrauchtes Meerwasser hinschüttete oder die Asche für den Garten hinwarf. Wenn wir am Tisch saßen, rannten sie kühn über unsere Füße, manchmal mitten im Lauf erstarrend, ihre kleinen kühlen Klauen federgewichtig auf unserer Haut. Als wir sehr hungrig waren, erwog ich, Bronzey und Oscar zu verspeisen, aber es sah nicht so aus, als hätten sie viel Fleisch auf den Rippen.

Die Geckos im Schuppen waren seltsame, gummiartige Kreaturen mit riesigen runden Eulenaugen. Sie waren blaß, kompakt, mit dicken, gekrümmten Gliedern und flachen Köpfen. Ihre Schwänze lösten sich leicht, wenn man sie erschreckte, und der neu nachwachsende Schwanz paßte oft farblich nicht zum restlichen Körper. Einer, der das Pech hatte, für eine Woche zufällig in meinem Flötenkasten eingeschlossen zu werden, bekam einen neuen, vollkommen schwarzen Schwanz.

Ein Neuankömmling im Camp war der Poo-poo-Vogel. Eines Morgens verkündete er seine Anwesenheit durch ein fürchterliches Rascheln im Gras hinter dem Garten. G. und ich standen da und schauten interessiert zu, wie dieser ungewöhnliche Vogel eine Anzahl unerklärlicher Mätzchen vorführte. Er sprang mit schräg geneigten Flügeln hoch in die Luft und landete mit dem Kopf voran auf dem Boden. Zuerst dachten wir, er wäre krank, doch als diese Darbietung regelmäßig wiederholt wurde, erkannten wir, daß es sich um eine Art Ritual handelte, eine Eigentümlichkeit entweder dieser Gattung oder dieses speziellen Exemplars. Wir nannten ihn Poo-poo wegen des Geräusches, das er gelegentlich von sich gab, aber laut unserem Vogelbuch gehörte er zur Gattung der Fasane. Ganz sicher besaß er einen Schwanz wie jeder andere Fasan, aber sein Kopf war für den Körper viel zu groß und wie der eines Adlers geformt. Mit der Zeit betrachtete er unser Camp als sein Territorium, und wir mochten ihn sehr gern. Mit großer Anstrengung und vielen würdelosen Fehlversuchen schaffte er es gerade noch, in den mit unseren Geräten behängten Baum zu springen. Von dort aus konnte er problemlos losfliegen, aber er schien nicht in der Lage, sich direkt vom Boden aus in die Luft zu schrauben. Später fanden wir heraus, was für ein nützlicher Wetterprophet er sein konnte.

Während G.s Beine sich erholten, aßen wir massenhaft Yams. Die momentane Mondposition war zum Fischen ohnehin denkbar ungeeignet, und um ehrlich zu sein, die Abwechslung von dem ewigen weißen Fischfleisch war eine Erleichterung. Der Yamsgarten war jedoch keineswegs eine unerschöpfliche Fundgrube, und als der Mond in seiner Viertelphase stand und G.s Beine deutliche Anzeichen der Besserung zeigten, angelten wir wieder täglich und aßen Yams nur jeden zweiten Tag.

Die ganze Zeit über konnte ich es kaum erwarten, den Trip zum anderen Inselende zu machen, um die Bleche für unser Dach zu holen. Ich hütete mich jedoch davor, das auch nur mit einem Wort zu erwähnen, solange sich G.s Beine in schlimmem Zustand befanden, da er sich dadurch nur hilflos und bedrängt gefühlt hätte. Als es ihm besserging, schnitt ich das Thema vorsichtig an; er lächelte und meinte, er hätte darauf gewartet, daß ich damit anfinge.

»Na schön, ich denke, wir holen lieber das verdammte Ding rüber, sonst wird Madame nie zufrieden sein.«

»Das ist richtig«, sagte ich und zwinkerte ihm zu.

Die Kühle des Morgens, an dem wir aufbrachen, um die Bleche zu holen, täuschte uns. Anfangs fühlten wir uns stark und zuversichtlich und vergaßen dabei ganz, daß wir trotz der Stärke in den Yams seit Monaten von weniger als tausend Kalorien täglich lebten. Als wir die Plateaufelsen erreichten, hatte längst schon jedes Geplauder aufgehört, und G. sah überanstrengt aus. Ich fragte, ob ihn seine Beine schmerzten, und er sagte, nein, das wäre es nicht, er fühle sich einfach nur sehr müde. Die Sonne zermalmte all unsere Sinne, saugte sämtliche Feuchtigkeit aus unseren Kehlen, stach uns mit trockener Hitze in die Nasenflügel, schien wie ein totes Gewicht auf unseren Schultern zu hängen. Als wir endlich die Bleche erreichten, rasteten wir lange Zeit, ich in einem tiefen Felsloch, G. im Schatten, wo wir zuvor unser Picknick gegessen hatten. Während er döste, ging ich los und fand ein paar Kokosnüsse, damit wir was Stärkendes im Magen hatten, bevor wir uns die Bleche für den Rückweg aufpackten.

Die unzerbrochenen Bleche waren ungefähr zweieinhalb Meter lang und siebzig Zentimeter breit. Ein einzelnes Blech war nicht schwer, aber unhandlich. Wir hatten fünf ganze und drei halbe Bleche, die wir ins Camp schleppen mußten. Aus starken Stämmchen baute G. eine Art Bahre, auf die wir die Bleche legten und mit einem Strick festzurrten. An jedem Ende der Bahre ragten Stöcke als Handgriffe hervor.

»Fertig, Lu?«

»Fertig.«

»Okay, du packst das hintere Ende. Ist vielleicht leichter für dich. Eins, zwei, drei, hoch!«

Und ab ging die Post. Zu Anfang schien es, wie bei jedem mühsamen Schleppen einer Last, nicht so schlimm zu sein. Dann kam das felsige Gelände. G. hob vorne an, während er über die unebenen Felsblöcke schwankte, und sofort rutschte mir die ganze Ladung mit ihren zackigen Enden gegen den Bauch. Zum Glück fing mein Ledergürtel mit der Messerscheide den Hauptstoß ab, aber trotzdem bellte ich G. ein »Stop« zu. Vorsichtig senkte er sein Ende ab; nichtsdestoweniger löste sich ein lockeres Blech mitten aus dem Bündel und knallte ihm von hinten in die Knie. Ausgiebiges Gefluche und ein »Halt«, um die Sache fester zu binden. Es war ein Segen, daß die schlimmsten Felsen gleich zu Anfang kamen, sonst hätten wir es nie geschafft. Meine Schultergelenke knirschten und kreischten, als wir die Bucht auf der anderen Seite erreichten. Meine Schenkel waren vorn und die von G. hinten zerkratzt. Eine Kiefer mit langen, kühl wedelnden Zweigen stand auf halbem Weg am Strand der Bucht entlang.

»Sollen wir unsere erste Rast unter dem Baum machen?« fragte ich.

»Was, du wirst schon müde?«

»Nicht gerade müde, aber nach einer Rast geht's besser.«

Also hielten wir unter dem Baum an. G. sackte zusammen und schloß die Augen. Ich wirbelte meine Arme herum, um das Blut wieder dorthin zu bekommen, wo es hingehörte, dann legte ich mich auf den Rücken und schlenkerte die Beine in der Luft. Ich war so erleichtert, von meiner Last befreit zu sein.

»Lu, ich dachte, du wolltest eine Rast einlegen.«

»Mach ich doch, mach ich doch. Eine Rast vom Tragen. Ich bin nicht *müde*!«

»Also bereit zum Aufbruch, ja?«

»Wenn du's bist.«

Wir tauschten die Plätze. Nun bekam ich die Schläge auf mein mageres Hinterteil und G. vorn auf seine Beine. Am Ende dieser Bucht mußten wir mit weiteren Felsblöcken fertig werden. Die nächste Rast wollten wir einlegen, wenn wir das überwunden hatten. Ich glaubte nicht, daß ich es durchhalten würde, aber ich hätte nur dann um eine frühere Pause gebeten, wenn mir tatsächlich die Arme abgefallen wären. G. war eindeutig ebenso erleichtert wie ich, als die nächste Bucht in Sicht kam. Auf diesem Abschnitt hatte es weniger Flüche gegeben, dafür war der Schweiß um so reichlicher geflossen.

Kaum lagen die Bleche sicher auf dem Boden, tanzte ich wieder herum, genoß die Freiheit und lud meine Batterien auf. G. sank auf den Sand, als hätte ihm jemand die Sehnen entzweigeschnitten.

»Mein Gott, Lu«, sagte er. »Für eine Frau besitzt du ganz schön Kraft.«

»Erzähl mir bloß nicht, du spürst die Anstrengung!«

»Ich bin lediglich verdammt müde, das ist alles.«

Ein Hauch von Gereiztheit in seiner Stimme ließ mich alle weiteren neckenden Bemerkungen hinunterschlucken.

Auf dem nächsten Teilstück schleppte sich G. in vorderer Position voran, ohne ein Wort zu sagen. Ich spürte dieselbe Anstrengung wie zuvor und sehnte mich danach, die Ladung abwerfen zu können; mittlerweile aber kannte ich das Schlimmste und lernte mein Ende etwas besser auszubalancieren. Jede einzelne vertraute Falte in G.s Nacken war mit Schweiß gefüllt, und ich spürte, wie die Tropfen sich aus meinen Haaren lösten, mir in die Augen rannen und hinter meinen Ohren hinabflossen. Ich wünschte mir einen dritten Arm, um mir das Gesicht zu wischen. Dies hier war eine weite Bucht, ohne Palmen, mit lockerem weißem Sand. Gegen Ende der Bucht zu bedeckte der Sand unsere Füße bei jedem Schritt, was unser Fortkommen qualvoll langsam machte. G. grunzte eine einzige, alles umfassende Obszönität. Ich nickte, ohne nachzudenken, aus dem Gefühl heraus, daß er die Situation sehr treffend zusammengefaßt hatte.

»Danach kommt die Palmbucht, nicht wahr, Lu?«

»Nein. Zuerst kommt noch diese kleine Bucht mit dem breiten Kanal.«

»Verdammter Mist! Setzen wir uns eine Minute.«

»Können wir vielleicht nicht erst noch die Felsen hinter uns bringen?«

»Zum Teufel mit den Felsen! Setz dich hin und halt für eine Minute die Klappe, Lu!«

Rauh und kratzig schwankte seine Stimme, als wäre er völlig ausgepumpt. Mit geschlossenen Augen lag er auf dem Rücken. Ich setzte mich neben ihn und untersuchte die Schwielen an meinen Füßen. Wir befanden uns in einem Schattenwürfel neben den Felsen.

»Was ist los mit mir, Lu?«

»Du meinst, du bist erschöpft?«

»Wenn du die Wahrheit wissen willst, ich fühl' mich so schwach wie ein neugeborenes Kätzchen. Ich bin erledigt. Kein bißchen Saft mehr in den Knochen.«

»Na ja, ist ja auch ganz schön schwer, dieses Ding.«

»Schwer? Du weißt wohl nicht, wovon du redest. Als junger Mann hätt ich mir das auf den Buckel laden und ein Wettrennen damit machen können. Meine Jungs würden das wie ein Stück Papier tragen. Du hast keine Ahnung, was das für einen Mann bedeutet, Lu. Du hättest mal meinen Körper sehen sollen, als ich in die Armee eintrat. Sie sagten, ich wär muskelbepackt wie sonstwas. Und schau mich jetzt mal an!«

»Ist doch nicht überraschend. Während der letzten Monate sind deinem Körper alle möglichen Sachen entzogen worden, an die er gewöhnt war. Bei der Menge, die wir essen, kannst du nicht erwarten, dich in Höchstform zu fühlen.«

»Du scheinst ganz in Ordnung zu sein. Ich weiß, du bist dürr, aber mir scheint, du besitzt immer noch genug Energie.«

»Mach mir deswegen keine Vorwürfe!«

»Oh, das tu ich nicht. Du weißt, daß ich das nicht tu, Lulu. In gewisser Weise ist es verdammt großartig, dich hier zu haben. Ich habe noch nie eine Frau wie dich gekannt. Du bist wie eine dieser Pionierfrauen.«

Nie hatte ich G. so erledigt gesehen. Sein Zustand schokkierte ihn und drückte seine Moral nieder. Zu solchen Zeiten wünschte ich, wir hätten irgendeine Möglichkeit, die Berührungsbarriere zu überwinden. Ich wollte ihm Zuneigung zeigen. Um ihn aufzumuntern, setzte ich die Art von Überredungskunst ein, die zu unserem Code für Wärme geworden war.

»Komm schon, du schwacher alter Furz, wir schaffen es.«

»Verfluchte alte Kuh. Meckern, meckern, meckern.«

»Heb den Arsch hoch, Kingsland.«

»Dreckige kleine Hündin.«

Auf diese Weise schafften wir es, in immer kleineren Abschnitten die Bleche ins Camp zu befördern. Einmal lebte G. derart wieder auf, daß er versuchte, sich das gesamte Bündel auf den Rücken zu laden. Er taumelte ungefähr zehn Schritte vorwärts, dann brüllte er: »Lulu, hilf!« und brachte es sogar fertig, für einen Augenblick über seine eigene Schwäche zu lachen. Beim letzten Halt vor dem Lager sagte er, als ich tropfend nach einem erfrischenden Sprung ins Meer wieder auftauchte: »Weißt du, Lu, dich hier zu haben, das ist fast so gut, als wenn man einen Kerl bei sich hätte.«

Gemeinsame Anstrengungen brachten uns einander näher, als es je durch lange Gespräche möglich gewesen wäre. Zwei Pferde in getrennten Geschirren, die aber beide in gleicher Richtung zogen. Andererseits wirkte sich Untätigkeit verheerend auf die Harmonie aus. Wäre ich damit zufrieden gewesen, gemeinsam mit G. im Camp zu bleiben und außer Fischen, Kochen und Holzsammeln nichts zu tun, dann wären unsere unterschiedlichen Charaktere nicht so deutlich zum Vorschein gekommen. Aber es dauerte nie lange, bis die andere Seite von Tuin mir zuwinkte und mich lockte und ich ihr nicht fernbleiben konnte. Dort drüben war ich ein anderes Wesen, und wenn ich ins Camp zurückkam, brachte ich etwas von diesem anderen Wesen mit, eine Fremde an unserem Tisch.

Tagebuch

Wieso ist das Gras von einem Fleck zum anderen so unterschiedlich? In der Nähe des Lagers ist es jetzt wie plattgedrücktes Stroh, jenseits von Long Beach ist es dicht und ausgebleicht und wird nicht gelblich, sondern blau. Hier ist es trocken, aber so fein, daß es ganz weich ist. Ich liebe es, ausgestreckt auf der Seite zu liegen und von der Hitze alle inneren und äußeren Spannungen wegschmelzen zu lassen, so daß ich nicht mal zucke, wenn mir eine Ameise ins Ohr krabbelt. Sie wird auch wieder rauskrabbeln. Manchmal, wenn ich hier ganz still liege, beobachte ich aus halbgeschlossenen, schläfrigen Augen, wie ein ganzer Busch lebendig wird. Hunderte von winzigen Flügeln erheben sich in flüsterndem Rascheln. Zuerst hielt ich sie für Schmetterlinge oder glaubte, ein leichter Wind wäre in einen dicht mit braunen und gelben Blättern belaubten Busch gefahren, aber es sind Vögel, Unmengen von winzigen, behenden, rehäugigen Vögelchen, alle mit hübschen, schokoladefarbenen Westen bekleidet. Ihr Flügelrascheln vor dem Abflug ist wie ein gewaltiger Atem, der den Busch durchweht. Und dann – husch – bläst es sie davon, und der ganze Schwarm hängt wie kleine Tupfer am Himmel.

Vermutlich sollte ich pflichtgemäß hinter meiner Kamera kauern, aber irgendwie kümmert mich das nicht mehr, es reicht mir einfach, hier zu sein.

Habe ich Long Beach ein paar Tage lang nicht mehr besucht, dann eile ich hinunter, springe in einem Ausbruch physischer Energie auf und ab, renne, hüpfe, tanze mit meinem Schatten, mache aus purer Freude Handstände und Purzelbäume. Bin ich schließlich außer Atem, dann bade ich und überlasse mich danach dem sinnlichen Delirium der Sonne.

Mein Körper ist zu einem Instrument der Sonne geworden. Die gigantische Hand der Sonne holt mich aus meiner Meereszuflucht und wirft mich auf einen flachen Felsen, alle viere von mir gestreckt und wollüstig wie eine Flamme. Die Hitze der verbrannten Felsoberfläche lodert durch meine Glieder, stößt an den ersten Berührungspunkten tief in die Knochen vor, Ellbogen, Schulterblätter, Steißbein, Fersen. Weiter oben am Strand schmilzt eine zitternde, heiße Luftspiegelung den Sand. Würde ich dort stehen und in diese Richtung schauen, dann wäre die Luftspiegelung hier.

Worte. Strandgut der Erinnerung. Ein Hoch auf »Lepanto«. Nach dem dritten Vers drehte ich mich um, und die Sonne kriecht unter meine Brüste und zwischen meine Zehen. Sie hat die Enden meiner Schamhaare verbrannt und die Fransen und die kurzen Haare an meinem Nacken ausgebleicht. Mein zusammengedrehter Zopf wird oben blond. Ich bin eine goldene Gazelle mit dem Kopf eines gestreiften Tigers. Ich werde Ehebruch mit einem Sonnenstrahl begehen. Hoppla, das werde ich G. nicht laut vorlesen. Man muß einen konkaven Nabel haben, um Liebe mit einem Sonnenstrahl machen zu können. Ich habe den wunderschönsten Nabel von Tuin. Die Strahlen fallen direkt von oben ein, wenn die Sonne senkrecht über der Erde steht. Erwischen sie einen zu dieser Tageszeit allein auf einem Felsen, dann wird man fast mit Sicherheit vergewaltigt. Der Sonne kann man sich nicht verweigern. Ihre Verführung ist absolut: Invasion, Eroberung, Besetzung.

G. vermutet, daß ich Sex mit Leguanen habe. Das stimmt nicht. Die Sonne ist mein Geliebter.

In dieser Verfassung, Zufriedenheit ausstrahlend und vom Nachglühen der Sonne in mir vibrierend, kehrte ich für gewöhnlich zu G. zurück, der im Camp lag. Es war nicht verwunderlich, daß er den Verdacht hegte, ich hätte auf der anderen Seite der Insel einen Liebhaber versteckt, aber zu der Zeit hatte ich ja keine Ahnung, daß er das ganz ernsthaft annahm. Da die durch die Anwesenheit anderer menschlicher Wesen mit ihren üblichen Maßstäben erzeugte stabilisierende Ordnung fehlte, vermischte sich die Phantasie nur zu leicht mit der Realität, und die Ränder von beiden begannen zu verschwimmen.

Wie anders, so frage ich mich, wäre mein Tagebuch ausgefallen, hätte ich meinen Gedanken freien Lauf gelassen. Es scheint merkwürdig, solch einen Betrug mit einem beschriebenen Blatt Papier abzuheften. In den Geheimkammern des Geistes aufbewahrt, ist der Gedanke sicher, weil er bis zum Schluß veränderbar ist, man besitzt unbeschränkte Kontrolle über seine Darbietung, aber das macht ihn nicht weniger existent, als hätte man ihn schriftlich festgehalten. Nur kann es einem niemand vor Augen halten.

G. neigte mehr zur Nachdenklichkeit als ich. Auf Tuin stellte ich fest, daß fern von der Welt der Worte und Verhaltensweisen mein Geist in meinem Körper aufzugehen schien und immer weniger eine getrennte, organisierte Einheit darstellte. Die eingehenden Impressionen boten sich als Formen, Strukturen, Farben, Temperaturen und Geräusche dar; wie ein Beobachtungsinstrument, so fungierte ich als Empfänger für Gefühle. Nur in meinem Tagebuch betrachtete ich die Insel gelegentlich mit Worten in meinem Kopf, und im Verlauf der Monate schrieb und grübelte ich immer weniger. G.

aber sinnierte. Der Schmerz in seinen Beinen und der Zorn eines hintergangenen Herzens verdarb ihm jede Möglichkeit, in der dürren, kleinen Welt von Tuin sein Vergnügen zu finden, und so lag er auf seinem »Tagesbett« und dachte über alle möglichen Dinge nach. Doch das Thema, das ihm ständig im Kopf herumging, war das unserer Beziehung.

Nachdem ich mich langsam durch das Labyrinth der Büsche und Bäume quer durch die Insel gewunden hatte, hier ein Blatt berührt oder dort einen Kringel abblätternder Borke gestreichelt hatte, kehrte ich zurück, nur um bei G. unwillkommene Erinnerungen an andere Realitäten vorzufinden. Es gab Zeiten, da kam das Camp in Sicht, und kaum erblickte ich die vertraute, auf dem alten, grünen Handtuch hingestreckte Gestalt, da drehte ich mich auf dem Absatz um und zog mich noch ein bißchen in die einfachere Welt des trockenen Inselinneren zurück. Wenn ich schließlich doch zurückkam und Tee machte, ging möglicherweise alles gut. Wir brachen zum Angeln auf oder plauderten ein bißchen, bis es an der Zeit war, das Feuer fürs Abendessen in Gang zu bringen. Manchmal aber sagte G. auch: »Weißt du, Lu, ich hab nachgedacht...«, und ich erkannte an seinem Tonfall, daß es sich nicht um Garten, Wasser oder Fische drehte.

Es geht selten gerecht zu, wenn zwei Individuen aus bestimmten Gründen nur zum Schein heiraten und der eine das Pech hat, sich in den anderen zu verlieben, und aus dieser Papierverbindung eine richtige Ehe machen zu wollen. G. empfand Zorn, fühlte sich ausgenutzt und erniedrigt. Ich fühlte mich gefangen, schuldig und hatte Angst; und wenn ich darüber nachdachte, was nicht oft der Fall war, spürte ich Erbitterung gegen die Vorschriften einer anderen Welt, die uns diese Ehe aufgezwungen hatten, in mir aufsteigen. Auf Tuin schien diese Art von Moral ein phantastischer, irrelevanter Schwindel zu sein. Wenn G., der sich allein im Schatten des Eine-Pflaume-pro-Tag-Baumes bereits von den Schmerzen in seinen Beinen und seiner schwindenden Kraft krank und gereizt fühlte, im Geiste noch einmal die kalte, abweisende Art durchging, die ich ihm gegenüber seit unserer

Hochzeit gezeigt hatte, dann war er verwirrt und angewidert. In solch einem Geisteszustand versuchte er von Zeit zu Zeit, das herumwandernde Wesen, das seine einzige menschliche Gesellschaft auf der Insel darstellte, zur Rede zu stellen. Meine Reaktionen waren für gewöhnlich vage und ausweichend, aber wenn er darauf beharrte, schlug ich schließlich zurück. Streitereien mit gegenseitigen Beschuldigungen sind immer häßlich und häufig pathetisch; bei uns traf beides zu – und natürlich führte es zu nichts. Aber unsere Differenzen waren unverfälscht und pur, und das machte sie gefährlich. Es gab niemand sonst, mit dem man reden konnte, kein bequemes Ventil, um Dampf abzulassen, und keine anerkannten gesellschaftlichen Maßstäbe, an denen wir die Bösartigkeit unserer Stiche hätten messen können.

Auch für unsere physische Verfassung gab es keine Maßstäbe. Dünn zu sein war der Normalzustand geworden, genauso wie die fehlende Ausdauer und die ewigen Entzündungen. Es war ein fester Bestandteil unseres Lebens, daß wir immer mehr trinken wollten, als wir durften, genauso, wie wir im Zelt nicht mehr auf der Seite liegen konnten, weil wir wegen unserer vorstehenden Knochen so leicht Abschürfungen bekamen. Geist und Körper trieben in einem nur von den Elementen regierten Land dahin, und Proportionen und Abmessungen spielten in unserem Leben nur dann eine Rolle, wenn man sich bewußt an sie zu erinnern versuchte. In diesem Zustand konnten Gedanken leicht die anerkannten Grenzen der anderen Welt überschreiten, ohne sich dabei falsch oder unausgewogen vorzukommen. Es gab niemanden, der uns beurteilte oder richtete. Wir hätten ungestraft einen Mord begehen können.

ELLY BEINHORN

Alleinflug

Als Elly Beinhorn (geb. 1907) ihren Eltern mitteilte, sie wolle fliegen lernen, kam es zu Hause zu fürchterlichen Dramen. Der Vater wollte sie von einem Nervenarzt auf ihren Geistes-zustand untersuchen lassen, die Mutter schwamm tagelang in Tränen. Aber Elly war gerade einundzwanzig geworden, und die Proteste der Eltern nützten nichts. Sie zog von Hannover nach Berlin, erwarb ihren Flugschein, verdingte sich als Re-klamefliegerin und machte bei Kunstflugtagen mit. Das reichte ihr aber nicht. Sie wollte Langstreckenflüge machen, über die europäischen Grenzen hinaus. Die erste Gelegenheit dazu bekam sie 1931 als Teilnehmerin einer Afrika-Expedi-tion in Portugiesisch-Guinea. Nach dem Ende der Expedi-tion wollte sie mit ihrer 40-PS-Klemm mutterseelenallein über die Sahara wieder nach Deutschland zurücktuckern...

Am Sonntag, dem 15. März, war es soweit. Fast alle Europäer waren trotz der frühen Zeit herausgekommen, um mir »Auf Wiedersehen« zu sagen. Bis um 6 Uhr war ich mit dem Ein-packen und dem vielen Händeschütteln fertig, versprach, brav Nachricht zu geben, wenn ich gut durch die Sahara ge-kommen wäre, gab Gas, und nach einer letzten Ehrenrunde nahm ich Kurs nach Ostnordost – wenn auch auf einem klei-nen Umweg – aber doch der Heimat entgegen.

Die erste Etappe war das ungefähr 600 km Luftlinie ent-fernte Kayes im Osten von Französisch-Senegal. Während der ersten Stunde dachte ich immer: Wenn jetzt der Motor aussetzt, kann ich bei einer Notlandung bis zum Abend wie-der in Bissao sein. Dann hörten die Straßen ganz auf, und nun war ich mit einemmal aus dem gastfreundlichen Portugie-sisch-Guinea heraus.

Schon in der Nähe von Tambaccounda begann das Gelände bergig zu werden, und als ich an Kayes herankam, konnte ich mir erklären, warum es dort so heiß sein sollte. Es liegt weit entfernt von der Küste und in einem Kessel von Bergen. Die ganze Hitze lastet also in einem Tal über der Station. Nun war ich wieder auf französischem Boden, und einen richtigen Flugplatz gab es da, der zur Zeit allerdings nicht besetzt war. Schon am nächsten Morgen um 6 Uhr startete ich weiter nach Bamako. Kurz vor dem Abschied erzählte mir noch irgendwer, daß das ganze Felsengebiet, über das ich jetzt flog, etwas mit dem sagenhaften Goldland Ophir zu tun hätte. Ich kann mir das gut vorstellen, denn morgens, als ich wegflog, schien die Sonne auf diese schön geformten Felsen, und die glatten Wände sahen wirklich wie reines Gold aus.

Bamako, die Hauptstadt des französischen Sudan, war nach langer Zeit einmal wieder eine eindrucksvolle Ansiedlung. In dieser Stadt lebten 1931 über 800 Europäer und einige tausend Eingeborene. Der Flugplatz hatte richtige Hallen und einen Kreis in der Mitte, in dem »Bamako« zu lesen war. Monteure stürzten mir entgegen, die meine Maschine zur Halle dirigierten, also – es war fast so wie in Tempelhof. Ich konnte mein Flugzeug seit Monaten zum erstenmal wieder beruhigt den Händen von erstklassigen Fachleuten überlassen.

Im Laufe des Tages stellte sich eine sehr dumme Sache heraus. Am 3. März, also in der Zeit, während der ich in der Guinée war, hatte der Generalgouverneur der Westafrikanischen Kolonie eine neue Verordnung herausgegeben, welche die Überquerung der Sahara von einzelnen Sportflugzeugen wegen der großen Gefahren untersagte. Das war für mich ein unerwarteter Schlag.

Ich machte sofort einen Besuch bei dem hier ansässigen Gouverneur, dem ich auseinandersetzte, daß es für mich keine andere Rückkehrmöglichkeit gab; denn wenn ich wieder wie auf dem Hinflug die Küste hinaufflliegen würde, gäbe das durch den ewigen Nordwind und die großen Etappen ernste Schwierigkeiten, da mein Aktionsradius mit dieser kleinen Maschine dafür doch recht gering sei. Außerdem hatte die Maschine bis hierher einen hohen Grad an Sicherheit und Zuverlässigkeit bewiesen, und zu guter Letzt wurden alle Gefahren in der Sahara durch das Vorhandensein der Piste wesentlich herabgemindert.

Der Gouverneur sagte mir seine Unterstützung zu, machte mich aber darauf aufmerksam, daß eine Antwort vom Generalgouverneur nicht vor zwei bis drei Tagen da sein könnte. Als nach zwei Tagen Aufenthalt die Erlaubnis noch nicht da war, erbat ich vom Gouverneur erst einmal die Genehmigung zum vorläufigen Flug bis Gao, der letzten Station vor der Zentralsahara. Er hatte volles Verständnis für meine Bitte und erlaubte diese Etappe ohne weiteres. Also wurde der Start für den folgenden Morgen ganz früh festgesetzt. Schon vor 6 Uhr stand die Maschine fix und fertig beladen draußen vor der Halle für den Start nach Timbuktu. Ich flog über Segou und Mopti, beides noch größere französische Stationen, bis wohin auch Autostraßen gingen. In der Hauptsache hatte ich immer den Niger als Orientierungsmöglichkeit.

Aber schon von Mopti begann ich etwas abzuschneiden, um möglichst genau Kurs zu fliegen und dadurch Zeit zu sparen, um nicht mehr in die größte Hitze des Mittags hineinzukommen. Hier begann das große Überschwemmungsgebiet des Niger, das sich nach Nordosten zu immer mehr verbreiterte. Es waren kaum Negeransiedlungen zu sehen, und zum Schluß bestand das Gelände unter mir nur noch aus Sandstrecken, die von mehr oder weniger großen Seen und Sumpfgebieten unterbrochen wurden. Ich war wieder ungefähr 1500 Meter hoch – wie gewöhnlich in diesen heißen Ländern. In dieser Gegend hat man bei klarem Wetter eine beinahe unbegrenzte Sicht, und ich mußte mich jetzt, wenn die Karte stimmte, schon wieder dem Niger nähern, der hier eine mehr ostnördliche Richtung nahm.

Da – auf einmal fängt mein Motor an, laut zu rumoren und an Touren nachzulassen!

Was ist das? Dem Geräusch nach zu urteilen, bekommt er kein Öl mehr. Was ist los? Hat der Öltank ein Leck bekommen und ist leer gelaufen? Oder ist die Leitung defekt oder nur verstopft?

Aber das ist ja alles völlig egal – ich sitze hier auf meinem Führersitz festgenagelt und kann nichts machen und weiß nur, daß es jetzt mit Sicherheit eine Notlandung geben wird. In der Ferne, vielleicht 80 km in nordöstlicher Richtung, glaubte ich den Niger und eine Station liegen zu sehen, die meiner Berechnung nach Timbuktu sein müßte.

Das Gelände unter mir sieht nicht sehr ansprechend aus. Ich bin über einem breiten Wüstengürtel mit vielen Sanddünen, auf dem ganz dicht kahle Bäume stehen. Ich sehe keine Stelle, die annähernd groß genug wäre, um die Maschine unbeschädigt hineinzusetzen. Außerdem würde eine Notlandung für mich selbst da zwischen den Bäumen auch nicht ganz gefahrlos sein.

Der Motor läßt dauernd an Touren nach, und mir blutet das Herz, daß ich ihn nicht durch Abstellen von dieser Quälerei erlösen kann. Doch ich kann darauf keine Rücksicht nehmen – ich muß aus dieser gefährlichen Zone hinaus und dazu noch jede Umdrehung des Motors ausnützen.

In weiter Ferne sehe ich Sandgebiet wieder an die Überschwemmungszone angrenzen und versuche, im Heruntergleiten mich gleichzeitig den kleinen Seen zu nähern.

Jetzt bin ich nur noch 400 Meter hoch, der Propeller ist stehengeblieben, der Motor ist rettungslos kaputt – aber auch das ist im Moment noch nicht wichtig. Aus den letzten 200 Metern wird ein regelrechter Segelflug. Mit der rechten Fläche streife ich einen Baum, werde dadurch, weil ich gar keine Geschwindigkeit mehr habe, um 180 Grad herumgerissen und sitze, bis auf einen kleinen Riß im Sperrholz und mit durch die schnelle Drehung auf dem Boden gebrochenem Sporn, unbeschädigt auf einem Platz von vielleicht 20 Metern Länge zwischen dem letzten Baum und dem ersten kleinen See.

Im Heruntergleiten während der letzten Sekunden erlebte ich eine Überraschung: Ich sah einen Schwarzen mit erhobenen Händen entsetzt davonlaufen. Das Flugzeug stand erst einmal und würde voraussichtlich auch noch etwas stehenbleiben.

Jetzt mußte ich meinen kleinen Schwarzen suchen, um zu sehen, was nun zu unternehmen sei. Aber der hatte sich verkrochen. Nach einigem Suchen entdeckte ich ihn hinter einem dürren Baum, wo er sich mit den Zeichen höchster Angst versteckt hielt. Ich winkte und lachte ihm zu, damit er seine Furcht vor dem lautlosen großen Vogel verlöre, und bekam ihn schließlich dazu, daß er sich langsam näherte. Ich klopfte ihm auf die nackte braune Schulter und hielt ihm eine kleine Ansprache in wohlgesetzten französischen Worten.

Doch damit wußte er nichts anzufangen.

Versuchen wir es also mit einer Zigarette! Ich hielt ihm mein Etui hin, das er mir, es erstaunt ansehend, aus der Hand nahm. Ich zeigte ihm, daß man als wohlerzogener Schwarzer nur eine Zigarette nimmt. Er dreht sie verständnislos hin und her; riecht daran und – jetzt erschrecke ich doch: der Schwarze hat noch nie mit Europäern zu tun gehabt; denn das Rauchen ist immer eins der ersten Dinge, die ein Schwarzer vom Europäer übernimmt.

Damit war es also nichts. Nun nahm ich meine Karte, Maßstab 1 : 1 000 000, heraus und zeigte in die Richtung, in der meiner Ansicht nach die Station liegt, und fragte: »Timbuktu?«

Man sah ihm an, daß er nichts verstand. Ich zeigte auf den Boden, auf dem wir standen, und machte eine fragende Bewegung, um vielleicht aus ihm einen Ortsnamen herauszubekommen.

Nichts.

Ich deutete ihm auf der Karte den Lauf des Niger an. Wieder nichts. Inzwischen waren andere Eingeborene hinzugekommen; wilde Kriegergestalten, jeder mit mehreren Speeren in der Hand. Sie waren nur sehr notdürftig bekleidet, und ich versuchte, bei ihnen etwas zu entdecken, was von den Europäern stammt, und sei es nur eine Nähmaschinennaht.

Aber ich finde nichts.

Sie stellten sich etwas abseits und hielten wahrscheinlich

einen kleinen Kriegsrat. Inzwischen sah ich mir meinen Motor an und fand heraus, daß die Ölleitung gebrochen war.

Danach nahm ich die Verhandlungen wieder auf. Die Männer waren inzwischen näher gekommen und begrüßten mich durch Aufheben der Hand. Ich nehme wieder mein Verhör auf, aber auf »Timbuktu« bekomme ich nach wie vor kein Zeichen des Verständnisses. Nach einiger Zeit sagt einer der Schwarzen: »Goundham« und zeigt nach Westsüdwest. Ich sehe auf meiner Karte nach, und tatsächlich finde ich Goundham, das allerdings nicht auf meiner Luftlinie liegt und meiner Schätzung nach viel weiter entfernt von diesem Platz ist als Timbuktu. Jetzt ist die große Frage: Habe ich mich getäuscht oder stimmt die Karte nicht? – (Später stellte sich dann heraus, daß beides nicht stimmte, die Karte und meine Schätzung. Mein Notlandeplatz lag wirklich wesentlich näher zu Timbuktu als zu Goundham, aber merkwürdigerweise gehörte dieser Streifen aus verwaltungstechnischen Gründen zum Bezirk von Goundham. Dadurch ergaben sich dann eine Reihe von Schwierigkeiten.) Jetzt versuchte ich den guten Leuten durch vielerlei Gesten mit Händen und Füßen klarzumachen, daß ich nach Timbuktu marschieren wolle, vielleicht auch nach Goundham, jedenfalls nach der nächsten europäischen Station.

Da sagt auf einmal einer von ihnen auf Kreoli: »Viel Wasser, keine Piroge.«

Der Mann hatte recht mit dem Wasser – aber das konnte doch schließlich nur der Niger sein, und wenn wir wirklich bis zum Niger marschierten, würden wir am Ufer sicherlich irgendein Boot zum Übersetzen auftreiben. Die kleinen Seen des Überschwemmungsgebietes schienen mir flach genug, um sie einfach zu durchschreiten. Außerdem konnte ich ja schwimmen.

Ich merkte bald, daß die Schwarzen absolut nicht die Absicht hatten, mit mir aufzubrechen, und nach all dem, was sich später dann ereignete, muß ich mich immer wieder wundern, mit welch außerordentlicher Vorsicht und Überlegung sie bei meinem ganzen Abenteuer gehandelt haben.

Allein konnte ich nicht ins Blaue hineinmarschieren und sagte mir: Also schön, bleiben wir erst einmal hier. Lebensgefährlich sah die Geschichte ja nicht mehr aus, nachdem ich gut gelandet war und Menschen gefunden hatte, die offensichtlich nicht feindlich eingestellt waren.

Nun erklärte ich ihnen durch Zeichensprache, sie möchten mich zu ihren Hütten führen. Es dauerte einige Zeit, bis sie mich verstanden hatten. Die Koffer und Sitzkissen nahm ich aus der Maschine heraus, und jetzt gingen wir ungefähr einen Kilometer in das Sandgebiet hinein. Schließlich kamen wir bei den Hütten an.

Ich konnte jetzt allerdings begreifen, daß aus der Luft davon nichts zu entdecken war; denn die vier Hütten waren zu klein und primitiv, als daß man sie als solche hätte erkennen können. Zwischen den Behausungen war ein kleiner Kral, in den ihre Ziegen hineingetrieben wurden, und das Ganze war von einer Hecke aus dichtem Dorngestrüpp umgeben, die nur einen kleinen Zugang hatte. Später erfuhr ich, daß meine Schwarzen hier dem Stamme der Songhai angehörten, die Sklaven eines anderen Eingeborenenstammes, der Tuareg, waren; völlig recht- und besitzlose Nomaden, die auf diesem schmalen Sumpfstreifen die Herden der Tuareg zu weiden hatten und mit ihnen immer hin und her zogen.

Ich wählte mir die beste der vier Hütten aus, die quadratisch, allerdings etwas kurz, ungefähr 130 cm, aus Matten gebaut war. Da brachte ich meine Koffer und die Kissen aus der Maschine unter, und wie mir bei der Gelegenheit meine Schreibmappe in die Hand fiel, kam mir ein Gedanke: Ich machte den Schwarzen wieder durch Zeichen klar, daß ich eine Nachricht an die weißen Menschen schreiben würde und ob nicht ein Bote diesen Brief zur nächsten europäischen Station bringen könnte. Und tatsächlich, es gelang nach unendlichen Mühen. Auf diese Leistung bin ich heute noch stolz. Ich schrieb in diesem Brief alles, was sich ereignet hatte, und gab, so gut ich konnte, meinen ungefähren Aufenthaltsort an. Außerdem war ja dann auch ein Schwarzer als Begleitung zu dem Brief da, von dem man Näheres erfahren konnte.

Nachdem dieser Bote, der den Weg zu kennen schien, sich für die Reise durch eine große Schale Hirse gestärkt hatte, entfernte er sich mit dem Brief, aber nach der entgegengesetzten Richtung, in der meiner Schätzung nach Timbuktu liegen mußte.

Meine Lebensmittelbestände waren schnell zu übersehen, nur war leider die Thermosflasche mit Tee während der Reise von Bissao bis hierher wahrscheinlich durch die unsanfte Landung entzweigegangen. Der Tee war ausgelaufen, und ich hatte nichts mehr zu trinken, aber einen schrecklichen Durst. Seit morgens um 6 Uhr hatte ich nichts mehr zu mir genommen, und die Hitze war sehr groß! Wir mußten eine Temperatur von ungefähr 45 Grad im Schatten haben.

Nun gab es allerdings Wasser in unserer unmittelbaren Nähe, aber ich wußte nur zu gut, daß dieses Wasser mit großer Wahrscheinlichkeit verseucht war.

Bis zum Abend habe ich dieses Nichttrinken durchgehalten, aber dann ging es nicht mehr. Ich konnte kaum noch schlucken, so ausgedörrt war mir schon der Hals. Mir blieb also nichts anderes übrig, als das Sumpfwasser zu trinken. Ich habe es dann durch ein doppeltes Taschentuch filtriert und aus dem heilgebliebenen Becher der Thermosflasche getrunken. Dazu schnitt ich meine Dauerwurst an und nahm so mit etwas Wasser das kombinierte Mittags- und Abendmahl ein. Nachher trat ich einen Inspektionsgang an und entdeckte einen hübschen kleinen See, der noch im Sandgebiet lag und wie zum Baden eingerichtet zu sein schien.

Inzwischen war die Sonne untergegangen. Im Lager wurden Feuer angemacht und darauf brodelte ein großer Topf mit Hirse. Ich war jetzt wirklich müde und richtete mich für die Nacht ein. Meine Hütte und ich, so gut es ging, mit meinen Kissen ausgelegt, um nicht direkt auf den Matten der Eingeborenen zu liegen. Zudecken konnte ich mich mit meinem Ledermantel. Sowie es dunkel wurde, erwachten die Moskitos, Tausende und Abertausende, die hier im Sumpfgebiet zu Hause waren, und alle stürzten sich wie ausgehungert auf mich. So war an Schlaf nicht zu denken. Ich versuchte es mit der Frisierhaube vor dem Gesicht, aber da stachen sie hindurch. Dies ist solch eine Situation, die man, glaube ich, nicht ganz mit all ihren Scheußlichkeiten schildern kann. Wer es erlebt hat, dieses ganz nervös machende Summen der Tiere, ihr Stechen, das man erst merkt, wenn es schon zu spät ist, wird sich in meine Lage versetzen können. Es verging eine Stunde nach der anderen, immer noch saßen die Schwarzen um ihr Feuer herum und unterhielten sich leise, um mich nicht zu stören. In der Nähe hörte ich einen Löwen brüllen.

Gegen Morgen wurde es empfindlich kühl und feucht, und als der erste Lichtstrahl wieder erschien, stand ich ganz durchfroren auf, ohne geschlafen zu haben.

Der zweite Tag sah noch weniger angenehm aus.

Ich mußte mich beschäftigen, denn es war ja sehr gut möglich, daß heute Flugzeuge kamen, um mich zu suchen. Inzwischen war es sicherlich durch die Telegrafie auf allen Stationen bekanntgeworden, daß ich nicht in Timbuktu angekommen war.

Also arrangierte ich Haufen aus trockenen Zweigen in einiger Entfernung rings um das Flugzeug, stellte in kleinen Kalebassen Benzin dazu, um sie sofort entzünden zu können, und wartete ab. Gegen Mittag kam ein offenbar nach mir suchendes Flugzeug. Doch es sah weder mich noch meine Rauchzeichen.

Dann habe ich Strümpfe gewaschen, geschrieben – alles solche Beschäftigungen, die nicht unbedingt nötig waren, die aber gut über die Länge der Zeit hinweghalfen.

Später nahm mich der Häuptling bei der Hand und führte mich auf eine Sanddüne. Dann zeigte er mit dem Finger lange in eine bestimmte Richtung, und nachdem meine Augen sich an die Entfernung gewöhnt hatten, sah ich ganz weit weg wie Stecknadeln sechs Funkmasten. Ich sah ihn an und fragte: »Timbuktu?« – denn die Richtung stimmte ja genau mit meinem bei der Notlandung genommenen Kompaßkurs überein. Er zuckte die Achseln – er wußte es nicht.

Nun war die Entfernung bis zur Station sicherlich recht groß. Aber man hatte doch ein sichtbares Ziel vor Augen.

Jetzt wurde ich wieder munter. Mit Zeichensprache hielt ich ihm einen langen, sehr ernsten Vortrag: »Morgen früh, wenn die Sonne, nachdem sie schlafen gegangen ist, wieder aufstehen will, gehst du mit mir und drei anderen, die meine Koffer auf dem Kopfe tragen, zu dieser Station. Dort wirst du für dich und dein Dorf viele schöne Geschenke bekommen.«

Er nickte zum Zeichen, daß er begriffen hatte und einverstanden war, und ich sah jetzt mit viel größerer Ruhe dem weiteren Verlauf der Dinge entgegen.

Nachts konnte ich wieder wegen der Moskitos nicht schlafen, und auch die Schwarzen sind nicht zur Ruhe gekommen. Am nächsten Morgen war ich ganz früh auf, denn die Hoffnung, nun wegzukommen, hatte mich trotz aller Müdigkeit schnell auf die Beine gebracht. Ich krabbelte aus meiner Behausung heraus, die Frauen waren schon am Arbeiten, doch weder der Häuptling noch irgendein anderer Mann waren im Lager zu sehen.

Was ist denn das nun wieder? Auf meine Frage wurde mir angedeutet, daß die Männer zum Arbeiten weggegangen seien.

Sollte das offener Widerstand gegen meine Wünsche sein? Jedenfalls entmutigte diese neue Überraschung mich doch etwas. Ich konnte allein nichts unternehmen. Ich wußte nicht, in welcher Richtung ein Durchkommen nach der europäischen Station möglich war; denn schon, daß der Schwarze mit dem Brief einen so großen Umweg eingeschlagen hat, war der Beweis, daß der direkte Weg nicht passierbar ist. Ist der Brief überhaupt angekommen? Wird man mir Hilfe schikken?

Flugzeuge sind nicht mehr gekommen. Es ist ja auch sehr schwer, auf einer über 750 km langen Strecke eine kleine Klemm zu finden. Aber ich kann doch nicht ewig hierbleiben, und ich muß auch wieder einmal etwas Richtiges zu essen bekommen, und wenn ich noch länger nicht schlafen kann, dann bin ich in kurzer Zeit ganz entkräftet.

Ich legte mich in den Schatten einer Hecke und fing einfach an zu weinen. Was wird nun weiter? Nachdem bis zum dritten Tag nichts geschehen war, wird der Brief vielleicht nicht angekommen sein, und man hat mich womöglich schon aufgegeben, weil kein Lebenszeichen von mir eingetroffen ist.

Neben mir lag die Frau des Häuptlings unter einem Tuch und stöhnte. Das war ja auch wieder ganz etwas Neues. Eine schwarze Frau, die am Tage dalag, nicht arbeitete und sogar noch Schmerzenslaute von sich gab. Ich zog ihr das Tuch weg und sah ihre Hand, die sie bis dahin unter ihrem Gewand verborgen gehalten hatte, die am Gelenk ganz von schrecklichen großen Wunden zerfressen ist.

Das mußte die Lepra sein! Ich hatte schon mehr aussätzige Schwarze gesehen, und die Wunden sahen genauso aus. Sie rief ihren kleinen Sohn, der mit einem kleinen Gefäß mit Wasser kam und nun mit seinen Fingern die kranke Stelle kühlte. In der Hütte dieser Frau habe ich zwei Nächte lang gelegen!

Auf einmal höre ich Männerstimmen. Kommen die Männer zurück? Herrgott, ich werde abgeholt!

Ein Schwarzer in Uniform mit der roten Filzkappe der Tirailleurs! Ich stürze ihm entgegen, wir schütteln uns, wie alte Freunde, die Hand, und er erklärt mir in mühsamem Französisch, aber immerhin verständlich, daß mein Brief angekommen ist und daß man ihn geschickt habe, um mich abzuholen.

Er hat mir auch zu essen mitgebracht, zwei Hühner und achtzehn Eier, ist einen Tag und eine Nacht gelaufen, und jetzt ist er hier. Ich brauchte keine Angst vor ihm zu haben, ich soll mich ruhig seiner Führung anvertrauen, er sei nur gekommen, um mich zu retten.

»Wie heißt du denn?« frage ich.

»Alassha!«

Er ist ein französischer Eingeborenensoldat gewesen und war sogar während des Krieges in Frankreich und im besetzten Rheinland. Aber das ist alles so nebensächlich. Jetzt ist es mittags um 2 Uhr. Wird er imstande sein, noch am selben Abend mit mir aufzubrechen? Ich frage ihn, ob er von dem langen Eilmarsch nicht zu müde ist, aber er erklärt sich einverstanden, gegen Sonnenuntergang nach Timbuktu loszumarschieren. Allerdings glaubt er, es sei unbedingt nötig, für den Marsch zwei Ochsen oder Esel für den Transport des Gepäcks und zum Reiten für mich aufzutreiben.

Durch Nachfrage bei meinen Gastgebern stellt er schnell fest, daß es in einiger Entfernung in einem anderen Lager zwei Esel geben soll, und da sagte Alassha zu mir in seinem komischen Französisch: »Du mußt jetzt Esel verdienen.«

Er erklärte mir die Notwendigkeit und versprach mir, erst einmal selbst mit dem Häuptling, dem die Tiere gehören, zu verhandeln. Aber er glaubt nicht, daß er sie bekommen wird. Wahrscheinlich würde ich selber verhandeln müssen, und er meinte: »Wenn der Häuptling dir die Esel nicht gibt, dann mußt du ihn schlagen.«

»Aber Alassha«, sagte ich, »ich habe noch nie einen Häuptling geschlagen.«

»Och«, meinte er, »wo du doch sogar fliegen kannst, da wirst du doch einen Häuptling schlagen können.«

Nach kurzer Zeit kam er auch schon zurück und sagte, daß es mit den Eseln nichts geworden ist. Ich mußte also selber mit.

Wir wanderten vielleicht eine halbe Stunde lang weiter in das Sandgebiet hinein, und mir tat es schon jetzt leid um jeden Schritt, den ich jetzt noch vor dem eigentlichen Marsch laufen mußte. Dann stießen wir auf ein ähnliches Lager wie das unsrige, und tatsächlich, in der Nähe weideten zwei Esel.

Alassha und der Häuptling schrien sich heftig an. Man denkt, sie werden sich im nächsten Moment ohrfeigen, aber das ist nur ihre Sprache.

Ich sah schon, ich mußte in die Verhandlung eingreifen.

Ich ließ durch Alassha übersetzen, daß ich eine mächtige Königin der Franzosen sei und daß der Häuptling mir unbedingt helfen müßte, mit Hilfe seiner Esel auf die Station zurückzukommen, weil mein Himmelsschiff beschädigt sei. Wenn er mir die Esel verweigere, würden die Franzosen mit ihren großen Gewehren kommen und seine Herden und seine Frauen totschießen. – Das zog immer noch nicht.

Alassha stand an der Seite und hetzte: »Du mußt ihn jetzt schlagen!«

Schließlich erhob ich eine an der Seite liegende Eingeborenenaxt, schlug erst einmal probeweise gegen den Pfosten seiner Hütte und legte sie ihm dann mit der Steinschneide auf den schwarzen Arm. Seinem Gesicht nach zu urteilen schienen wir dem Ziel jetzt näher zu kommen. Nachdem ich ihm auf deutsch noch einmal meine Wünsche ins Ohr gebrüllt hatte, erklärte er endlich Alassha, immer dabei auf die Axt schielend, daß wir die Esel geborgt haben könnten. Natürlich verlangt er als Leihgebühr Geschenke. Um seine Esel wirklich wiederzubekommen, kam er dann vorsichtshalber mit uns. Auf dem Rückweg zu unserem Lager machte ich einmal einen kleinen Versuchsritt, aber auf dem spitzen Kreuz des Tieres ohne Sattel würde das wahrscheinlich nicht lange gutgehen.

Der Esel bekam nun mein Gepäck aufgeladen, und schließlich gegen Sonnenuntergang konnten wir meine schwarzen Gastgeber wieder verlassen.

Meine Karawane bestand jetzt aus sieben Schwarzen, die sich vor dem Aufbruch mit einer geschlachteten Ziege noch einmal tüchtig gestärkt hatten. Wir marschierten in genau derselben Richtung wie der Junge mit meinem Brief.

Alassha erklärte mir jetzt, daß es keine andere Möglichkeit gäbe, an den Niger zu gelangen; denn auf dem direkten Weg seien die Sümpfe und Seen teilweise unergründlich. Es gab immerzu Aufenthalt, und die Schwarzen verlangsamten ihre Schritte mehr und mehr. Ich dachte bei all diesen Abenteuern an marschierende Soldaten, die, überanstrengt, mit einem Schlage wieder leistungsfähig wurden, wenn sie sangen.

Also versuchten wir es mal mit deutschen Wanderliedern! Das Verfahren erwies sich als durchaus brauchbar. Jetzt kam wieder Bewegung in die Leute, und alle marschierten schön im Takt durch die Wüste. Alassha erklärte, daß wir in kurzer Zeit wieder ein Eingeborenenlager antreffen würden, wo dann eine kurze Nachtruhe vorgesehen war.

Wir kamen wirklich zu dem angekündigten Lager, wo sich die Eselsangelegenheit noch einmal wiederholte. Die Esel mußten nämlich jetzt gegen Ochsen oder vielmehr Zebus ausgewechselt werden, und erst nach meinem Dazwischentreten und der Androhung von Schlägen gab uns der Häuptling zwei schöne, kräftige Tiere, die uns bei der großen Wasseretappe, die wir noch vor uns hatten, gut helfen würden.

Wir kamen nun aus dem Sumpfland heraus und mußten durch ein kilometerlanges Sumpfgebiet, das den Tieren oft bis an den Hals ging, hindurch. Weit weg sah man den Niger und ein größeres Eingeborenendorf. Alassha zeigte darauf und sagte: »Da hinten ist es.«

Ja, aber wo waren denn die Europäerhäuser? Hier waren doch nur Negerhütten!

Erst jetzt stellte sich heraus, daß Alassha gar nicht von Europäern geschickt war, sondern daß mein Bote mit dem Brief nur in diesem ersten Dorf auf dem Wege nach Goundham gewechselt worden war. Bei der Gelegenheit hatte er dem Häuptling von meinem Abenteuer erzählt, und dieser hatte sofort aus eigener Initiative den einzigen französisch sprechenden Einwohner seines Dorfes mit Lebensmitteln zu mir geschickt.

Das sprach sehr für die Intelligenz dieses Eingeborenenhäuptlings, aber kann man sich meine Enttäuschung vorstellen, wie jetzt wieder die Rückkehr zu den Weißen, die Aussicht, in einem richtigen Bett mit Moskitonetz zu schlafen, in weite Ferne gerückt war!?

Endlich kamen wir an den Niger, wo uns eine Piroge erwartete, die uns auf die andere Seite übersetzte. Drüben wurden wir mit Musik und Tanz empfangen. Aber ich hatte allmählich genug von derartigen Eingeborenenscherzen. Ich holte mir meinen Alassha heran und hielt ihm eine lange Rede, die er dem Häuptling übersetzen sollte. Ich sei krank und müsse einen Arzt haben.

Ich hatte tatsächlich in den letzten Tagen immer gegen Abend stark erhöhte Temperatur gehabt.

Da ich eine wichtige Person bei den Franzosen sei, würde man sie bestrafen, wenn sie nicht alles täten, was ihnen irgend möglich sei. Ich verlangte sofort eine neue Piroge mit vier Mann Bedienung und einem Sonnendach, in der ich gleich nach Timbuktu aufbrechen könnte. Wenn sie alles nach meinen Wünschen erledigten, bekämen sie Geschenke, im anderen Falle würde es ein großes Strafgericht durch die Franzosen setzen. Das wirkte!

Alassha wurde mir wieder mitgegeben, damit ja die Sache mit den Geschenken in Ordnung ginge. Der Häuptling begleitete uns noch, leise vor sich hin schimpfend, ein Stück am Ufer, und dann konnte ich mich endlich lang ausstrekken. Mit dem Schlafen wurde es allerdings wieder nichts, weil wir schon nach einiger Zeit in einem anderen Dorfe das Boot gegen ein größeres mit mehreren Ruderern wechseln mußten.

Nachts wurden wir endlich von einem großen, uns entgegenkommenden Boot angerufen, in dem ein richtiger weißer Mann mit einem gewaltigen Vollbart saß – wie mir schien, nach unzähligen Tagen.

Gegen Morgen legten wir bei Kabara, der am Wasser gelegenen Vorstadt von Timbuktu, an. Ich sollte mich jetzt auf ein Pferd setzen und ungefähr 10 km bis Timbuktu reiten. Das mußte ich nun wirklich ablehnen, denn ich wäre bestimmt nach der ersten Viertelstunde vor Müdigkeit vom Pferd gefallen. Der französische Herr sah das ein, überließ mir auf dem großen Boot sein Bett mit einem Moskitonetz, kochte mir einen Tee und ritt selber weg.

Jetzt konnte ich nach fünf Tagen zum erstenmal wieder schlafen. Am nächsten Morgen ging es dann noch einmal fünf Stunden mit unserer Piroge weiter, und dann hielt ich als erste Deutsche meinen Einzug in Timbuktu, der geheimnisvollen Stadt. Ich hatte ihn mir etwas anders vorgestellt!

Ich meldete mich sofort beim Kommandanten, der erfreut war, mich lebend und in Sicherheit zu wissen. Selbstverständlich hatte er durch Flugzeuge nach mir suchen lassen – aber diese hatten mich nicht gefunden, da sie mich am Ufer des Niger vermuteten und nicht 50 km weiter ab in der Wüste.

Nun hieß es für den Abtransport der Maschine sorgen. Ein junger Franzose, Monsieur Lhote, Beauftragter des Pariser Völkerkunde-Museums, wurde mir beigegeben. Lhote war selber Flieger gewesen, und nachdem durch einen Absturz sein Gehör stark gelitten hatte, war er nun Forscher geworden.

Jahrzehnte später trafen wir uns wieder, nachdem er inzwischen durch die Entdeckung der Felszeichnungen im Tassili ein weltberühmter Mann geworden war.

Beim Kommandanten besprachen wir dann gleich, daß ich am übernächsten Tage, nachdem ich erst einmal richtig ausgeschlafen hatte, mit Lhote, Alassha und einigen Soldaten auf dem kürzesten Wege zu meiner Maschine zurückkehren würde, um einen Weg zu Wasser oder zu Lande ausfindig zu machen, um das Flugzeug nach Timbuktu zu schaffen.

Wir brachen morgens um 5 Uhr auf, und nach einem tagelangen Marsch zu Pferd, Zebra und Kamel gelangten wir ohne weitere größere Abenteuer zu meiner Maschine. Lhote war zuerst sprachlos, daß die kleine Klemm tatsächlich völlig unversehrt dastand. Er erzählte mir nachher, er habe es nicht geglaubt, daß man in dieser Gegend ein Flugzeug glatt zu Boden bringen könne.

Aber was nützte die unversehrte Maschine – auf dem Wege hierher hatten wir feststellen müssen, daß es unmöglich war, die Maschine nach Timbuktu zu schaffen. Mit Booten konnte man nicht herankommen, und die Maschine abmontieren und durch Träger zum Fluß schaffen, ging auch nicht, da die Seen und die Sümpfe, die unbedingt dabei passiert werden mußten, teilweise doch zu tief waren. Außerdem hatte die Maschine, die acht Tage in der glühenden Sonne stand, schon stark gelitten. Man hätte eventuell hier einen Startplatz bauen können, aber dazu hätte ich erst aus Europa Ersatzteile für den Motor haben müssen – und bis dahin wäre die Maschine völlig verrottet gewesen. Zudem stand die Zeit der Tornados unmittelbar bevor.

Es blieb also nichts anderes übrig, als den Motor und die Instrumente auszubauen und mit deren Transport zum Niger so lange zu warten, bis das Überschwemmungsgebiet seine größte Trockenheit erreicht haben würde. Die Maschine mußte zurückgelassen werden.

In einem Augenblick, wo niemand zuschaute, nahm ich Abschied von meiner lieben D-1713, die mir in den drei Monaten wie ein guter Kamerad ans Herz gewachsen war.

Am vierten Tag trafen wir wieder in Timbuktu ein.

Dann kam der Rückschlag – ich war geschwächt, bekam Fieber und glaubte, daß ich mir die Malaria oder noch Schlimmeres geholt hätte. Außerdem fühlte ich mich in Timbuktu gefangen. Es gab keine Eisenbahn, kein Auto, Flugzeug, und Motorboote konnten auch nicht verkehren, weil der Wasserstand zur Zeit zu niedrig war. Zudem war ich die einzige weiße Frau in Timbuktu – eine Tatsache, die mir erklärlich genug war, denn das Klima war hart für Europäerinnen – alles war schon sehr bitter.

Nach einigen Tagen war mein Gesundheitszustand so schlecht, daß ich den Gouverneur in Bamako telegrafisch bat, ein Flugzeug zu senden und mich abholen zu lassen. Prompt kam am anderen Tag eine Militärmaschine und ein Brief mit der Aufforderung, schnellstens nach Bamako zu kommen.

Morgens bei Sonnenaufgang kletterte ich in die 450-PS-Potenzmaschine, die für zwei Personen bestimmt war und in der ich nun mit dem Monteur zusammen auf einem Platz sitzen mußte. Es war reichlich unbequem – aber was hieß das jetzt schon! Mittags landeten wir wieder in Bamako, wo ich von allen Offizieren und Bekannten mit ehrlicher Freude und leichter Rührung wie die verlorene Tochter empfangen wurde.

Vierzehn Tage waren nach meinem Abschied von Bamako vergangen, und nun mußte ich noch einige Tage hierbleiben, weil der Zug nach Dakar nur einmal wöchentlich fuhr. Inzwischen hatte ich mit Berlin gekabelt und angefragt, ob man mir meine alte Maschine, die ich für die jetzt verlorene Klemm als Bürgschaft hinterlassen hatte, nicht für den Rückflug zur Verfügung stellen könnte.

Ich war kaum aus dem Telegrafenamt heraus, da kam ein Telegramm aus Berlin, daß die *B. Z. am Mittag* bereit sei, mir eine Ersatzmaschine für den Heimflug zur Verfügung zu stellen. Dann wurde ich an den Zug gebracht. Wir fuhren um 2 Uhr ab, und in der Nacht hatten wir trotz offener Fenster und Ventilatoren drinnen eine Temperatur von fast 40 Grad.

Schon von Timbuktu aus hatte ich eine Nachricht an meine Landsleute nach Bissao gegeben, damit sie sich, falls sie etwas von meinem Unfall hörten, keine Sorgen machten. Ich hatte ihnen telegrafiert, daß ich mit dem Zug Tambaccounda passieren würde, das »nur« 500 km Autostraße von Bissao entfernt war. Hier trafen wir am nächsten Tag ein, als ich gerade im Speisewagen saß. Ich wurde aus dem Zug gerufen, und draußen stand mein einer »Vati« und ein guter Bekannter, die mit dem Auto des Gouverneurs gekommen waren, um mich für die paar Tage, die zwischen meiner Ankunft in Dakar und der Abfahrt des Dampfers lagen, nach Bissao zu holen.

Gerührt wurde ich in die Arme geschlossen, und man sagte mir: »Sie haben jetzt gar nichts mehr zu reden. Sie sind erholungsbedürftig und werden über Ostern bei uns wieder auf den Damm gebracht.«

Herrgott, habe ich eine Freude gehabt!

Schnell holte ich meine Koffer aus dem Zug, und in der Nacht vom Sonnabend zum Ostersonntag fuhren wir zurück nach Bissao, wo wir morgens um 10 Uhr eintrafen. Hier schlief ich erst einmal einen ganzen Tag lang.

Der Gouverneur war zu meinem Empfang von Bolama herübergekommen, und ich merkte deutlich, wie sehr man sich um mich gesorgt hatte.

Doch schon nach zwei Tagen war es wieder mit der Ruhe vorbei, denn ich bekam ein Telegramm, daß die neue Maschine zum Start bereit wäre und der Pour-le-mérite-Flieger Theo Osterkamp sich erboten hätte, sie nach Casablanca herunterzufliegen. Das war eine große Freude; denn ich wußte bestimmt, Osterkamp bringt mir nur ein wirklich tadelloses Flugzeug.

Wieder ging es zurück mit dem Auto nach Tambaccounda, um nun endgültig den Zug nach Dakar zu besteigen. Ohne Zwischenfälle kam ich dort an, um meine erste größere Schiffsreise anzutreten. Die spielte sich schließlich so ab, daß ich jeden Tag erst einmal durchschnittlich fünfzehn Stunden lang schlief, um wenigstens wieder einigermaßen beieinander zu sein, wenn ich die neue Maschine übernehmen sollte.

Am fünften Tage, kurz vor der Ankunft in Casablanca, hörte ich Motorengeräusch und sehe eine heruntergleitende kleine Sportmaschine. Sollte das mal wieder ein Ozeanflieger sein?

Die Maschine nahm direkten Kurs auf uns, und nun erst kam ich darauf, daß es meine neue Klemm ist, die mir von Casablanca zur Begrüßung ein Stück aufs Wasser entgegengeflogen war.

Es dauerte eine Ewigkeit für mich, bis der Dampfer endlich am Kai lag. Am Ufer stand Osterkamp mit unangenehm langem Gesicht, denn ihm hatte die D-1713 früher gehört. Neben ihm ein heftig winkender Mann mit Fliegerhelm und Brille, Berichterstatter der *B. Z.*, Klötzel, der mit mir zurückfliegen sollte. Ich muß offen gestehen: so sympathisch mir Klötzel persönlich war, begeistern konnte mich der Gedanke nicht, einen fliegerisch nicht vorgebildeten Mann als Passagier zu bekommen.

Wir einigten uns dann, daß ich Osterkamp bis Algier mitnehmen sollte, da mein Gesundheitszustand immer noch nicht der beste war, so daß vorerst für alle Fälle stets ein Flieger in der Nähe war.

Der Leidtragende bei dieser Umgruppierung war Klötzel, doch ihm konnte ich versprechen, daß ich mit ihm bei anderer Gelegenheit einmal 4000 km zur Entschädigung fliegen würde.

Am folgenden Morgen machte ich einige Probeflüge auf der neuen Maschine. Es war wieder eine Klemm, aber diesmal mit einem doppelt so starken Motor, und zwar dem Argus AS-8, eine schöne Maschine, die schon im vergangenen Jahr den Europarundflug mitgemacht hatte. Am 23. April 1931, also über einen Monat nach meiner Notlandung bei Timbuktu, traten wir den Rückflug an.

Als Osterkamp mir das Flugzeug übergab und noch kein

Gedanke an seine Teilnahme an meinem Rückflug war, hielt er mir einen längeren Vortrag über die Flugeigenschaften meiner Ersatzmaschine.

»Sie ist nett, sehr nett sogar, aber sie hat ihre Mucken. Sie wurde für einen Wettbewerb gebaut, merk dir das! Deshalb hat sie besonders schmale Flächen bekommen. Also, liebes Kind, du wirst viel Freude an ihr haben, solange alles normal geht – doch bei einer Notlandung sehe ich schwarz. Da nimm dich in acht, daß sie dir nicht abschmiert.«

Ich hatte liebenswürdig zu diesen Belehrungen gelächelt und sie bald vergessen – im Notfall würde ich schon selbst merken, was mit ihr los war.

Ein paar Tage später fiel mir die Gebrauchsanweisung für die neue Maschine wieder ein, und zwar akkurat in dem Augenblick, als ich mit Theo vor mir auf dem Passagiersitz zur Notlandung ansetzte. Wir kamen von Casablanca und wollten über Fez nach Oran. Nach der Tanklandung in Fez startete ich wieder. Unterwegs stellte sich bald heraus, daß sich der dort bezogene Brennstoff wohl nicht der nötigen Sauberkeit erfreute. Jedenfalls flog ich knallend und schießend über Marokko, so daß sich alle Vögel in Sicherheit brachten. Es hörte sich ganz lustig an, konnte aber für uns recht fatale Auswirkungen haben.

Theos Rücken vor mir drückte seine konzentrierte Empörung über das bevorstehende Ereignis aus. Er war ganz Abwehr – wie ein Stachelschwein. Mir fielen währenddessen seine prophetischen Worte ein: »Aber bei einer Notlandung sehe ich schwarz!«

Und dann waren wir auch schon unten.

Ich slipte vorsichtig im Gedenken an Theos Warnung wegen der abnorm kleinen Fläche den letzten Rest von Geschwindigkeit weg und setzte auf einem gepflügten Acker auf. Bremsen gab es keine, und so rollten wir in ganz hübschem Tempo auf einen Graben zu, der das Feld begrenzte. Genau zwei Meter fünfzig davor stand die Maschine.

Theos Rücken vor mir entspannte sich langsam und wurde wieder gemütlich, bevor er sich zu mir herumdrehte.

»Besten Dank und Glückwunsch zu der unerwartet sanften Landung in Algerien«, schüttelte er mir die Hand. »Weißt du eigentlich genau, wo wir sind?«

»Nein, nicht genau. Irgendwo zwischen Sidi-bel-Abbes und Oran – aber der Mann dort versteht vielleicht Französisch und kann uns Bescheid sagen.«

Auf dem Nebenacker pflügte ein Berber.

Friedlich, wie seine Vorfahren Hunderte von Jahren vor der Erfindung der Flugzeuge es getan haben, bearbeitete er sein Feld. Er wandte nicht den Kopf, er unterbrach nicht seine Arbeit – obwohl ich ihn beim Heruntergleiten beinahe gestreift hatte. Aller Wahrscheinlichkeit nach hatte er in seinem Leben noch kein Flugzeug aus der Nähe gesehen.

Theo und ich waren baff über soviel Interesselosigkeit an unserem Erscheinen – so was war bisher keinem von uns bei einer Notlandung passiert. Unser Erstaunen über dieses eigenartige Verhalten des braunen Mannes war so vollständig, daß wir gleichzeitig auf dem Wege zu dem pflügenden Berber kehrtmachten, um den so restlos in seine Arbeit Vertieften nicht abzulenken. Also sahen wir erst einmal nach unserm Motor.

Da ergab sich eine neue Schwierigkeit. Es war ein Typ, den keiner von uns bisher kannte.

»Weißt du mit dem Vergaser Bescheid?« erkundigte sich Theo bei mir.

»Keine Ahnung – aber du hast die Maschine doch schon einige tausend Kilometer geflogen. Hast du dir den Motor bei der Übernahme nicht erklären lassen?« schob ich ihm den Schwarzen Peter zu.

»Nee, mein liebes Kind, dazu war keine Zeit – sonst säßest du jetzt noch allein in Casablanca. Aber da muß doch irgendwo eine Motorenanleitung sein. Laß mal sehen!« Mein Begleiter ließ sich nicht aus der Ruhe bringen.

Drüben auf dem Nebenfeld zog der Berber Furche um Furche. Jedesmal, wenn er am unteren Ende seines Feldes ankam, war er keine zehn Meter von der Fläche meiner Maschine und von uns entfernt. Aber wir interessierten ihn offenbar nicht.

Dabei hatten wir keineswegs das Gefühl, er übersähe uns mit Absicht – wir existierten einfach nicht für ihn. Das war alles.

In einer Hinsicht war es gut, daß er nicht zu uns hinsah, sonst hätte sich das für die deutsche Sportfliegerei blamable Ergebnis gezeigt, wie zwei nicht unbekannte Flieger eifrig im Instruktionsbuch nachblätterten, wie man wohl an die einzelnen Düsen herankäme.

Eigentlich war das eine Affenschande, und wir sahen einander vorwurfsvoll an. Immerhin gelang es uns mit Hilfe der Motorenbeschreibung, den Vergaser zu reinigen. Dann ließen wir den Motor probelaufen – bis Oran würde es sicher gehen. Und dort müßte man den Rest des unsauberen Benzins ablassen.

Während der Motor lief, behielt ich den dunkelhäutigen Berber genau im Auge. Er hatte nicht mit einem Wimpernzucken darauf reagiert. Dabei stand einwandfrei fest, daß er weder blind noch taub war. Er nahm prompt das Bellen seines Hündchens wahr, er rief es zu sich und streichelte es – nur wir waren für ihn einfach Luft.

Bitter hatte ich mich oft über die Verständnislosigkeit bei meinen Notlandungen beklagt, wenn alle sich um die Maschine drängten, auf die leicht bespannten Flächen drückten oder sich dem noch laufenden Propeller näherten – nun begegnete mir der erste Mensch, der gar nicht daran dachte, auch nur eins von diesen Dingen zu tun. Wir packten unser Werkzeug wieder ein. Ich rollte an den vorher ausgesuchten Startplatz, und Theo kletterte auf den vorderen Sitz. Nach dem Start machte ich den letzten Versuch. In ein paar Metern Höhe brauste ich über den Kopf dieses seltenen männlichen Exemplars hinweg – nichts.

Er hatte recht. Er pflügte seinen Acker, und ich flog in der Luft herum. Wir hatten nichts miteinander zu tun.

Das war mein letzter Eindruck von Afrika.

Am nächsten Tag flogen wir hinüber nach Sizilien und weiter nach Rom. Dort wurde Theo durch die Lufthansa von mir erlöst. Er stieg um, und ich war wieder allein.

Ich wählte den Weg über Venedig–Klagenfurt. Über den

Alpen wurde das Wetter immer schlechter, und ich mußte in Klagenfurt herunter – wo das Bett mir eigentlich in Wien winken sollte.

Am nächsten Tag war es besser. Ich flog nach Wien und von dort nach Dresden und Berlin, wo ich stolzen Einzug, von einem Geschwader von acht Flugzeugen eingeholt, hielt.

Am 29. April, nach ungefähr vier Monaten, war ich wieder zu Hause! Und was hatte ich aus Afrika mitgebracht?

Einen gewissen Abstand zu vielen Dingen, die mir früher ungeheuer wichtig schienen, und die Sehnsucht nach neuen Reisen in fremde Länder.

BERYL MARKHAM

Westwärts mit der Nacht

Als Vierjährige war die Engländerin Beryl Markham (1902–1986) nach Kenia gekommen. Afrika sollte sie ihr Leben lang nicht mehr loslassen. Mit achtzehn Jahren erwarb sie als erste Frau in Afrika eine Trainerlizenz für Rennpferde. Doch Pferde allein waren ihr nicht genug. Sie wurde eine begeisterte Fliegerin, beförderte in winzigen Maschinen Passagiere, Post und Medikamente. Schließlich betrieb sie ein typisch afrikanisches Geschäft: Sie wurde »Elefantenfliegerin« für Großwildjäger. 1936 bot man ihr an, in einer eigens für sie gebauten Maschine den Atlantik von England aus in östlicher Richtung zu überqueren. Das hatte bislang noch niemand geschafft. Beryl Markham, die sich eigentlich wenig aus Rekordflügen machte, nahm an.

Nur selten habe ich einen Traum gehabt, der es wert war, noch einmal geträumt zu werden; zumindest lohnte es sich bei keinem, ihn in der Erinnerung zu bewahren. Meine Träume sind weder rätselhaft noch geheimnisvoll; die Menschen in ihnen sind alltägliche Menschen, die alltägliche Dinge tun, und die alltäglichste Person von allen bin ich. Die Menschen in meinen Träumen haben ruhige Stimmen, die so klingen wie die Stimme des Mannes, der mich an einem Septembermorgen 1936 in Elstree anrief und mir sagte, über Westengland und über der Irischen See gebe es Regen und starke Gegenwinde, über dem Atlantik wechselhafte Winde und klaren Himmel, vor der Küste von Neufundland herrsche Nebel.

»Sollten Sie noch immer entschlossen sein, so spät in diesem Jahr die Atlantikroute zu fliegen«, sagte die Stimme, »so rät Ihnen das Luftfahrtministerium, die Gelegenheit zu nutzen, da die Wettervoraussage für heute nacht und für morgen früh die günstigste sein dürfte, die Sie erwarten können.«

Die Stimme hatte mir noch einiges mitzuteilen, wenn auch nicht viel, und dann war sie fort, und ich lag noch immer im Bett und hatte irgendwie das Gefühl, daß der Telefonanruf und der Mann, der ihn gemacht hatte, zu dem alltäglichen Traum gehörten, aus dem ich gerade zu erwachen schien. Ich brauchte nur die Augen wieder zu schließen, um mir darüber klarzuwerden, daß es sich um Hirngespinste handelte; und wenn ich sie *dann* öffnete, so würde ein weiterer Alltagstag seinen alltäglichen Anfang nehmen und seinen alltäglichen Verlauf.

Aber natürlich konnte ich nicht mehr einfach die Augen schließen und so tun, als sei dies wirklich nur ein gewöhnlicher Traum. Da waren meine Gedanken, da war meine Erinnerung. Also lag ich noch für ein paar Sekunden oder Minuten in meinem Bett und dachte zurück, dachte voraus; sagte mir wieder und wieder in sinnloser Leier, daß ich am nächsten Morgen den Atlantik in Richtung Amerika überflogen haben würde – oder daß ich's besser nicht hätte versuchen sollen. Dennoch: Dies war der Tag, an dem ich's versuchen würde.

Ich starrte empor zur Decke meines Schlafzimmers in Aldenham House, und mir war eher beklommen zumute als etwa furchtbar tapfer oder gar tollkühn. Ich sagte zu mir – oder *hätte* doch zu mir sagen können: »Du brauchst es ja nicht zu tun«, sehr wohl wissend, natürlich, daß nichts so unerbittlich ist wie ein Versprechen, das man sich selbst – seinem Stolz – gegeben hat.

Ich konnte fragen: »Weshalb das Risiko?«, wie man mich seither immer wieder gefragt hat; und ich konnte antworten: »Ein jeder in seinem Element.« Seinem Wesen gemäß muß ein Seemann zur See fahren, muß ein Flieger fliegen. Ich hatte inzwischen rund 400 000 Flugkilometer zurückgelegt, und es ließ sich voraussehen, daß ich, solange ich ein Flugzeug und den Himmel »zur Verfügung« hatte, weitere Kilometer zurücklegen würde.

Daran war ja absolut nichts Besonderes. Ich hatte eine Fertigkeit erlernt, und das in harter Arbeit. Meine Hände hatten gelernt, das »Instrumentarium« eines Flugzeugs zu beherrschen. Die Gewohnheit hatte sie geschult. Der Umgang mit dem Steuerknüppel war für sie genauso alltäglich wie der sprichwörtliche Leisten für die Hände des Schusters. Was immer der Mensch unternimmt, Würde erlangt sein Bemühen erst, wenn echte Arbeit dahintersteckt, und fühlt man dann das Bedürfnis, sein – im Wortsinn – Handwerk auszuüben, so begreift man, daß die anderen Dinge – all die Experimente, die Eitel- und Nichtigkeiten, denen man nachjagte – ganz einfach unsinnig waren.

Rekordflüge hatten mich, soweit es mich selbst betraf, nie sehr interessiert. So mancher glaubte, daß solche Flüge nur aus Ruhmsucht – also der »Publicity« wegen – unternommen wurden. Aber kein einziger der Rekordflüge – von Louis Blériots Erstüberquerung des Ärmelkanals 1909 bis zu Kingsford Smiths Flug von San Francisco nach Sydney in Australien – war von Amateuren oder Neulingen unternommen worden. Ob Mann oder Frau, sie waren alle erprobte Piloten, Meister ihres Fachs. Sie bildeten gleichsam eine Gemeinschaft, die einem Achtung abverlangte – und es einem leichtmachte, in ihr ein Vorbild zu sehen, dem nachzueifern sich lohnte.

Die Carberrys (von Seramai) waren in London, und ich konnte mich an jede Einzelheit ihrer Dinner-Party erinnern – sogar an das Menü. Ich erinnerte mich an June Carberry und an all ihre Gäste, und an den Mann namens McCarthy, der in Sansibar wohnte und der sich über den Tisch gebeugt und gefragt hatte: »Sag mal, J. C., wie wär's, wenn du Beryl einen Rekordflug finanzieren würdest?«

Während ich noch faul auf meinem Bett lag und zur Zimmerdecke blickte, erinnerte ich mich an J. C.s trockene Antwort: »In westöstlicher Richtung hat schon eine ganze Reihe von Piloten den Nordatlantik überquert. In umgekehrter Richtung hat es im Alleinflug bisher nur Jim Mollison getan – von Irland aus. Von England aus hat noch niemand einen

Alleinflug gemacht, weder ein Mann noch eine Frau. Das würde mich interessieren, aber auch nichts sonst. Wenn du das versuchen willst, Beryl, so kannst du auf mich zählen. Edgar Percival könnte sicher ein geeignetes Flugzeug bauen, Hauptsache, du kannst es fliegen. Möchtest du die Chance wahrnehmen?«

»Ja.« – An dieses Ja erinnerte ich mich sehr genau und an J. C.s fast gespenstiges Grinsen und an seine Bemerkung, die den »Handel« besiegelte: »Abgemacht, Beryl. Ich stelle das Flugzeug, und du überfliegst den Atlantik – aber, bei Gott, ich würd's nicht für 'ne Million tun. Denk doch nur an all das schwarze Wasser! Denk daran, wie kalt es ist!«

Und ich hatte an beides gedacht.

Eine Zeitlang jedenfalls. Aber dann gab es eine Menge Dinge, die vordringlich bedacht sein wollten. Ich war nach Elstree gezogen, eine halbe Flugstunde von den Percival Aircraft in Gravesend entfernt, und seit nunmehr drei Monaten flog ich fast täglich in einer gecharterten Maschine zur Fabrik, um die Vega Gull zu sehen, die man für mich baute. Ich hatte ihre Geburt miterlebt und sie heranwachsen sehen. Ich hatte gesehen, wie ihre Flügel Gestalt annahmen, wie Holz und Stoff ihren langen, schlanken Leib formten und umkleideten, wie der Motor in sie eingefügt und befestigt wurde.

Die Gull (die »Möwe«) hatte einen türkisblauen Rumpf und Silberflügel. Edgar Percival hatte all sein Können, alle Sorgfalt und viel Sorge auf ihre Herstellung verwandt – das Können eines meisterlichen Flugzeugbauers, die Sorgfalt eines alterprobten Fliegers und die Sorge eines Freundes für einen Freund. An sich war das Flugzeug ein Standard-Sportmodell mit einer »Reichweite« von nur tausend Kilometern. Doch war für sie ein spezielles Fahrgestell entwickelt worden, damit sie das Gewicht ihrer zusätzlichen Kraftstofftanks tragen konnte. Die Tanks selbst waren an den Tragflächen befestigt, außerdem im Mittelteil und sogar in der Kabine. Dort bildeten sie, um meinen Sitz herum, eine Art Wall, und jeder Tank hatte seine eigene Zufuhr. Das war wichtig.

»Wenn Sie einen Tank öffnen, bevor Sie den anderen

schließen«, sagte Percival, »können Sie Ärger kriegen. Sie wissen ja, daß die Tanks in der Kabine keine Anzeiger haben, und so wird's wohl das Beste sein, wenn Sie einen Tank völlig leer laufen lassen, bevor Sie den nächsten öffnen. Möglich, daß der Motor zwischendurch aussetzt – aber keine Bange, das ist nur für kurze Zeit. Ist ja vom Typ De Havilland Gipsy – eine Zigeunerin also –, und die sind einfach nicht totzukriegen.«

Ich hatte auch mit Tom gesprochen. Wir hatten Stunden damit verbracht, die Atlantik-Route durchzugehen, und mir war dabei klargeworden, daß der unbekümmerte »Pannenbeheber« von Molo, jetzt einer von Englands großen Piloten, seine Träume eingetauscht hatte gegen etwas, das ihm besser zu sein schien und vielleicht auch war. Unverkennbar war Tom älter geworden; er hatte den Ballast irrelevanter Hoffnungen und Verheißungen über Bord geworfen und an seine Stelle einen realistischen Kodex gesetzt, in dem kein Platz war für flüchtige und nur allzu vergängliche Gefühle.

»Ich freue mich, daß du's tun willst, Beryl. Einfach wird's nicht sein. Falls du überhaupt vom Boden abheben kannst mit so einer enormen Ladung an Kraftstoff, wirst du so ungefähr eine Nacht und einen Tag in dem Flugzeug allein sein – hauptsächlich nachts. Da du von Osten nach Westen fliegst, ist der Wind gegen dich. Und da wir September haben, trifft das auch für das Wetter zu. Ein Funkgerät wirst du nicht haben. Verschätzt du dich in deinem Kurs auch nur um wenige Grade, so endest du in Labrador oder im Meer – leiste dir also keine Fehlkalkulation.«

Grinsen konnte Tom noch ganz wie in alten Zeiten. Und er hatte gegrinst; hatte gesagt: »Eigentlich sollte es dich amüsieren. Ich meine, daß der Mann, der deinen Flug finanziert, auf einer Farm mit dem Namen ›Ort des Todes‹ lebt; daß deine Maschine in ›Gravesend‹ – ›Grabesende‹ – gebaut wird. Wenn du konsequent wärst, würdest du die Gull sicher ›Fliegender Grabstein‹ taufen.«

Nun, *so* konsequent war ich nicht gewesen. Ich hatte das Werden des Flugzeugs verfolgt und für den Flug trainiert wie ein Athlet. Und als ich jetzt, hellwach, im Bett lag, hörte ich

noch immer die Stimme des Mannes vom Luftfahrtministerium, die so ausdruckslos klang wie die Stimme eines Ge-
richtsdieners: »...da die Wettervoraussage für heute nacht
und für morgen früh die günstigste sein dürfte, die Sie erwarten können.«

Gern hätte ich den Flug noch einmal mit Tom vor dem
Start durchgesprochen, doch er befand sich mit einem Son-
derauftrag im Norden. Ich stand auf, nahm ein Bad, schlüpfte
in meinen Fliegeranzug und griff nach einem kleinen Papp-
karton mit kaltem Hühnchen darin. Wenig später flog ich
hinüber zu dem Militärflugplatz bei Abingdon, wo die Vega
Gull unter der Obhut der R.A.F. auf mich wartete. Ich erin-
nere mich, daß das Wetter klar und ruhig war.

Jim Mollison lieh mir seine Uhr. Er sagte: »Dies ist nicht etwa
ein Geschenk. Ich würde mich um nichts in der Welt davon
trennen. Mit der habe ich den Nordatlantik und auch den
Südatlantik überquert. Verlier sie nicht – und paß ja auf, daß
sie nicht naß wird. Salzwasser würde das Werk ruinieren.«

Brian Lewis gab mir eine Schwimmweste. Ihm gehörte das
Flugzeug, das ich zwischen Elstree und Gravesend benutzt
hatte, und er war bemüht gewesen, sich ein besonders praktisches »Souvenir« einfallen zu lassen. Was aber konnte prakti-
scher sein als eine Schwimmweste?

»Mit der können Sie sich tagelang über Wasser halten«,
sagte Brian. Aber ich mußte mich entscheiden: entweder
Schwimmweste oder aber warme Kleidung. Beides zusammen ging nicht, weil es mich zu unförmig und unbeweglich
machte; und da mir Kälte zuwider war, verzichtete ich auf die
Weste.

Und Jock Cameron, Brians Mechaniker, gab mir ein
Zweiglein Heidekraut, doch ich glaube, selbst wenn es ein
ganzer Busch gewesen wäre samt Wurzeln in einem Topf voll
Erde, ich hätte ihn nicht zurückgelassen, sondern irgendwie
an Bord verstaut. Wenn einem ein Schotte ein Stück von der
Schönheit Schottlands schenkt, so sollte man das zu schätzen
wissen. Auch sind die guten Wünsche eines Bodenmecha-

nikers von ganz besonderem Wert, bilden diese Männer doch das Bindeglied zwischen dem Piloten und der Wirklichkeit.

Eigentlich ist es irgendwie unbegreiflich: daß wir nämlich nach Jahrhunderten und Jahrtausenden als »Fußgänger« innerhalb weniger Jahrzehnte gelernt haben zu fliegen – es ist ein Gedanke, der einen schwindlig machen kann und der irgendwie anmaßend wirkt. Doch der Schmutz an den Händen eines Mechanikers, sein Werkzeug, seine Arbeit an einem Flugzeug im Hangar – all dies, wie auch der besorgte Ausdruck auf dem Gesicht eines Jock Cameron, bevor er seinen Piloten und dessen Maschine für den bevorstehenden Flug »freigibt«: All dies erinnert uns daran, daß wir, ähnlich wie das Heidekraut, nur allzu irdisch sind – erdgebunden. Wir fliegen, doch wir haben die Luft nicht »erobert«. Die Natur ist nach wie vor die Herrscherin, eine Souveränin voll stiller Würde, und sie ist großmütig genug, uns jene ihrer Kräfte, die wir verstehen (oder zu verstehen meinen), für unsere Zwecke nutzen zu lassen. Bilden wir uns jedoch ein, daß uns von Rechts wegen zustehe, was uns großmütig zugestanden wird, so geschieht es sehr rasch, daß wir unseren Denkzettel erhalten, gleich einem Hieb mit einem Rohrstock auf unsere vorwitzigen Finger; und dann reiben wir uns die schmerzenden Knöchel, blicken nach oben und sind über unsere eigene Ignoranz erschrocken.

»Hier ist ein Stück Heidekraut«, sagte Jock, und ich nahm es und steckte es in eine Tasche meiner Fliegerjacke.

Außerhalb des eigentlichen Flugplatzes von Abingdon warteten Presseautos, und auch Pressefotografen und sogar Presseflugzeuge waren zur Stelle; doch die R. A. F. ließ niemanden auf den Platz, ausgenommen Techniker und ein paar von meinen Freunden.

Die Carberrys waren schon einen Monat zuvor per Schiff nach New York gereist, um dort auf mich zu warten. Tom blieb im Augenblick unerreichbar und wußte nichts von meinem Entschluß, den Flug jetzt zu unternehmen. Aber das war nicht so wichtig, wie mir schien. Es war nicht so wichtig, weil

Tom immer er selbst blieb – er war weder ein Schönwetter-pilot noch ein Schönwetterfreund. Hatten wir uns mal einen Monat oder ein Jahr oder zwei Jahre lang nicht gesehen, so war das überhaupt nicht ins Gewicht gefallen. Und genauso würde es auch hiermit sein. Tom würde niemals sagen: »Das hättest du mich aber wissen lassen sollen.« Er ging davon aus, daß ich alles gelernt hatte, was er mir beizubringen versucht hatte, und ich meinerseits sah in ihm noch immer den Lehrer, dem ich so viel verdankte. Wenn ich in meiner Kabine voller Kraftstofftanks saß, mit Kurs auf Nordamerika, so war das Wissen, daß sich aus meinem Kopf und meinem Körper auf die Kontrollmechanismen übertrug, im Grunde Toms Wis-sen. Die mahnenden, warnenden Worte, vor so langer Zeit zu mir gesprochen, viele Male wiederholt, an einem strahlend hellen Morgen, über einem Tal vielleicht oder über einem Wald, während ein ferner Berggipfel an einer unserer Flügel-spitzen zu hängen schien, sie konnten wieder erklingen in meinem Kopf, auf Abruf gleichsam.

Wozu also sich da eigens Gedanken machen, dachte ich. Es war albern, erübrigte sich.

Es kann geschehen, daß man ein ganzes Leben lebt und am Ende mehr über andere Menschen weiß als über sich selbst. Man lernt es, andere Menschen zu beobachten, nur Selbstbe-obachtung lernt man nie, weil man sich gegen die Einsamkeit wehrt. Wenn man ein Buch liest oder Patiencen legt oder für einen Hund sorgt, so versucht man nur, sich selbst aus dem Wege zu gehen. Der Abscheu vor der Einsamkeit ist so natür-lich wie der Lebenswille. Wäre das anders, so hätten die Men-schen sich niemals die Mühe gemacht, ein Alphabet zu erfin-den oder ursprünglich tierische Laute in Wörter zu verwan-deln oder Kontinente zu durchqueren – immer voller Neu-gier, wie andere Menschen waren und aussahen.

In einem Flugzeug mit sich allein zu sein, sei es auch nur für eine Nacht und einen Tag, jedoch unwiderruflich mit sich allein, wobei es nichts zu beobachten gibt als die Instrumente und die eigenen Hände im Halbdunkel; wo es nichts zum

Nachsinnen gibt als die Verwunderung über das eigene Fünkchen Mut; wo man sich Fragen stellt, die gar keine rechten Fragen sind: nach dem Glauben, nach den Gesichtern, nach den Hoffnungen, die tief in einem wurzeln – eine solche Erfahrung kann genauso bestürzend sein wie das erste Gewahrwerden eines Fremden, der nachts an deiner Seite schreitet. Der Fremde freilich bist du selbst.

Es ist schon dunkel, und ich befinde mich über dem Süden Irlands. Dort sind die Lichter von Cork, feuchte Lichter; sie sind durchnäßt von irischem Regen, und ich bin über ihnen und trocken. Ich bin über ihnen, und das Flugzeug dröhnt durch eine schluchzende Welt, deren Traurigkeit mich unberührt läßt. Solange ich die Lichter sehen und mir vorstellen kann, daß dort Menschen gehen, empfinde ich einen sonderbar egoistischen Triumph, so als sei ich aller Verantwortung ledig und hätte selbst eine so »lästige Pflicht« wie den Regen anderen überlassen.

Es ist jetzt eine gute Stunde her, seit ich von Abingdon gestartet bin. England, Wales und die Irische See liegen hinter mir, gleichsam wie abgenutzte Zeit. Bei einem Langstreckenflug sind Entfernung und Zeit ein und dasselbe. Aber es hatte einen Augenblick gegeben, da die Zeit stillstand – und die Entfernung auch. Das war der Augenblick, in dem ich in der blauen und silbernen Gull, der Möwe, abhob vom Aerodrome: jener Augenblick, in dem die Fotografen ihre Kameras klicken ließen; jener Augenblick, in dem die Maschine sich zur Wehr setzen wollte gegen all die Anstrengung und Last; jener Augenblick, in dem ich sie mit Hilfe von Steuerknüppel und Instrumenten beschmeichelte, zumal rein theoretisch doch *feststand*, daß sie leisten konnte, was von ihr gefordert wurde.

Nun, sie *hatte* abgehoben, und als sie erst einmal in der Luft war, nahm sie's von der praktischen Seite und erklärte: »Also bitte: Mit der Last bin ich hochgekommen. Wo soll's denn jetzt hingehen?« – und diese Frage hatte mir angst gemacht.

»Unser Ziel ist ein Ort rund fünftausend Kilometer von hier – davon über dreitausend Kilometer endloser Ozean.

Über den Hauptteil der Strecke wird's Nacht sein. Wir fliegen westwärts mit der Nacht.«

Nun liegt Cork also hinter mir; und vor mir sehe ich den Berehaven-Leuchtturm. Es ist das letzte Licht auf dem äußersten Rand des Landes. Ich beobachte es, zähle, wie oft es aufblitzt – soundso oft in der Minute. Ich passiere es und fliege hinaus auf die See.

Die Angst ist fort – wennschon nicht überwunden oder »wegerklärt«. Sie ist fort, weil etwas anderes ihren Platz eingenommen hat; das Vertrauen und die Zuversicht, der gleichsam eingefleischte Glaube an die Sicherheit des Landes dort unten – nur daß ich diesen Glauben instinktiv auf mein Flugzeug übertragen habe, da das Land jetzt unsichtbar ist und es nichts anderes »Greifbares« gibt, woran ich und meine Hoffnung, mein Glaube sich halten können. Ein Flug – das ist nicht mehr als eine flüchtige Flucht vor der ewigen Erdenschwere.

Es regnet, unaufhörlich, und außerhalb der Kabine ist es völlig dunkel. Mein Höhenmesser sagt, daß der Atlantik rund siebenhundert Meter unter mir liegt, und mein künstlicher Horizont verrät mir, daß ich »level« – horizontal – fliege. Ich veranschlage mein Abdriften auf drei Grad mehr, als nach der Wettervoraussage anzunehmen wäre, und korrigiere den Kurs dementsprechend. Natürlich fliege ich blind. Es wäre schön, einen Leitstrahl zu haben, dem man folgen könnte. Und eine Funkverbindung wäre ideal – genauso wie klares Wetter. Von Sturm hatte der Mann vom Luftfahrtministerium nichts gesagt.

Ich spüre, wie der Wind stärker, der Regen heftiger wird. Der Benzingeruch in der Kabine ist so intensiv und das Dröhnen des Motors so laut, daß mir davon gleichsam die Sinne ertauben. Doch allmählich scheint es undenkbar, daß es in meinem Leben jemals anders gewesen sein könnte.

Um 22.00 Uhr folge ich dem sogenannten Great Circle Course in Richtung Harbour Grace, Neufundland. Bei einer Eigengeschwindigkeit von rund zweihundert Stundenkilometern habe ich einen Gegenwind von etwa siebzig Stundenkilometern. Wegen des Wetters kann ich nicht sicher sein, wie viele Stunden ich noch fliegen muß, aber ich schätze so zwischen sechzehn und achtzehn.

Um 22.30 Uhr wird der Motor noch immer aus dem großen Tank in der Kabine gespeist. Ich möchte seinen Inhalt aufbrauchen, damit das Hin- und Herschwappen der Flüssigkeit aufhört, das meine Maschine seit dem Start ständig schüttelt. Ein Meßgerät, das den Inhalt anzeigt, hat der Tank nicht; statt dessen findet sich auf der einen Seite die trostvolle Zusicherung: »Dieser Tank reicht für vier Stunden.«

Eine solche Garantie ist eindeutig und nicht zu bezweifeln. Doch fünfundzwanzig Minuten vor elf hustet mein Motor und verstummt, und die Gull segelt antriebslos über der See.

Jetzt wird mir bewußt, daß das laute Dröhnen der Maschine so etwas war wie ein gleichmäßiges, beschwichtigendes Schweigen. Es ist die wirkliche Stille, die dem letzten Stottern des Motors folgt, welche mich benommen macht. Ich fühle keine Furcht; ich fühle überhaupt nichts. Ich beobachte nur mit sonderbar einfältigem Desinteresse, daß meine Hände wie wild agieren, und ich weiß, daß ich, während sie sich bewegen, hypnotisiert bin von der Nadel meines Höhenanzeigers.

»Ruhe bewahren« – bedeutet das nicht im Grunde das Unterdrücken eines natürlichen Impulses? Und zwar eines Impulses, der nur zu plausibel ist? Es ist tiefe Nacht, und du befindest dich in einem Flugzeug, dessen Motor ausgesetzt hat, und dein Abstand zum Meeresspiegel beträgt kaum siebenhundert Meter – was wäre da wohl natürlicher als der Impuls, den Steuerknüppel dichter an dich heranzuziehen, um mehr Höhe zu gewinnen, und sei es auch noch so wenig? Doch dein Verstand, dein Wissen, deine Erfahrung sagen dir, daß du genau das Gegenteil von dem tun mußt, was du tun möchtest: Du mußt die Nase deiner antriebslosen Maschine tiefer drücken, in Richtung Wasser – doch alles in dir sträubt sich dagegen, du zweifelst an deinem Verstand, kannst nicht glauben, daß ein solcher Widersinn *Vernunft* sein soll. Und in diesem Augenblick – dem Augenblick scheinbaren Wahns –

sind es deine Hände, deine dir jetzt fremden Hände, die mit unfehlbarer Präzision das tun, was die physikalischen Gesetze verlangen.

Dort sitze ich und beobachte, wie meine Hände den Steuerknüppel nach vorne drücken; und ich spüre, wie die Gull reagiert und ihre Nase in Richtung Wasser senkt. Im Grunde ist natürlich alles ganz einfach. Der Tank in der Kabine hat sich vorzeitig geleert. Ich brauche nur einen anderen anzuschließen – brauche nur den Anschluß aufzudrehen...

Aber es ist dunkel in der Kabine. Zwar kann ich den erleuchteten Höhenanzeiger erkennen, der mir sagt, daß ich mich jetzt dreihundertfünfzig Meter über dem Meer befinde; doch es ist nicht leicht, unten dicht am Boden einen Tankanschluß zu sehen. Eine Hand tastet, findet eine Taschenlampe, und die Finger erspüren den Anschluß, drehen ihn auf; und ich warte.

Hundert Meter über dem Meer ist der Motor noch immer tot, und ich habe das Gefühl, daß die Nadel des Höhenmessers herumwirbelt wie eine Spindel, um auch die noch verbleibende Entfernung zwischen Flugzeug und Wasser aufzuspulen. Irgendwo blitzt es, doch das kurze Aufleuchten läßt die Dunkelheit nur um so tiefer erscheinen. Wie hoch können sich Wogen recken – sieben Meter vielleicht? Oder zehn?

Daß dies das Ende meines Fluges ist, der Gedanke läßt sich nicht verdrängen, doch meine Reaktion darauf ist unorthodox. Vor meinem inneren Auge läuft kein Film ab, der mir in verrücktem Taumel irgendwelche Ereignisse aus meinem Leben zeigt. Ich habe das Gefühl, daß all dies sich schon früher abgespielt hat – und das hat es auch. Es hat sich schon hundertmal in meiner Phantasie, in meinen Träumen abgespielt, so daß ich nicht wirklich von Entsetzen erfüllt bin. Es handelt sich gleichsam um eine vertraute Szene, um eine vertraute Geschichte, die durch allzu häufiges Erzählen viel von ihrer Spannung eingebüßt hat.

Ich weiß nicht, wie nah ich den Wellen bin, als der Motor wieder dröhnend zum Leben erwacht. Doch das Geräusch ist fast bedeutungslos. Ich sehe, wie meine Hand den Steuerknüppel näher an mich heranzieht, und ich spüre, wie die Gull an Höhe gewinnt im Sturm, und wieder scheint die Nadel des Höhenmessers zu wirbeln wie eine Spindel, nur daß sie den Faden jetzt abspulen läßt, so daß sich die Entfernung von mir zum Meer ständig vergrößert.

Der Sturm ist stark. Er ist mir ein Trost. Er gleicht einem Freund, der mich schüttelt und sagt: »Wach auf! Du hast nur geträumt.«

Allerlei Gedanken gehen mir durch den Kopf. Anhand der Fakten kann ich errechnen, daß mein Motor rund dreißig Sekunden ausgesetzt haben muß.

Ich sollte Gott danken – und das tue ich auch, wennschon indirekt. Ich danke Geoffrey De Havilland, der die unbezwingbare Gipsy konstruiert hat und der ja schließlich zuvor von Gott »konstruiert« worden sein muß.

Ein erleuchtetes Schiff – der Tagesanbruch – ein paar steil aus dem Meer ragende Klippen. An der Bedeutung solcher Dinge für Piloten wird sich wohl nie etwas ändern. Wenn es eines Tages Flugzeuge gibt, welche den Ozean in einer Stunde überqueren können und die Zeit fast zu nichts schrumpfen lassen, der Anblick von festem Land wird dem Piloten einer solchen phantastischen Maschine nicht weniger willkommen sein. Er hat sich der List und Raffinesse einer noch moderneren Technik bedient, hat die Natur und ihre Gesetze gleichsam bemogelt und wird sich erleichtert bewußt, daß er bald wieder wirklich *festen* Boden unter seinen Füßen spüren wird.

Ich sah das Schiff und den Tagesanbruch, und dann sah ich die Klippen von Neufundland, halb umhüllt von Nebelschwaden. Ich empfand die Erleichterung, die ich mir für so viele Stunden vorgestellt hatte, und ich war glücklich, daß ich es geschafft hatte, die gestrenge Autorität des Wetters und der See ungeschoren zu überstehen. Doch mein Triumph war von eher bescheidenem Format; meine schnelle Gull war nicht so schnell, daß sie Riesenentfernungen im »Sauseschritt« hätte zurücklegen können. Die Nacht und der Sturm hatten sie eingefangen, und wir waren neunzehn Stunden lang blind geflogen.

Ich war jetzt müde, auch war mir kalt. Die Glasscheiben der Kabinenfenster wurden von einem dünnen Film aus Eis überzogen, und der Nebel trieb trügerische Zauberspiele mit dem Land. Aber das Land war dort. Auch wenn ich es jetzt nicht sehen konnte, so *hatte* ich es doch gesehen. Und es *mußte* das Land sein, das ich suchte: Einen Zweifel daran konnte ich mir nicht leisten. In meine Navigation durfte sich kein Fehler eingeschlichen haben, nicht jetzt.

Südlich von Cape Race, westlich nach Sydney auf Cape Breton Island. Mit den Mitteln, die mir zur Verfügung standen, hauptsächlich Karte und Kompaß, bestimmte ich meinen neuen Kurs. Ich hielt mich südwärts und fand den Leuchtturm von Cape Race, der wie ein warnender Finger aus dem Nebel ragte. Ich kreiste zweimal und flog weiter zum Golf des St.-Lorenz-Stroms.

Nach einer Weile würde New Brunswick in Sicht kommen, und dann Maine – und dann New York. Ich konnte fast alles schon vor mir sehen. Ich konnte fast sagen: »Wenn du wach bleibst, wirst du sehen, daß es jetzt nur noch eine Frage der Zeit ist« – und natürlich würde ich, mußte ich wach bleiben. Ich war müde, und ich hatte mich keinen Zentimeter bewegt seit jenem ungewissen Augenblick in Abingdon, als die Gull sich schließlich trotz ihrer schweren Last in die Luft erhob; aber meine Augen hätte ich jetzt nicht schließen können. Ich saß in der Kabine, zwischen den Fenstern und den Benzintanks, und ich war dankbar für die Sonne, für das Licht und dafür, daß ich das Wasser unter mir sehen konnte. So ungeheuer viel war's doch jetzt gar nicht mehr. 600 km Wasser, aber dann wieder Land – Cape Breton. Ich würde in Sydney eine Zwischenlandung einlegen, um aufzutanken, bevor ich weiterflog. Ein Kinderspiel, wie ein Zwischenstopp in Kisumu.

Erfolg gibt Selbstvertrauen. Aber wer hat ein Recht auf Selbstvertrauen außer den Göttern? Ich hatte Rückenwind, mein letzter Benzintank war noch zu gut drei Vierteln gefüllt, und die Welt wirkte so hell, als sei es eine neue, noch unberührte Welt. Doch hätte ich wohl wissen müssen, daß solche Augenblicke, genau wie die Unschuld, von flüchtiger Dauer sind. Noch bevor ich das Land sah, bekam mein Motor Mukken. Er setzte aus, stotterte kurz, begann dann wieder zu arbeiten und schnaufte dann gleichsam vor sich hin. Er hustete und spie schwarze Abgase übers Meer.

Es gibt ja Worte für alles. Auch hierfür gab es ein Wort – Airlock (Gasschleuse), wenn ich mich richtig erinnerte. Dies mußte ein Airlock sein, weil noch genügend Benzin vorhanden war. Vielleicht, dachte ich, läßt sich das beseitigen, indem ich sämtliche leere Tanks auf- und wieder zudrehe; also tat ich's. Die »Hähne« der Tankanschlüsse waren kleine, scharfe Metallsplinte, und nachdem ich sie ein dutzendmal geöffnet und geschlossen hatte, sah ich, daß meine Hände bluteten und das Blut auf meine Karten und meine Kleidung tropfte; doch meine Bemühungen blieben fruchtlos. Der Motor lahmte und stockte immer wieder. Öldruck und Öltemperatur waren normal, auch sonst konnte ich nichts finden; und dennoch verlor ich langsam an Höhe, während sich gleichzeitig in mir das Gefühl breitmachte, fast schon gescheitert zu sein.

Falls ich das Land noch erreichte, wäre ich der erste Mensch gewesen, der den Nordatlantik von England aus überquerte; aber selbst wenn mir eine Landung gelang, eine Notlandung, so war das, aus Pilotensicht, ein Fehlschlag, weil ich ja New York erreichen wollte. Eine Zwischenlandung, um aufzutanken, war dagegen absolut in Ordnung... dann konnte ich's noch schaffen... wenn nur... ja, wenn doch nur...

Wieder setzt der Motor aus, wieder fängt er sich, und dann nutze ich jeweils die Gelegenheit, um höher zu steigen, so hoch wie nur möglich; und dann stottert und stockt er wieder, und ich gleite tiefer in Richtung Wasser; und steige und sinke, je nachdem, wie ein Seevogel auf Jagd.

Ich finde das Land. Die Sicht ist jetzt ausgezeichnet, und ich kann sechzig oder siebzig Kilometer weit blicken. Falls ich auf dem richtigen Kurs bin, muß das Cape Breton sein. Minute nach Minute verstreicht, und jede gewinnt vor meinen Augen fast buchstäblich Gestalt: Sie gleichen Gliedern einer sich langsam bewegenden Kette, und jedesmal, wenn der Motor stockt, sehe ich in der Kette ein zerbrochenes Glied und halte den Atem an, bis sich die Kette weiterbewegt.

Das Land ist jetzt unter mir. Ich greife nach meiner Karte und starre darauf, um mich genau zu orientieren. Trotz meiner verminderten Fluggeschwindigkeit bin ich nur zwölf Minuten von Sydney Airport entfernt, wo ich die Maschine vor dem Weiterflug auftanken und überholen lassen kann.

Wieder setzt der Motor aus, und ich gehe in den Gleitflug, aber jetzt mache ich mir keine Sorgen mehr; er wird schon wieder anspringen, genau wie zuvor, und dann steige ich höher und fliege nach Sydney.

Aber diesmal springt er nicht wieder an; diesmal ist er so tot, wie ein Motor nur tot sein kann; die Gull strebt erdwärts, und es ist ein Stück Erde, das ich nicht kenne. Es ist schwarze Erde voller Felsbrocken, und ich schwebe darüber, getragen nur von der Hoffnung und einem nichtrotierenden Propeller. Aber lange kann ich so natürlich nicht halten. Die Erde eilt mir entgegen. Ich kurve und wende und »schiebe« seitwärts, um den Felsblöcken auszuweichen; und spüre, wie mein Fahrgestell aufsetzt, wie die Räder einsinken. Die Gull steckt ihre Nase in den Dreck, und ich selbst knalle mit dem Kopf gegen die vordere Kabinenglasscheibe und höre, wie sie zersplittert, und fühle, wie Blut über mein Gesicht strömt.

Ich taumle aus dem Flugzeug und versinke bis zu den Knien in Morast; und stehe dort mit dümmlichem Blick – jedoch nicht gerichtet auf die öde Insel, sondern auf meine Armbanduhr.

Einundzwanzig Stunden und fünfundzwanzig Minuten.

Atlantikflug. Von Abingdon in England zu einem namenlosen Sumpfgelände – nonstop.

Ein Inselbewohner aus Cape Breton fand mich – ein Fischer, der sich zufällig in der Nähe des Sumpfgebiets aufhielt und die Gull sah, »Köpfchen tief im Dreck, Schwänzchen in die Höh'«. Und er sah mich, wie ich mich durch den Morast mühte, der mich immer inniger umschlang. Seit einer Stunde schon versuchte ich ihm zu entkommen, und der schwarze Schlamm hatte mich bereits bis zur Hüfte umfaßt, während das Blut aus meiner Kopfverletzung ihm auf halbem Weg entgegenkam.

Aus einiger Entfernung dirigierte mich der Fischer mit Gesten und Rufen zu den festen Stellen im Sumpf; eine weitere Stunde verging, bevor ich Stück für Stück in seine Nähe gelangte – wie eine Bewohnerin des Hades, die von der Sonne geblendet wird; nur war es bei mir nicht die Sonne – ich hatte vierzig Stunden lang nicht geschlafen.

Er brachte mich zu seiner Hütte am Rande der Küste, und ich entdeckte, daß es dort auf den Felsen ein Telefonhäuschen mit einem uralten Telefon gab – für Schiffbrüchige, vorsorglich.

Ich rief den Sydney Airport an und meldete, ich sei in Sicherheit und eine Suche nach mir unnötig. Am folgenden Morgen stieg ich auf Floyd Bennett Field aus einem Flugzeug und sah eine Menschenmenge, die sich zu meiner Begrüßung versammelt hatte; nur war das Flugzeug, aus dem ich stieg, nicht die Gull; und noch tagelang während meines Aufenthalts in New York dachte ich darüber nach und wünschte mir wieder und wieder, daß es doch die Gull gewesen wäre – bis der Wunsch seine Bedeutung verlor und die Zeit ganz einfach vorrückte, über so vieles hinwegschreitend, was auf ihrem Wege lag.

Gudrun Calligaro

In der Wasserwüste des Südpazifiks

Gesegelt ist die Stuttgarterin Gudrun Calligaro schon von Kind an. Ihr Vater, Modell- und Bootsbauer und Besitzer eines Bootsverleihs, hatte sie in eine harte Schule genommen. Die Idee, als erste Deutsche allein die Welt zu umsegeln, kam daher nicht von ungefähr. Im Juli 1988 startete sie in einer fast zwanzig Jahre alten, nur 9,30 Meter langen Segelyacht, die sie »Mädchen« getauft hatte, von Brest aus. Doch erst als sie drei Monate später in Kapstadt ankam, gab sie ihr Vorhaben allgemein bekannt. Da lagen die größten Herausforderungen allerdings noch vor ihr: die Stürme im Indischen Ozean, die unberechenbare Tasmansee und vor allem die gewaltigen Wassergebirge im Südpazifik, den sie im November 1989 erreichte.

Der 26. November leitet eine Wetterverschlechterung ein, langsam und doch in deutlichem Kontrast zu den vergangenen schönen Tagen. Eigentlich habe ich darauf gewartet. Alle kleinen Arbeiten und Verbesserungen sind erledigt, das Ölzeug, die Gummistiefel und die Kleider sind getrocknet und bereit für den neuen Einsatz.

Auf diesem 43. Breitengrad scheint unsere Schonzeit zu Ende zu gehen. Schon die vergangene Nacht war rauh und naß. Deck und Skipperin wurden abwechselnd mit Salzwasserduschen oder Regenschauern gespült. Trotzig geht Mädchen gegen den steifen Nordost und die harte See an, schüttelt das überkommende Wasser ab, um ihrerseits Gischtfahnen in die Höhe zu werfen. Bei mir allerdings geht das Abschütteln nicht so einfach. Das Ölzeug wird schwer vor Nässe; Kragen, Ärmel und Hosenbeine bieten dem kalten Wasser bereitwillig Durchlässe. Schmollend ziehe ich mich zurück. Dabei bräuchte ich nur das dritte Reff einzubinden, schon wäre es ruhiger. Aber nein – solange wir nicht gegen die Seen schlagen, wird gesegelt, dazu bin ich schließlich da.

Die zur Mittagszeit einsetzende Sekundärdünung aus Nordwest, der seit zwei Tagen stetig fallende Luftdruck und eine Nebelwand warnen mich: Ein Tief ist im Anzug. Bin wachsam und angespannt. Will vorbereitet sein, wenn es losgeht. Der Windsprung auf Nord kommt erst am späten Abend. Dieser verflixte Sturm läßt sich Zeit, spannt meine Nerven auf die Folter. Es gibt nichts mehr zu verstauen oder vorzubereiten, nur ich selbst bin noch weit entfernt von der Gelassenheit, die ich im Indischen Ozean empfand. Der Pazifik ist mir fremd, ich fühle mich darin wie ein gerade noch geduldeter Eindringling.

Erst am Ende des nächsten Tages ist es soweit. Der Sturm bricht natürlich abends los, damit mir die Nacht auch ja nicht zu langweilig wird, und bringt Regenböen mit. Mädchen läßt sich von den Seen mächtig durch die Dunkelheit schieben. Wir fahren Achterbahn in einer schwarzgrauen Landschaft, die außer dem Geräusch ihrer Bewegung nichts von sich preisgibt.

29. November, Schiffsmittag und wieder keine Sonne zum Messen. Statt dessen heulender Wind und weiße, langgezogene Schaumplatten auf einer grauen, groben See. Das sind die Roaring Forties, die »brüllenden« vierziger Breitengrade. Bin mal gespannt, wann der Barograph seinen Abstieg beendet. Derzeit steht er auf 982 mb, und noch immer weht der Wind hart aus Nordwest. Seit dem Morgen bin ich im Cockpit, assistiere der Selbststeueranlage. Es ist atemberaubend, wie Mädchen auf den Seen losschießt. In stetem Wechselspiel wiederholt sich dieses Beschleunigen auf der Welle und das Abbremsen im Wellental. Das ist Segeln! Ich habe die Selbststeueranlage ausgekuppelt, denn das hier ist meine Sache. Es macht einfach Spaß, das Schiff zu steuern, diesen wilden Ritt zu erleben, zu bewältigen. Ich sollte viel öfter Ruder gehen. Mit der Hand auf der Pinne hat man ein weitaus besseres Gefühl für die Bewegungen des Schiffes. Erst spät in der

Nacht gebe ich das Ruder wieder an die Selbststeueranlage ab.

Am nächsten Morgen macht mich der nachlassende Wind übermütig. Ausgeschlafen und kühn beschließe ich, im Freien zu frühstücken. Der Himmel ist halb leer geblasen, der Wind hat auf Südwest gedreht. Bereits in der Nacht habe ich die Segel geschiftet und bin auf den anderen Bug gegangen. Es wird mir doch wohl gelingen, meinen Kaffeebecher und mein Brot heil ins Cockpit zu bringen? Es ist ein köstliches Schwarzbrot mit Butter und Salz, eine meiner letzten Scheiben. Bin so in den Genuß vertieft, daß ich der achteraus aufziehenden Bö seelenruhig zuschaue. Keine Reaktion. Mein Verstand hämmert mir ständig ein: »Groß bergen!« – ohne Erfolg. Erst als mir kalter Sprühregen ins Gesicht weht und Mädchen sich bedenklich weglegt, komme ich in Gang. Unter dem Winddruck läßt sich das ganz aufgefierte Großsegel kaum bergen. Mädchen rast derweil los, als wolle sie einen Geschwindigkeitsrekord aufstellen. Aus den Augenwinkeln sehe ich, daß die Selbststeueranlage bis zum Anschlag auf Abfallen getrimmt ist. Solange ich das Tuch nicht unten habe, wird sich das auch nicht ändern. Bin wütend auf mich und meine unverständliche Trägheit in einer doch so eindeutigen Situation. Das habe ich nun davon! Zwei Bändsel müssen vorerst ausreichen, um das Segel auf dem Baum festzuhalten. Denn die Genua braucht ein Reff, der Wind nimmt unanständig schnell zu.

Eine unkontrollierte Steuerbewegung läßt mich unsanft auf dem Hinterteil landen. Was war das nun wieder? Kein Zweifel, die Windfahne ist abgeknickt. Jetzt bin ich am Rotieren: nach achtern, um die Windfahne zu retten; nach vorn, um die Genua zu bergen und zu sichern; wieder zurück, um festzustellen, was da los war. Unregelmäßigkeiten bei der Selbststeuerung treffen mich an einem ganz empfindlichen Nerv. Theoretisch kann die Windfahne nicht abbrechen, praktisch schon – warum? Der auf dem Rändel sitzende Hebel, der die Kraft der Windfahne auf das Ruder überträgt, hat seinen oberen Punkt übersprungen: Die Anlage hat sich selbst außer Betrieb gesetzt. Schuldbewußt bringe ich alles wieder in die Reihe. Soviel selbstgemachter Ärger hätte wirklich nicht sein müssen. Betrübt sammle ich das Werkzeug zusammen, lasse die aufgeweichten Reste des Frühstücks über Bord gehen. Anschließend mache ich mich daran, einen neuen Schlitz in die Windfahne zu sägen. Die zehn Zentimeter, die ihr fehlen, haben keine nennenswerte Auswirkung. Und so endet der Tag besser, als er anfing. Der sehr frische Südwest hält nur bis zum Nachmittag an, dann dreht er auf Nordwest zurück und nimmt spürbar ab.

Das gibt mir Gelegenheit, mich in der Pantry nützlich zu machen. Will endlich etwas Regelmäßigkeit in meine Eßgewohnheiten bringen, mich nicht überwiegend nur von Müsli ernähren. Während der Topf mit Sauerkraut seinen verführerischen Geruch in der Kajüte verbreitet, schäle ich Kartoffeln. Es ist ein eigenartiges Gefühl, mitten in der riesigen Wasserwüste dieses Gemüse in Händen zu halten, die an der Schale haftende Erde zu spüren. Nachdenklich bereite ich die Speisen zu.

Der Abend kommt früh und mit Regenschauern. Die Flamme der Petroleumlampe wirkt ganz verloren in der düsteren Kajüte. Doch der gleichmäßig steigende Luftdruck signalisiert eine friedliche Nacht.

Habe lange nicht mehr so gut geschlafen. Und wie zur Belohnung überspannt uns ein wolkenloser Himmel. Mädchen gleitet durch ein tiefblaues Meer, das sich mit kleinen Schaumkronen schmückt. Dieser 1. Dezember ist ein Sommertag, an dem mir alles leicht von der Hand geht. Mastrutscher sind ausgewechselt, Taschenlampen repariert, Batterien nachgeladen, die Kajüte ist gesäubert und das Mittagsbesteck – 42°30′S, 148°55′W – ins Logbuch eingetragen. Jetzt darf ich meinen Überraschungsbrief öffnen. Das ist eine hübsche Idee: Hertha und Nis von der Tai Tai haben mir einen Adventskalender eingepackt. Auf so etwas muß man erst mal kommen! Von nun an werde ich jeden Morgen, wenn ich eines der Türchen öffne, in Gedanken einen Gruß nach Neuseeland schicken. O nein, ich vergesse nicht, daß Weihnachten am 24. Dezember um 18.00 Uhr beginnt. Nur nach welcher Zeit – Ortszeit bei mir, Greenwichzeit oder Neuseelandzeit? An meinem heutigen Standort habe ich gegenüber Hertha und Nis zwanzig Stunden Verspätung. Durch unseren Ostkurs bessert sich das etwas: alle 15 Längengrade um eine Stunde. Die Gedankenspiele mit der Zeit gefallen mir deshalb so gut, weil sie – außer in der Navigation – eigentlich keine Bedeutung für mich hat. Auch dieser Tag ist im Rauschen des Wassers an der Bordwand zerronnen.

Noch drei Tage haben wir den Sommer zu Gast, mit mäßigem Wind und friedlich wandernden Seen. Und mit genug Sonne zum Wärmen, zum Messen und zum Trocknen. In den Nächten werfen die schmale Mondsichel und die Venus ein silbernes Band auf unser Kielwasser. Ich liebe es zuzuschauen, wie die Nacht den Tag ablöst und der Sternenhimmel sich langsam ausbildet.

Im Augenblick geschieht dies besonders harmonisch und mit großer Ruhe, die sich auf mich überträgt. Dieser Ozean, dem ich mit soviel Mißtrauen begegnet bin, schenkt mir Bilderbuchsegeln und leicht verdiente Seemeilen. Nein, ich möchte nirgendwo anders sein als hier, in Begleitung des Albatros, der uns nun schon den zweiten Tag folgt. Wenn ich ihm zuschaue, verstehe ich den alten Wunsch der Menschen, fliegen zu können. Welchen Gesetzen der Natur gehorchen diese großartigen Flieger auf ihren bis zu zweijährigen Wanderungen? Wie finden sie zurück zu ihren angestammten Brutstätten? Wenn ich ihren freien Flug vergleiche mit dem technischen Aufwand, der mir meine Reise erst ermöglicht, komme ich mir sehr unbeholfen vor.

Nebel auf See hat etwas Befremdliches für mich. Ständig warte ich darauf, daß aus der Wattewand unvermittelt etwas auftaucht. Die gedämpften Geräusche der See ziehen erst recht meine Aufmerksamkeit auf sich. Am 5. Dezember sitzen wir mitten in einer solchen Situation.

Aber dann kommt St. Nikolaus mit stürmischen Schritten,

Regen und steifem Nordwind. Die einsetzenden Böen reißen mich aus meinen Gedanken. Trotz Reffaktion, nassem Ölzeug und dem Heulen des Windes in den Wanten – den Geburtstagstoast auf meinen Vater lasse ich mir nicht nehmen. Er ist schließlich nicht ganz unschuldig an dem, was ich hier treibe. Von ihm habe ich segeln gelernt, auf allen seinen Jollen durfte ich üben. Diese sorgfältig gepflegten und hochglanzlackierten Boote gab er in die Hände seiner zwölfjährigen Tochter. Oft mußte er zusehen, wie ich damit, wenn der Wind für meine Kräfte zu stark wurde, einfach ins Schilf fuhr und abwartete, bis er nachließ, um dann erneut mit dem Üben zu beginnen. Der O-Jolle folgte das Finn-Dingi, das noch interessanter für mich war, weil nach dem Kentern wieder aufrichtbar. Aber für meinen Vater bedeutete es noch mehr Ärger und manch verständnislosen Blick, wenn er meine Wiederaufrichtungsversuche nur beobachtete, statt selbst einzugreifen. Er wußte ganz genau, daß ich mit dem Boot allein zurechtkommen wollte. Beides waren Einhandboote – was ist also logischer, als daß ich jetzt ebenfalls einhand unterwegs bin? »Also, Vater, auf deine Gesundheit und deine Träume – mögen dir beide erhalten bleiben!«

Allmählich lasse ich mich nicht mehr so schnell aus der Ruhe bringen, wenn eine Front durchgeht. Die letzte war gnädig. Mit dem üblichen Südwest hat sie sich verabschiedet und läßt uns nun mit leichten, unschlüssigen Winden sitzen. Eigenartig, wenn der Wind nicht mehr zu hören ist. Dafür schlagen die Segel bei dem starken Rollen in der nachlaufenden Dünung um so mehr. Hätte nicht gedacht, daß wir in diesen Breiten noch einmal auf Schwachwind treffen. Aber dann könnte sich wenigstens auch die Sonne sehen lassen, sie hätte an Bord einiges zu trocknen. Die Zwiebeln und Kartoffeln sind feucht geworden, muß einen Teil davon wegwerfen. Die Möhren, einzeln in Zeitungspapier eingepackt, haben ihre knackige Form eingebüßt, einige sind schimmlig geworden. Über Bord damit. Am Ende der Inventur liegt eine eigenwillige Zusammenstellung von Lebensmitteln vor mir, die zubereitet und verzehrt werden müssen. Kartoffeln, Möhren und Zwiebeln passen zusammen. Was aber mache ich mit dem Stück Käse, den angeschlagenen Eiern und den lädierten Äpfeln? Besonders leid tut es mir um die zwei im Kielwasser schwimmenden Brotlaibe. Das letzte genießbare Brot schlage ich sorgfältig in ein Leinentuch ein. Ansonsten ist kaum ein Verbrauch an meinen Vorräten abzulesen, ich werde wieder mit noch reichlich gefüllten Schapps ankommen. Selbst aus dem Fach mit Süßigkeiten quillt mir eine fast unverminderte Auswahl entgegen. Wenn ich nur nicht so faul und phantasielos wäre, sobald es ans Kochen geht! Man sollte nicht glauben, daß ich eine Haushaltsschule besucht habe. Aber das Problem ist nicht mangelndes Können, sondern das Nichtwollen. Ich mochte es noch nie, nur für mich allein zu kochen.

Am Abend dieses Tages probiere ich lange und genüßlich aus, zu welchen verschiedenen Zwecken sich eine Gummiwärmflasche verwenden läßt. Ha, mein letzter Einfall gefällt mir ausgesprochen gut: Die nur halb gefüllte Wärmflasche paßt wunderbar unter den Rückenlatz meiner Ölhose. Das ist nicht nur ein angenehmes Gefühl, sondern sicher auch ein wirksames Mittel gegen meine Rückenschmerzen und verspannten Muskeln. Nun müßte ich nur noch für gleichbleibende Wärme auch in meinem Schlafsack sorgen. Egal wie kalt es wird, ich habe nicht die Absicht, mich auskühlen zu lassen.

Packe gleich noch ein anderes praktisches Problem an: mein Wandthermometer. Es zeigt seit Beginn dieser Reise hartnäckig 18 °C an, auch wenn ich morgens in der Kajüte meinen dampfenden Atem sehe. Eine Weile habe ich mich von dem Instrument foppen lassen und mich selbst verweichlicht geschimpft. Nun wird es Zeit, daß ich der Sache auf den Grund gehe. Das Gerät ist nicht mehr als ein Spielzeug. Es hat winzige Schräubchen, die man nur mit der Pinzette aufsetzen kann, und eine aus ihrer Arretierung gesprungene Feder. Diese feine Spirale hüpft mir bei der ersten Berührung entgegen und verschwindet für immer. Doch vielleicht ist es ganz gut, wenn ich weiterhin über die tatsächlichen Temperaturen im ungewissen bleibe und die Anzahl meiner Kleiderschichten nur nach dem Wohlbefinden festlege. Entschlossen räume ich den hübschen, aber unbrauchbaren Wandschmuck ins hinterste Fach des Kartentisches. Den letzten Anstoß dazu gab die vom Hersteller mitgelieferte Empfehlung. Danach sollte das Thermometer in frischer Luft an einem trockenen Platz angebracht werden, ohne daß es von direkten oder reflektierten Sonnenstrahlen getroffen wird. Auf meinem Schiff gibt es einen solchen Platz nicht.

Wenn es nach mir ginge, könnte der Wind ruhig zulegen. Alle kleinen Arbeiten sind erledigt, auch habe ich genügend Schlaf getankt. Also, wo seid ihr, Roaring Forties?

Werde es in Zukunft bleibenlassen, Rasmus so herauszufordern. Am frühen Morgen des 12. Dezember bekomme ich die Quittung: kein Frühstück, dafür Reffen und Segelwechsel auf dem von Wasser überspülten Vordeck. Am Schluß stehen nur noch das Trysegel und die Sturmfock. Habe bislang nur 7 Bft gemessen, diesmal aus Nordost. Bei unserem Am-Wind-Kurs wird es dennoch eine nasse und rauhe Segelei. Zum Glück sollte der Wind bald drehen, der fallende Luftdruck kündigt die nächste Front an.

Tags darauf trifft sie ein, und fünf Stunden lang weht es besonders hart. Ich assistiere der Selbststeueranlage. Mein Schiff steckt das überkommende Wasser und die mitunter harten Schläge der See gelassen ein. Wenn ich das nur auch von mir sagen könnte! Meine Anspannung entspricht den Kurven auf dem Barographenblatt: mal hoch, mal tief. In solchen Zeiten beruhige ich mich, indem ich die Logbucheintragungen von ähnlich schwierigen Tagen nachlese.

Unfair ist Rasmus allerdings nicht. Nach 24 Stunden geht der Wind zurück und dreht auf seine Startposition Nord. Dieser ständige Wechsel läßt Langeweile bei mir gar nicht erst aufkommen. Die Wetterbeobachtung ist ein wichtiger Bestandteil meines Tagesablaufs. Heute ist der Himmel übersät mit Zirren in den bizarrsten Formen: ausgefranst, mit Haken an den Enden oder als ganz feine Streifen kaum sichtbar. Sie ziehen von Westen her auf. Kein Wunder, daß der Barograph so zittrig schreibt. Trotzdem bleibt das Wetter zunächst stabil, und ich genieße das Segeln in der nie zur Ruhe kommenden See. Freue mich an den Sonnenstrahlen, die mich wärmend einhüllen, und staune über den scheinbar zum Greifen nahen Sternenhimmel oder das sich verschwenderisch ins Meer ergießende Silber des Mondes. Sein strahlendes Gesicht hat schon wieder eine leichte Einbuchtung auf der linken Seite; er nimmt ab, und zwar in umgekehrter Weise als auf der Nordhalbkugel.

Am 16. Dezember liegt eine neue Seekarte auf dem Tisch. An ihrem unteren rechten Rand ist die Südspitze Südamerikas eingezeichnet. Ab heute wandern unsere Standortkreuze auf der Karte nicht mehr wie bisher ins Leere, sondern haben ein sichtbares Ziel an dieser Südspitze. Noch etwas Positives: In vier Tagen wird die Sonne ihren höchsten Stand erreichen, das macht die Nächte erfreulich kurz.

Ich habe Muße, über unseren weiteren Weg nachzudenken, denn die Bedingungen draußen sind noch immer gut: ein handiger Nordwest und lockere Bewölkung, die die Sonne durchläßt. Natürlich hat sie einen Hof wie meist, wenn ich sie zu Gesicht bekomme. Mir scheint, da braut sich was zusammen. Seit wir südlich des 40. Breitengrads segeln, lebe ich eigentlich immer in Erwartung schlechten Wetters. Das ist eine der Belastungen dieser Route. Unseren Kurs suche ich mit Hilfe der Pilot Charts so aus, daß wir in den Quadranten mit möglichst geringer Sturmhäufigkeit segeln. Damit ist es allerdings bald vorbei. Noch zehn Längengrade, und unser Abstieg – nein, unser Aufstieg nach Süden muß beginnen.

Mädchen ist in sehr gutem Zustand, ich kann bei meinen Kontrollen keinen Verschleiß feststellen. Die Selbststeueranlage hat ihre Tauglichkeit nun wirklich unter Beweis gestellt; Ersatzteile sind genügend vorhanden. Und wie sieht es mit mir aus? Ganz gut soweit – bis auf diesen Backenzahn, der sich mit schöner Regelmäßigkeit meldet und immer zur unpassenden Zeit. Doch mit meiner Entscheidung am elften Tag der Reise habe ich mich festgelegt, jetzt muß ich damit zurechtkommen. Im Ernstfall setze ich auf die Penicillintabletten. Jetzt, da alles so schön läuft, ist das kein Thema.

Zwei Stunden vor Mitternacht läuft dann gar nichts mehr schön. Wollte nicht wahrhaben, was ich längst registriert hatte: daß der Nordwest kräftig zulegt. Nun ist er nicht mehr zu überhören. Mädchen trägt noch die Genua III und kommt damit in eine beunruhigende Rollbewegung, zieht abwechselnd das Luv- oder das Leedeck durchs Wasser. Mein Versuch, mich mit einem Reff durchzumogeln, bringt nichts. Am Ende muß ich doch die Genua IV setzen und stelle danach nur einen halben Knoten Fahrtverlust fest. Das nächste Mal werde ich die Vorsegel früher wechseln, denn das Manöver mit dem Fockbaum wird nicht einfacher, wenn ich abwarte.

Warum bloß muß es immer wieder diese Nachteinsätze geben? Und sie sind noch nicht zu Ende, der Luftdruck fällt weiter. Schade, daß es nicht so bleiben wird wie jetzt. Noch liegt Mädchen wunderbar in den Seen, fährt einen phantastisch schnellen Kurs. Das ist begeisterndes Segeln, nur mitunter etwas strapaziös wegen der ausgeprägten Schiffsbewegungen. Sie ist eben ein Kurzkieler, der eher ausweicht, als in die Seen hineinzufahren.

Das Barometer hat nicht gelogen, der dritte Adventssonntag bringt Sturm: volles Cockpit, hohe Seen, weiße Schaumplatten über die gesamte Länge der Wellentäler. Die dreieinhalb Quadratmeter roten dicken Tuchs der Sturmfock stehen wie ein Brett am Vorstag und lassen uns förmlich fliegen. Kaum zu glauben, aber es ist so. Wenn Mädchen so weiterrast, sind wir in siebzehn Tagen am Kap, sofern mein Standort aus der Sonnenhöhe vom Nachmittag zutrifft. Es ist bei unserer Berg- und Talfahrt schwierig, die Sonne, wenn ich sie unten habe, auch tatsächlich auf den Horizont zu setzen. Allzu schnell schieben sich immer wieder Seen dazwischen. Aber ich gehe einfach davon aus, daß die Position 43°25′S, 112°50′W stimmt, und bin sehr zufrieden mit uns.

Dann schnüre ich die Kapuze wegen des Lärms noch etwas

enger und mache mich auf den Weg zum Vorschiff. Die Wind-
drehung auf Südwest ist da, ich muß schiften, damit wir unseren Südostkurs halten können. Vom Mastfuß aus wirken
Mädchens Bewegungen unerhört dramatisch. Als hätte sie
überhaupt kein Gewicht, so wird sie von den Wellenkämmen
erfaßt und mitgenommen. Ungläubig beobachte ich die dahin-
jagenden Seen. Ein großartiges Bild! Aus dem halb leer gefeg-
ten Himmel wirft die Sonne ein unwirkliches, weißes Licht auf
die wilde Szenerie. Das müßte perfekte Bilder geben. Vielleicht
sollte ich doch endlich mit dem Fotografieren anfangen.

Aber es kommt nicht dazu, ich muß mich um den Trimm
meines Schiffes kümmern. Mädchen könnte etwas mehr Se-
gelfläche vertragen, sie würde dann schneller aus den Wellentälern kommen. Ich versuche es mit dem Trysegel – paßt. Die
Anordnung der Beschläge und Winschen ist optimal auf mich
abgestimmt, da gibt es nichts, was klemmt oder hakt. Noch
eine letzte Kontrolle, dann kann ich mich wieder dem Albatros
zuwenden, der eben so knapp am Vorstag vorbeisauste, daß
ich schon fürchtete, er könnte hängenbleiben.

Ich habe Wort gehalten und bin auf dieser Reise auch im
Cockpit immer angeleint. Das umständliche Umpieken hat
sich gelohnt. War gerade auf dem Achterdeck, um die Selbststeueranlage zu checken, als wir uns flachlegten. Die Welle, die
über uns hinwegging und uns kurzerhand zur Seite räumte,
hatte ich gar nicht kommen hören. Und danach war ich dann
nur noch mit mir selbst beschäftigt. Die einsteigende See warf
mich recht grob nach Lee in den Heckkorb. Das gibt blaue
Flecken! Und pfui, wie ist das Wasser kalt! Bis ich mich endlich
hochgerappelt habe, steht Mädchen mit schlagenden Segeln
im Wind. Muß der Selbststeueranlage helfen, damit wir zurück auf Kurs kommen und die rauschende Fahrt von neuem
beginnen kann.

Am nächsten Tag das gleiche Bild. Resultat: wenig Schlaf,
viel Konzentration. Seit drei Tagen erreichen wir Etmale von
130 sm und mehr. Es ist unbeschreiblich: Wir segeln, gleiten,
surfen, fliegen! Ich bin aufgekratzt und begeistert, aber auch
abgespannt.

Fast glaube ich, daß die Zahnschmerzen etwas mit meiner Psyche zu tun haben. Immer wenn ich entspanne, weil eine Streßsituation vorbei ist, fangen sie wieder an. Diesmal nehme ich vorsorglich gleich Tabletten. Wenn es doch eine Entzündung ist, darf sich nichts festsetzen, sonst komme ich in eine brisante Lage. Aber ich muß vorsichtig sein mit dem Penicillin, es macht mich müde und geistesabwesend, ganz abgesehen von den Folgen einer gestörten Darmflora. Unaufmerksamkeit kann ich mir nicht leisten. In diesem Seegebiet gibt es keine halben Sachen.

Wie zur Bestätigung flammt der Westhimmel bei Sonnenuntergang orangerot auf. Die Farben sind von solcher Reinheit und Tiefe, daß mich ein unheimliches Gefühl beschleicht. Was wird uns das bringen?

Es brachte zunächst nur einen Tag Ausruhen bei 6 Bft aus Südwest. Heute, am 20. Dezember, ist unser 40. Tag auf See. Voll böser Vorahnungen befrage ich nun schon zum x-ten Male den Barographen. Wir haben doch erst vor zwei Tagen eine Front hinter uns gebracht! Und nun entpuppt sich der leichte Anstieg des Luftdrucks als Scheinmanöver. Die Barographenkurve beginnt jetzt erst wirklich zu fallen. Mehr als Südost kann ich nachmittags nicht mehr halten. Dabei müßten wir forciert nach Süden fahren, wenn wir auf der gedachten Route bleiben wollen. Über die Nordwestdünung legt sich eine Windsee aus West, und der Seegang baut sich zu ungewöhnlicher Höhe auf. Da ist noch mehr im Spiel als unsere derzeitigen 8 Bft.

Immerhin, die Selbststeueranlage arbeitet ohne meine Unterstützung. Seit das Trysegel geborgen ist und wir mit den sieben Quadratmetern der gere(ff)ten Genua fahren, ist die Rollbewegung aus dem Boot heraus. Das flößt mir so viel Vertrauen ein, daß ich für kurze Zeit eindöse. Habe ich zu Beginn der Reise darauf gehorcht, *ob* der Wind aufheult, versuche ich jetzt aus der Art, *wie* er es tut, meine Schlüsse zu ziehen. Wenn ich meine Kräfte richtig einteilen will, muß ich so lange wie möglich entspannt bleiben, um immer noch Reserven zu behalten. Aber heute nacht will mir dies einfach nicht gelingen. Nervös kontrolliere ich immer wieder die Selbststeueranlage. Nichts ist anders als sonst, und doch stelle ich mich so an.

Am Vormittag des nächsten Tages weiß ich dann, daß meine Unruhe berechtigt war. Der Wind heult immer stärker auf, mischt sich mit dem Donnern der brechenden Wellenkämme. Wir sind schnell, zu schnell. Im Surf fängt der Ruderschaft an zu surren. Es wird höchste Zeit für die Sturmfock. Ich warte mit dem Segelwechsel, bis wir in der weißen Schaumplatte auf der Rückseite einer See sind. Dann renne ich los und berge die Genua. Die Zeit reicht, um das Tuch herunterzuholen und zu sichern. Gleich darauf sind wir wieder auf der Vorderseite der nächsten See. Also festhalten und warten, bis der Kamm durch ist. Meine Güte, ist das eine Achterbahn! Konzentriert folgt ein Handgriff dem anderen, bis die Sturmfock steht. Nur das Ausbaumen schaffe ich beim besten Willen nicht mehr.

Ich schleife die Genua mit nach achtern und stopfe sie einfach über das Schiebeluk in die Kajüte. Unser Kurs ist stabiler geworden. Bin jetzt ruhiger als in der vergangenen Nacht. Aber wann hört dieser Wind endlich auf zuzunehmen, wann schreibt der Barograph wenigstens wieder waagrecht? Gehe nochmals zum Mast und zurre das Großsegel noch fester an den Baum. Lasse die Dirk so weit nach, daß der Großbaum fast auf der Sprayhood liegt; bei dichtgesetztem Niederholer kann er sich jetzt kaum noch bewegen. Doch Mädchen wird schon wieder zu schnell und dabei luvgierig. Also winsche ich die Sturmfock mittschiffs. Falls das nicht reicht – die Leinen zum Nachschleppen liegen griffbereit unten neben dem Niedergang. Ansonsten hilft jetzt nur noch Segeln. Ich sitze am Ruder und suche nach dem besten Weg mit den Seen. Ich höre, fühle, registriere und reagiere. Das Rigg vibriert. Das eindringliche Surren des Ruderschafts verstärkt sich. Und wir fliegen, fliegen durch weißen Schaum, durch glasig grünes Wasser. Entsetzt starre ich in die mit breiten weißen Streifen durchzogenen Wellentäler. »Weitermachen, Gudrun, einfach konzentriert weitermachen!« Die Kraft, mit der uns die Seen erfassen und mitnehmen, ist erschreckend und faszinierend zugleich.

Und dann... Wie es kam, weiß ich nicht mehr. Ich versuche noch abzufallen – zu spät! Schon liegen wir, nur unter Sturmfock, flach auf dem Wasser. »Mach schon, Mädchen, komm wieder hoch!« Gerade noch rechtzeitig richtet sie sich auf, ehe die nächste See uns bereits wieder losbrausen läßt. Gurgelnd entleert sich das gefüllte Cockpit über die Lenzrohre. Doch ganz ungeschoren sind wir diesmal nicht davongekommen. Zwei Relingsstützen hat der Wasserdruck so stark nach innen gebogen, daß der Relingsdraht schlaff herunterbaumelt. Auch der Heckkorb ist aus der Form geraten, eine Stütze aus ihrer Verschraubung gerissen. Sonst nichts? Nein, Glück gehabt.

Um Mitternacht meine ich, der Wind hätte etwas nachgelassen. Zumindest hat es aufgehört zu regnen. Die Kämme der Seen sind runder, abgeflachter. Ich kupple die Selbststeueranlage wieder ein, bleibe jedoch einsatzbereit neben der Pinne sitzen. Mein Rücken ist verspannt, Arme und Beine fühlen sich an wie eingeschlafen. Aber wie mein Schiff das schafft, ist unglaublich. Es schwingt mit den Seen, sein Heck kommt immer gerade so rechtzeitig wieder hoch, daß der Wellenkamm darunter durchrauschen kann. Dann sind das Deck und das brodelnde Wasser fast auf einer Ebene. Weiß nicht, was Mädchen sonst noch alles aushalten könnte, das hier ist schon schlimm genug. Kann mir keine Steigerung mehr denken. Welcher Kompaßkurs anliegt, hat jetzt keine Bedeutung. Wichtig ist nur, daß wir in die Seen passen.

Mit dem ersten Stern, der mir durch die Wolken zublinzelt, kehrt meine Zuversicht zurück. Auch dieser Sturm wird zu Ende gehen, aber noch ist es nicht soweit. Ich stehe die ganze Nacht hinter dem Niedergangsschott und beobachte. Eine Wolkenwalze nach der anderen zieht am Südwesthimmel auf, fegt über uns hinweg, wird durch die nächste abgelöst. Meine größte Sorge ist, daß Mädchen in einer See zu sehr beschleunigen könnte. An etwas anderes kann ich nicht mehr denken. Nehme nur noch Geräusche und Bewegungen auf, halte mich bereit, sofort einzugreifen.

Der Morgen enthüllt ein Seepanorama von solcher Einmaligkeit, daß ich darüber die lauernde Gefahr vergesse. Kann jetzt schauen, ohne daß es mir die Kehle zuschnürt. Es gibt nicht viel zu tun: Nur die Selbststeueranlage ist zu kontrollieren, und die am Mast aufgeschossenen Fallen sind zu sichern. Dann sitze ich wieder an der Pinne und beobachte wie hypnotisiert die aufziehenden Böen und die See. Mit der Zeit wirkt die Situation weniger erschreckend. Die Freude am Standhalten wächst und verdrängt die Ängste. Ich werde sicherer, traue mich nach unten und verkeile mich in meiner Koje. Mein Körper schläft, aber meine Gedanken und Sinne sind draußen: auch eine Art, sich auszuruhen.

Zur Mittagszeit trommelt Hagel aufs Deck. Herrje, das ist wirklich ein zäher Sturm diesmal! Selbst um Mitternacht ist noch keine wesentliche Besserung eingetreten. Unter Sturmfock läuft Mädchen nach wie vor Rumpfgeschwindigkeit und mehr. Seit 24 Stunden schreibt der Barograph 990 mb, mit ein paar Zacken nach oben und unten. Wir stürmen weiter im Zickzackkurs durch die Seen.

Am Morgen des 23. Dezember und nach etwas Schlaf erscheint mir die Situation schon ganz selbstverständlich. Baume die Sturmfock wieder aus und setze das Trysegel. Gleich rennt Mädchen wieder ungestüm los und wird luvgierig. Zweimal füllt die See die Plicht. So geht das nicht, mein Cockpit ist doch keine Badewanne! Das Trysegel kommt wieder auf den Baum. Ergebnis der Übung: besseres Seeverhalten meines Schiffes und aufgeschlagene Finger.

Jetzt will ich aber endlich wissen, wieviel Wind wir noch haben. Werde ganz still, als die Nadel des Handwindmessers bis auf 9 Bft ausschlägt. »O Mädchen, was bist du für ein wunderbares Schiff! Und durch welch ein Unwetter hast du uns gestern gefahren!«

Aber nun sind wir wahrscheinlich über den Berg. Ich mache mir Kaffee mit viel Milch und viel Honig, wechsle die vollgesogenen Zeitungen auf dem Kajütboden gegen frische aus, drehe mir ein paar Zigaretten und leiste mir trockene Socken. Der Regenbö, die gerade durchgeht, werfe ich nur einen kurzen Blick zu. Wieder ist Hagel drin, aber sie wirkt längst nicht mehr so bissig. Nachmittags beginnt der Luftdruck schnell zu steigen. Der Wind dreht auf Südwest und nimmt etwas ab, paßt gerade für die gereffte Genua IV und das Trysegel. Doch jetzt, mit dem Nachlassen des Windes, wird die See konfus. Auf die großen Kämme setzen sich kleine Wellen auf. Mädchen muß harte Schläge einstecken.

Nur noch ein bißchen Konzentration, meine Kleine, dann sind wir durch. Ich halse zurück auf Backbordbug, Kurs Südsüdost liegt wieder an. Beim Versuch, dem Tief auszuweichen, bin ich viel zu weit nach Norden gekommen.

Gleich zwei Albatrosse begleiten uns auf unserer rauschenden Fahrt durch die in der Sonne leuchtende See. Ich gehe wieder selbst Ruder, denn es ist schwierig, nicht zum Spielball der Seen zu werden. Wir müssen jetzt endlich wieder unseren eigenen Kurs halten. Es klappt.

Noch eine Nacht mit wenig Schlaf, nicht wegen des heulenden Windes, sondern wegen der groben See. Ich bin ausgelaugt und gleichzeitig aufgedreht. In meinem Kopf hat nichts anderes Platz als dieser Sturm, kann mich auf nichts sonst konzentrieren. Wenn ich in der Kajüte zu tun habe, geschieht das unnötig hastig, damit ich gleich wieder voll auf das Geschehen draußen eingehen kann. In solchen Krisen kenne ich das Stadium wachsender Müdigkeit nicht, meine Konzentration bleibt voll bis zu dem Punkt, an dem sie dann in totaler Erschöpfung abstürzt. Ich kenne das. Diesen Punkt muß ich noch etwas hinausschieben, noch ist nicht die Zeit, sich in den Tiefschlaf fallen zu lassen.

In dieser Nacht zum 24. Dezember spannt sich über meinen Hoffnungen und Ängsten ein Himmel von unendlicher Tiefe und Unnahbarkeit.

Zwei Stunden Ruhe am Morgen, dann bin ich wieder draußen. Weiß nicht, wie lange ich das noch aushalte, muß einfach nur weitermachen. Habe mich an Deck zwischen Mastreling und Unterwant verkeilt und schaue meinem Schiff und der See zu. Die Sonne hat die Schwere der Nacht weggedrückt und läßt den großen südlichen Ozean in seiner ganzen Schönheit und Wildheit aufleuchten. Langsam beginne ich, weiter als nur bis zur nächsten Stunde zu denken. Wir haben den bislang schwersten Sturm unserer Reise überstanden. Gewohnheitsmäßig kontrolliere ich laufendes und stehendes Gut, die Püttings und die Segel. Und wieder steigt dieses warme Gefühl der Dankbarkeit in mir auf. Dankbarkeit für mein braves kleines Schiff, das meine ganze Welt ist, mein Weggefährte und Zufluchtsort in einer Umgebung, die ständigem Wandel unterliegt. Dank unserer Fähigkeit zu instinktiver Anpassung sind wir unbeschadet durch das schwere Wetter gekommen. Und nun bin ich glücklich. Worüber? Einfach darüber, daß ich hier stehen, mein Schiff und die See beobachten kann.

Wie meist, wenn ich zur falschen Zeit ins Träumen gerate, holt mich die See unmißverständlich zurück. Eine überwaschende Welle füllt meine Gummistiefel mit eiskaltem Wasser. In triefendem Ölzeug und mit steifen Gliedern gehe ich nach achtern, um das wichtigste »Crewmitglied«, die Selbststeueranlage, zu checken. Im Logbuch registriere ich: 24.12.89, 06.00 Uhr – Südwest 7, böig, schnell steigendes Barometer, kalt. Rückseitenwetter.

Ich kann aufatmen, wir sind durch. Zeit zum Ausruhen. Die letzten drei Tage hat mir dieser Sturm alle Gedanken aus dem Kopf geblasen; jetzt spüre ich jeden Knochen. Mein Bakkenzahn macht sich ebenfalls mit hartnäckigem Zupfen bemerkbar. Den hatte ich ganz vergessen. Einen Pott dampfenden Kaffees in der Hand, verhole ich mich in die Hundekoje. Mit der Wärme im Schlafsack steigt auch eine dumpfe Mattigkeit in mir hoch. Ich bin einfach leer, nur mein Kopf arbeitet; klar und unerbittlich fängt er an zu analysieren und trägt als Merkposten ein: auf die Wiederholung solcher Stürme gefaßt machen. Wir wollen noch weiter nach Süden.

Nein, so geht das nicht weiter. Ich bin total im Naturgeschehen aufgegangen und habe auch das letzte, so wichtige Stück

Distanz aufgegeben. Wie losgelöst von mir selbst, wandert mein Blick ständig über die See zum Horizont, als könne ich darüber hinausschauen und erforschen, was uns noch erwartet. Wie lange habe ich eigentlich nichts mehr gegessen? Wann das letzte Mal wirklich geschlafen? Jetzt bin ich so fertig, daß ich keinen Schlaf finden kann. Und wie sieht es unter Deck aus! Die Pantry – sehr unappetitlich; die Zeitungen auf dem Kajütboden – zerknittert und naß; mein Adventskalender baumelt, nur noch von einem Klebestreifen gehalten, im Rhythmus der Schiffsbewegungen. Auch mit ihm bin ich in Verzug geraten, dabei darf ich heute das Türchen in der Mitte öffnen. Es ist Weihnachten, Heiliger Abend. Das Fest der Menschlichkeit und Freude. Ich will es bewußt begehen und in einer besinnlicheren Grundstimmung, als mir dies in der Hektik und dem Konsumstrudel des Stadtlebens daheim möglich war.

Ruhig und bedächtig, mit vielen kleinen Pausen, beginne ich, die Kajüte und mich auf den festlichen Abend vorzubereiten. Wie vertraut mir hier alles ist, wie wichtig auch die geringste Kleinigkeit! Das Christbäumchen aus Plastik und die Geschenke der neuseeländischen Freunde sind mit Draht an der Schottwand gesichert. Ich stecke nach einem Badefest mit fünf Litern Süßwasser in frischer Kleidung.

Unbemerkt ist die Sonne über den Zenit gewandert. Ich lasse den Sextanten unten im Kasten und balanciere statt dessen eine Muck Kaffee über das Niedergangsschott. Wir haben immer noch frischen Südwest, aber die Böen fauchen nicht mehr so, die Seen kommen regelmäßiger. Erwartungsvoll suche ich in den Wellentälern nach unserem Albatros. Doch er scheint heute keine Zeit für uns zu haben – im Augenblick jedenfalls sind wir allein. Nein, eigentlich nicht allein. Über Tausende von Meilen hinweg erreichen mich die Gedanken meiner Familie und Freunde. Sie sind da, sie umgeben und stützen mich; die kleinen, beim Abschied zugerufenen Worte, jetzt bekommen sie einen tieferen Sinn. Wieder unten am Kartentisch, beginne ich Briefe zu schreiben und ein Tonband für meine Eltern zu besprechen. Gedanklich suche ich den Kontakt, lasse erwartungsfroh den Abend auf mich zukommen. Wie oft hatte ich mir gewünscht, Weihnachten einmal auf See zu feiern...

Plötzlich legt sich Mädchen stark über, eine See wäscht übers Deck, Wasser wird durch die Ritzen am Niedergang gepreßt und findet – wie könnte es anders sein – einen Weg in meine Koje. Die Segel schlagen, wir sind total aus dem Tritt. »Nein, nicht schon wieder, das ist unfair!« Mit einem Satz bin ich draußen, packe mit beiden Händen die Pinne, versuche Mädchen auf Kurs zu bringen. Warum reagiert sie nicht? Warum habe ich keinen Ruderdruck? Wir sind ein Spielball der See. »Unternimm sofort was, bevor Schlimmeres passiert!« Nur mit Mühe gelingt es mir, die Segel herunterzuzerren. Das störrische Tuch hat es wieder auf meine Hände abgesehen. Erst mit blankem Mast wird mein Schiff etwas stabiler, legt sich quer zur See und driftet.

»Weitermachen! Was ist mit dem Ruder los?« Mit dem Oberkörper beuge ich mich achtern tief übers Süll, kann aber keine Veränderung feststellen. Das Ruderblatt bewegt sich frei, angeströmt vom Wasser. Also wieder zurück zur Pinne... Oje, warum habe ich das nicht gleich gesehen! Der Bolzen am Ruderkopf steht auf der einen Seite um fast die Hälfte seiner Länge heraus. Mir geht ein Stich durch den Bauch. Das darf doch nicht wahr sein! Genau diesen Bolzen habe ich in Sydney ausgebaut und vermessen in der Absicht, mir einen Reservebolzen anfertigen zu lassen. Dazu kam es leider nicht. Und jetzt?

Ich würde am liebsten losheulen. Zwinge mich aber, mich auf die notwendigen Handgriffe zu konzentrieren und logisch zu denken. Den zweiten Teil des gebrochenen Bolzens hole ich mit ein paar Schlägen und einem Dorn heraus. Was für ein Anblick – mein Schiff ohne Pinne!

Unten hat sich inzwischen der Inhalt der Werkzeugtasche über den Boden verteilt. Mitten in diesem Durcheinander sitzend, beginne ich fieberhaft nach einem passenden Ersatzbolzen zu suchen.

Richtige Stärke, aber zu kurz; richtige Länge, aber zu

schwach. Als letzten Versuch räume ich die zum Stauraum umgebaute zweite Hundekoje leer und hieve die Notruderanlage heraus. Leider nur um festzustellen, daß auch die daran verwendeten Gewindebolzen zu kurz sind. Da hilft nichts, es bleibt bei der einzigen Möglichkeit: einem 8 mm starken Gewindebolzen. Das heißt, ich habe nur 6,4 mm Kerndurchmesser dort, wo 10 mm hingehören würden. Sosehr ich mich auch mühe, ich bekomme die Verbindung nicht satt fest. Das Ruder hat großes Spiel, und mich bedrückt, daß es so verzögert reagiert. Aber zumindest bekommt Mädchen ihre Pinne zurück und kann wieder gesteuert werden. Mißtrauisch setze ich vorerst nur die Genua IV. Erst nach einer Stunde Rudergehen gewinne ich Vertrauen in meine Reparatur. Kläre durch Versuche die nagende Sorge, wie jetzt wohl die Selbststeueranlage funktioniert. Sie funktioniert – allerdings mit viel Vortrimm auf der Kette und einem instabilen Kurs.

Unten in der Kajüte erwartet mich das bei der Suche hinterlassene Chaos. Mit ihm werde ich erheblich schneller fertig als mit meinen ebenso chaotischen Gedanken. Fassungslos starre ich auf die zwei Teile des Bolzens in meiner Hand. 10 mm starker V2A-Stahl – einfach gebrochen. Es ist sinnlos, sie immer wieder zusammenzufügen. Instinktiv weiß ich, daß ich damit die Chance, Kap Hoorn zu runden, verloren habe. 1500 sm vor dem Ziel. Aber ich verdränge diesen Gedanken sofort wieder. Heute denke ich darüber nicht mehr nach, treffe keine Entscheidungen. Der Kurs Südost bleibt stehen.

Ungerührt von meinen kleinen und großen Nöten ist die Heilige Nacht angebrochen. Dick verpackt sitze ich im Cockpit und betrachte den Sternenhimmel. Die Weihnachtslieder aus dem Kurzwellenempfänger kann ich jetzt nicht ertragen. Sie wirken fremd und künstlich und wecken natürlich Emotionen. Erst die unaufhaltsam wandernden Seen nehmen meinen Kummer mit. Die danach in mir aufkommende Ruhe und Sicherheit sind mein Weihnachten.

Es bleibt mir noch etwas zu tun: in einem Brief an Elke danke zu sagen. In Neuseeland hatte der kritische Blick der TO-Stützpunktleiterin an einem Stehbolzen der Selbststeueranlage eine leichte Biegung entdeckt. Wegen ihrer Bemerkung darüber kaufte ich mir kurz vor dem Auslaufen aus Whangarei noch den Ersatzbolzen, der jetzt im Ruderkopf steckt. Es gibt eben doch Schutzengel. Er wird wohl auch den Rest der Heiligen Nacht über uns gewacht haben. So kann ich im Tiefschlaf alles vergessen, den zu dünnen Bolzen im Ruderkopf und die Situation, die eine schwere Entscheidung von mir verlangt.

Am Morgen des ersten Weihnachtsfeiertags stecke ich nur kurz den Kopf hinaus, dann sitze ich wieder in der Wärme meines Schlafsacks und gehe mit mir zu Rate. Was darf ich riskieren, was nicht? Ich komme einfach zu keinem Entschluß. So lasse ich mein Schiff im frischen Südwestwind einstweilen weitersegeln und genieße die Geborgenheit meiner Koje.

Manchmal fällt es schon schwer, nicht den Humor zu verlieren. Andererseits sorgt mitunter der Zufall dafür, daß man lacht, wenn einem gar nicht danach zumute ist. Während ich so dasitze, treffen uns immer wieder Seen, die für diese Windstärke eigentlich zu hoch und steil sind. Jetzt gerade wieder. Das überkommende Wasser tropft durch das Schiebeluk in meine Koje. Und durch eine ruckartige Bewegung von Mädchen fängt mit einemmal meine kleine Spieluhr an, die letzten Takte von Mozarts Wiegenlied zu spielen. Wie passend, ein Schlaflied! Das Absurde der Situation vertreibt meinen aufkommenden Ärger. Ich kleide mich an und gehe ans Ruder.

Es ist ein ausgesprochen ungutes Gefühl, wenn die Seen das Ruderblatt treffen. Und nach zwei Stunden weiß ich, daß ich nur weiter nach Süden fahren kann, falls ich einen Bolzen der richtigen Stärke finde. Die Sucherei beginnt von neuem – ohne Ergebnis. Es gibt nirgendwo an Bord ein passendes Teil, auch keines, das ich ausbauen könnte. Ich halse auf Kurs Nordost. Jetzt wird mir meine ganze Misere erst so richtig bewußt.

Mit dem nächsten Morgen beginnt ein Tag des Katzenjammers. Bei weiter nachlassendem Wind sitze ich desinteressiert im Cockpit und stiere vor mich hin. Mir ist übel. Ich denke an die anstrengenden Vorbereitungen der Reise – und jetzt hat mir ein gebrochenes Stück Stahl alle Karten aus der Hand geschlagen. Ich bin ganz nah am Durchsacken, würde es am liebsten geschehen lassen. Aber ich bin auf See und habe die Pflicht, mein Schiff und mich selbst wohlbehalten in einen Hafen zu bringen. Nichts sonst zählt.

Arlene Blum

Annapurna

*Eines ging Arlene Blum, einer besonders in großen Höhen
erfahrenen Bergsteigerin, schon lange auf die Nerven: Der
Ausschluß von Frauen bei interessanten Expeditionen und
prestigeträchtigen Erstbesteigungen. Sicher, in gemischten
Teams kann es leichter zu Spannungen kommen, aber die Be-
gründung, die sie und andere Bergsteigerinnen immer wieder
zu hören bekam, war eher: »Weibliche Bergsteiger sind entweder keine guten Bergsteiger oder keine richtigen Frauen.«
Abgesehen von der Tatsache, daß in den letzten 150 Jahren
Tausende von Frauen erfolgreich zusammen mit Männern
und anderen Frauen geklettert sind, fuchste Arlene dieses
nach wie vor bestehende Vorurteil so sehr, daß sie 1976 beschloß, ein reines Frauenteam zur Besteigung des über
8000 Meter hohen Annapurna I zusammenzustellen. Die Expedition stand unter dem Motto: »A Woman's Place is on
Top« – Der Platz der Frau ist an der Spitze. Dreizehn Frauen
aus verschiedenen Ländern nahmen an der Expedition teil,
zwei – Vera Komarkov und Irene Miller – erreichten am
15. Oktober 1978 den Gipfel. Zwei weitere kamen bei dem
Versuch, einen Nebengipfel zu besteigen, ums Leben.*

Ich träumte, ich wanderte auf den Wolken zwischen den
höchsten Himalaja-Gipfeln umher. Ich sprang auf eine Wolkenbank, die zur Spitze des Annapurna führte, doch sie glitt
vorbei, ohne den Gipfel ganz zu erreichen. Ich sprang von
dieser Wolkenbank auf die nächste, aber die reichte auch
nicht bis zur Spitze des Annapurna. Immer wieder flogen
Wolken vorbei, und ich sprang von einer zur anderen und
versuchte eine zu finden, die mich dorthin brachte, wohin ich
wollte. Meine Freunde unten auf der Erde schrien mir zu:

»Sei vorsichtig! Wenn du ausrutschst, fällst du auf die Erde hinunter.« Bis sie das sagten, war mir der Gedanke an einen Fall nicht gekommen; ich war völlig damit beschäftigt, den Wolken zum Gipfel zu folgen. Doch während ich zuhörte, ließ meine Konzentration nach, und die Wolken wurden dünner und weniger fest, der Grund unter meinen Füßen unsicherer. Ich begann zu rutschen und zur Erde zu fallen.

Ich wurde wach. Es war der Tag vor unserem ersten Gipfelversuch, und der Wind blies heftig. Der Sturm hatte nicht nachgelassen, seit ich in der letzten Nacht nach Lager III zurückgekehrt war, nachdem ich das erste Gipfelteam verabschiedet hatte. Als ich zurückkam, war das große Sherpa-Zelt leer, weil alle Sherpas entweder in Lager IV oder unten im Basislager waren, so daß ich selbst einzog. Ich hatte mehr als genug Platz, aber allein in dem großen Zelt war es sehr kalt. Ich schlief in einem schweren Schlafsack mit einem anderen darübergelegt, angezogen mit zwei Wollmützen, einem Wolltuch über dem Gesicht, zwei Paar Wollunterwäsche und einem Pullover. Trotzdem zitterte ich noch. Die Flasche mit warmem Wasser, die ich zwischen die beiden Schlafsäcke gelegt hatte, war am Morgen ein fester Eisklumpen. Die Temperatur betrug −12 °C im Zelt und unter −28 °C draußen.

Lager II meldete über Funk, daß Böen die Eingänge der drei Zelte dort unten aufgerissen hatten, und die Zelte hier in III hatten die ganze Nacht im Wind geflattert. In Lager IV mußte es noch schlimmer gewesen sein. Ich versuchte die Gipfelkletterer zu erreichen, sie antworteten jedoch nicht. Anscheinend schliefen sie oder ihr Funkgerät funktionierte nicht.

Wir waren nicht die einzigen, die Probleme hatten. Lopsang rief vom Basislager herauf, um zu sagen, daß er bei der letzten Nachrichtensendung aus Kathmandu gehört habe, daß von den augenblicklich in Nepal kletternden 26 Expeditionen fünf aufgegeben hätten und abgereist seien. Lopsang wollte anfangen, Vorkehrungen für den Abbruch unseres Basislagers zu treffen.

In diesem Augenblick kam Margi erschöpft und unglücklich aus Lager IV herunter.

»Was ist passiert?« fragte ich.

»Ich habe mir die Füße erfroren!«

»Nein! Wie kam das?«

Am Tag zuvor, erzählte Margi mir, war sie mit Mingma und Chewang gegen 10 Uhr morgens losgegangen, um Lager IV einzurichten. An der steilen Eiswand oberhalb Lager IV hatte sie dreißig Minuten lang still in der bitteren Kälte gesessen und Chewang gesichert, der währenddessen über die Stufe führte. Als sie ihm folgte, bemerkte sie, daß einer ihrer Füße unkontrollierte Bewegungen machte, und als sie mit den Zehen zu wackeln versuchte, bewegten sie sich nicht. »Ich schrie den Sherpas zu: ›Ich gehe runter. Füße erfroren.‹ Sie winkten: ›Bye, bye, Miss Margi, bye, bye.‹ Also ging ich zum Lager zurück, schmolz einen großen Topf Schnee und zog die Stiefel aus. Mein rechter Fuß war weiß und von den Zehen bis zum Rist steifgefroren. Als das Wasser warm war, steckte ich meinen Fuß hinein und taute ihn auf.«

»Tat es sehr weh?« fragte ich.

»Weiß ich nicht«, überlegte sie einen Augenblick. »Ich kann mich gar nicht daran erinnern. Ich war dort den ganzen Nachmittag allein, bis die Sherpas zurückkamen, nachdem sie Lager V aufgerichtet hatten. Sie erzählten mir, daß sie ein kleines Zelt in 7376 m Höhe aufgestellt und jenseits der Stufe, wo ich Mingma gesichert habe, keine weiteren Fixseile gebraucht hatten – also muß es dort oben leichter werden.«

Kurz danach kam Vera K. herauf, und ich mußte wieder in die Kälte hinaus, um ein weiteres Zelt aufzustellen. Es war harte Arbeit, das Eis einzuebnen und das Zelt aufzustellen. Irene und Piro kamen unmittelbar bei Einbruch der Dunkelheit an, erschöpft vom Tiefschnee und vom Wind.

»Irene sagte, du hättest ihnen gesagt, sie könnten einen Sherpa mit zum Gipfel nehmen. Aber keiner der Sherpas wollte allein mitgehen – sie wollten alle zusammen mitkommen. Also beschlossen sie schließlich, daß Mingma und Chewang das Gipfelteam begleiten und Lakpa mitkommen solle, um Lasten zu tragen.«

»Was?« rief ich mit Bestürzung aus. Mit Lopsang und Ang

krank im Basislager und Wangel relativ unerfahren blieben keine anderen kräftigen Sherpas übrig. »Was ist mit dem zweiten Team? Sie werden keine Sherpas zur Unterstützung haben.«

»Ich versuchte ihnen das klarzumachen«, sagte Margi, »aber sie waren fürchterlich müde, und ich glaube nicht, daß sie dort sehr klar nachdachten. Außerdem bestanden die Sherpas darauf, daß sie mit dem ersten Team gehen wollten.«

»Ja, das weiß ich. Die Sherpas wollten die ganze Zeit mit dem ersten Gipfelteam gehen. Aber was ist mit dem zweiten Gipfelteam?«

»Ich weiß nicht. Piro erklärte mir, daß ich nicht zum Gipfel hinauf könne, daß ich den Verlust meiner Zehen riskieren würde. Es tut mir leid, daß ich keine Chance auf den Gipfel habe, aber andererseits fühle ich mich wie Liz erleichtert, hier lebend herauszukommen.« Margi schaute nachdenklich. »Aber wenn ich aussteige, ist das zweite Gipfelteam ziemlich schwach.«

»Ich weiß. Wangel ist hier oben, um sie zu unterstützen, aber er hat nicht so viel Erfahrung wie die anderen Sherpas.«

»Vielleicht sollte das zweite Gipfelteam nicht gehen«, schlug Margi vor. »Vera W. ist in der letzten Zeit unheimlich langsam, und von den Sherpas stehen ihr bestenfalls Wangel und Lakpa zur Unterstützung zur Verfügung. Wer weiß, wie kräftig Lakpa nach ein paar Tragemärschen nach Lager V sein wird?«

»Das hört sich nicht sehr gut an«, stimmte ich zu, »aber Vera und Alison sind entschlossen, es zu versuchen. Ich habe das erste Gipfelteam über Funk zu erreichen versucht, bekomme aber keine Antwort. Weißt du, was mit den Funkgeräten los ist?«

»Oh, das war ein richtiges Durcheinander«, sagte Margi. »Beim ersten Gerät, das sie mit hinaufnahmen, stellte sich heraus, daß es gar kein Funkgerät war. Es waren drei Batterien in einer Schachtel, die ein Funkgerät enthalten sollte. Dann brachte ich ein anderes Funkgerät hinauf, und es hörte auf zu senden, empfängt aber noch.«

»Haben sie das Funkgerät mit nach Lager V genommen?«

»Nein. Sie ließen es zurück, weil es doch nicht senden konnte.«

»Verdammt, es ist frustrierend«, seufzte ich. »Ich wünschte, ich könnte mit ihnen darüber sprechen, daß sie alle Sherpas mitnehmen.«

Das Problem mit dem Funkgerät war ärgerlich, für die Bergsteigerinnen auf dem Weg von Lager IV nach Lager V aber nicht schlimm.

Sie würden wahrscheinlich besser dran sein, wenn sie all ihre Energie auf die vor ihnen liegende Aufgabe konzentrieren konnten und sich nicht mit Meldungen über Funk herumschlagen mußten. Und natürlich würde die Filmmannschaft das Gipfelteam durch die Teleobjektive von Lager I aus beobachten und uns über sein Fortkommen informieren.

Annie kam zu ihrem Zelt und umarmte Margi.

»Hey, Mädchen, freut mich, dich zu sehen. Was machen deine Füße?«

»Würdest du sie dir bitte anschauen, Annie? In den Zehen habe ich nicht viel Gefühl.«

»Gut, setz dich hin und zieh deine Stiefel aus.« Annie klopfte auf Margis Füße. »Im Augenblick nicht viel Gefühl, oder? Das wird besser, wenn du sie warm hältst.«

Annie sah nachdenklich drein. »Ich habe kein sehr gutes Gefühl wegen des zweiten Gipfelteams, wenn du ausfällst, Margi. Wenn die Sherpas nicht oben bleiben wollen, bleiben gerade noch ich, Alison und Vera W. – das ist nicht gerade ein sehr starkes Team.«

»Du hast recht. Es bleibt noch ein verdammt großes Stück Berg zu besteigen, und ich kann dir sagen, dort oben ist es um einiges härter, als es von hier aus aussieht«, sagte Margi. »Vorgestern auf dem Weg nach Lager IV mußte ich bei jedem Schritt mindestens zweimal Luft holen. Ich machte zwanzig Schritte und hielt dann an, lehnte mich auf meinen Eispickel und keuchte eine Zeitlang. Die zehn Pfund Stiefel, Steigeisen und Überstiefel an meinen Füßen waren so schwer, daß ich, als ich in Lager IV ankam, praktisch mit dem Gesicht nach unten im Schnee lag, wenn ich meine Steigklemme von einem Seil zum nächsten wechselte.

Die Höhe machte mir in Lager IV echt zu schaffen, während ich sie hier kaum bemerkte. Ich war gereizt und hatte heute morgen keine Lust zum Kochen. Ich wollte nur alle aus dem Zelt haben, damit ich herunterkommen konnte. Dort oben ist es nur gut 600 m höher, aber es ist völlig anders.«

»Wie ging es den Gipfelteams, als du heute morgen gingst?« fragte ich.

»Nun, sie fühlten sich nicht gerade himmelhochjauchzend. Sie sagten sogar, daß sie lieber wieder ins Bett gehen, als sich nach Lager V auf den Weg machen wollten. Man konnte kaum glauben, daß sie dafür zwei Jahre geplant hatten. Ihre Einstellung scheint zu sein, ›nun, wenn wir dieses verdammte Ding hinaufkommen, können wir wenigstens wieder hinunter‹.«

Eine Stunde später funkte Marie herauf, daß die drei Sherpas Lager IV gegen 10.30 Uhr verlassen hatten und daß die drei Mitglieder ihnen etwas später gefolgt waren. Alle sechs bewegten sich stetig auf das winzige rote Zelt zu, das unmittelbar unterhalb des Gipfelplateaus in 7 315 m Höhe aufgeschlagen war. Die Sherpas erreichten es in der Mitte des Nachmittags und die Mitglieder bei Einbruch der Dämmerung. Das letzte Mitglied bewegte sich extrem langsam und kam erst nach Einbruch der Dunkelheit in Lager V an. Wir fragten uns, ob das Irene sein konnte und ob sie vielleicht krank war, doch ohne Funkgerät bestand keine Möglichkeit, es zu erfahren.

Am Morgen des Gipfelaufstiegs war es erfreulich ruhig. Um 7.30 Uhr funkte Marie von Lager I herauf, um uns mitzuteilen, daß vier Kletterer sich gerade von Lager V zum Gipfel auf den Weg gemacht hatten. Sie kamen stetig voran, und die Bedingungen an den höhergelegenen Hängen schienen ausgezeichnet zu sein. Vier Kletterer – ich fragte mich, wer nicht dabei war und warum. War es diejenige, die gestern als letzte das Lager erreicht hatte? Vielleicht lag sie jetzt krank im Zelt. Aber wenn es eine ernste Sache war, würden die anderen nicht zum Gipfel hinaufgegangen sein, nahm ich an. Wieder verfluchte ich den Verlust der Funkgeräte, fand mich aber dann mit der Tatsache ab, daß das erste Team so oder so auf sich allein gestellt war. Wir würden wenigstens bis morgen warten müssen, um zu erfahren, wer die vier auf dem Weg zum Gipfel waren.

Lager I meldete sich wieder über Funk, um den Fortschritt des Gipfelteams zu melden.

Marie (Lager I): »Sie schaffen es! Ich weiß einfach, daß sie es schaffen. Noch vier Stunden bis zum Gipfel. Es ist so wunderbar zuzuschauen. Tiefblauer Himmel, eine Schneefahne, die vom Gipfel stäubt, und unsere Freundinnen dort oben. Ein großartiger Tag. Ende.«

Christy (Lager II): »Diese Schneefahne macht mir Sorgen. Sie bedeutet Höhenwinde am Gipfelkamm. Sie halten jetzt an. Gott, sie warten lange. Ich wünschte, sie würden weitermachen. Ich nehme an, sie legen ihre Sauerstoffgeräte an, aber sie sollen doch weitermachen. Ich kann dieses Warten nicht ertragen. Oh, sie bewegen sich wieder. Von hier unten sieht es fürchterlich langsam aus, aber sie schaffen es.«

Während ich lauschte, konnte ich die Aufregung fühlen, die wie ein elektrischer Strom durch alle Lager ging. Es sah wirklich so aus, als ob wir schließlich ganz kurz vor dem Erfolg standen.

Wir drei begannen, das halbe Dutzend Töpfe mit den verbrannten und gefrorenen Resten alter Mahlzeiten zu spülen, die in den Zelten zurückgeblieben waren. Da hatte ich eine bessere Idee. Mit einem Blick auf die Eisrinnen auf beiden Seiten unseres Lagers schlug ich vor: »Ich werfe diese Töpfe die Eisrinnen hinunter und schaue, wo sie landen.

Wenn die Landestelle auf unserer Spur liegt, ist das eine schnelle Art und Weise, die Ausrüstung aus dem Lager zu bekommen.«

»Es ist einen Versuch wert«, sagte Annie. »Aber versuch den Berg nicht zu sehr mit Abfall zu übersäen.«

Ich warf einen Topf mit gefrorenen Krabben auf Kreolenart den Eisschlauch auf der linken Seite und einen Topf mit gefrorenen Makkaroni und Käse die Rinne auf der rechten Seite hinunter. »Das ist ein wissenschaftliches Experiment. Wenn ich Makkaroni und Käse finde, weiß ich, daß die rechte Rinne funktioniert. Bei Krabben auf Kreolenart ist es die linke Rinne. Wenn ich keins von beiden finde, weiß ich, daß das keine gute Möglichkeit ist, unsere Lasten vom Berg hinunterzuschaffen.«

»Gut, mach dich an deine Wissenschaft«, kicherte Annie.

Nach dem Mittagessen machte ich mich mit vollgestopftem Rucksack, an dem außen ein Kissen und Schlafsack unhandlich baumelten, auf den Weg. Ich war nicht glücklich darüber, den schmalen Grat nach Lager IIIa ganz allein hinuntergehen zu müssen. Der Abstieg über den Grat war viel schwieriger als der Aufstieg. Ursprünglich waren unsere Fußspuren über die Schneide einige Zentimeter in den Schnee eingetreten gewesen, was ein Gefühl der Sicherheit vermittelte. Der Schnee um die Fußspuren war jedoch vom Wind davongeweht worden, und jetzt bildeten unsere Fußabdrücke praktisch erhobene Plattformen, deren Seiten 300 m tief abfielen. Ich ging rückwärts, hielt die Seile gespannt und versuchte, nicht die steilen Hänge auf beiden Seiten hinunterzuschauen. Gelegentlich warf ich einen Blick über die Schulter, um zu sehen, ob ich vielleicht schon am Ende des Grats angelangt war, aber es ging weiter und weiter, ein geschlängeltes weißes Drahtseil aus Schnee. Ich sehnte mich nach der warmen Sonne in Lager IIIa und der Welt viel weiter unten.

Mein Rucksack brachte mich dauernd aus dem Gleichgewicht, und mehrere Male trat ich in den steilen Pulverschnee, der auf beiden Seiten der schmalen Spur steil abfiel. Nach etwa einem Drittel des Wegs hinunter nach Lager IIIa fragte ich mich: »Was macht ein nettes Mädchen aus dem Mittelwesten so allein hier oben, rückwärts über einen schmalen Kamm auf 6400 m im Himalaja schwankend?« Falls ich von diesem Grat fallen sollte, würde das lange Zeit von niemand bemerkt werden. Und wirklich, auf halbem Weg nach unten riß ein Firnanker aus, als ich mein Gewicht darauf verlagerte. Das Seil gab nach, ich taumelte ein Stück und fiel fast über den Rand. Nur ein zweiter Anker an der gleichen Stelle hatte mich vor einem ernsthaften Absturz bewahrt. Erschrocken kletterte ich wieder zum Anker hinauf und schlug ihn so fest ein, wie ich konnte. Ich dachte an die Bergsteigerinnen, die in den nächsten Tagen mit schwerem Gepäck herunterkommen würden. Konnten sie sicher sein, wenn die Anker anfingen herauszuschmelzen?

Beim Abstieg über Liz' Eisstück, das letzte Kletterstück oberhalb Lager IIIa, landete ich bis zur Hüfte in einer Spalte, die unten mit Pulverschnee gefüllt war. Mir war zum Weinen zumute. In der Angst, noch tiefer zu fallen und nicht wieder herauszukommen, hakte ich meine Steigklemme am Seil ein und kämpfte mich wieder nach oben. Schließlich stolperte ich nach IIIa und brach zusammen. Nachdem ich wieder zu Atem gekommen war, schaltete ich eine Bandaufnahme des 4. Brandenburgischen Konzerts ein und saß dort eine halbe Stunde in der warmen Sonne, hörte Bach, aß Traubenzucker und stärkte mich für den letzten Teil meines Abstiegs.

Weiter unten fand ich, daß die Bedingungen an der Steilwand in der Woche, die ich in Lager III gewesen war, schlechter geworden waren, wodurch das Abseilen durch die Eiszapfen extrem gefährlich wurde. Ich konzentrierte mich gerade darauf, mich ohne Berührung der Eiszapfen abzuseilen, als das Bandgerät sich mit einem dauernden lauten Summen ein paar Zentimeter neben meinem Ohr wieder meldete. Ich konnte nicht anhalten, um den Rucksack abzunehmen und es auszuschalten, machte also weiter mit diesem entnervenden Summen in meinem Ohr. Am Fuß war das rote Seil durcheinander, und ich konnte nicht genügend loses Seilende bekommen, um mich hinunterzulehnen und mich am gelben Seil einzuhängen. Unsicher auf den Zacken der Steigeisen hockend, schaffte ich es schließlich, die Seile zu entwirren.

Als ich schließlich nach langer Zeit den Fuß der Rippe erreichte und dankbar das Bandgerät abstellte, sah ich, daß sich hier auch einiges verändert hatte; wo sich vorher fester Schnee befunden hatte, tat sich jetzt eine riesige Spalte auf. Ich war so sehr damit beschäftigt, dort schnell wegzukommen, daß ich vergaß, nach den dreckigen Töpfen zu sehen, die ich die Rinne hinuntergeworfen hatte. Ich würde die Ergebnisse des Experiments nie erfahren.

Die Hänge unterhalb der Holländerrippe waren an manchen Stellen, wo die Lawinen den Oberflächenschnee hinweggefegt hatten, eisig. An anderen Stellen mußte ich mir einen Weg durch Berge von neuem Schutt suchen. Zum letztenmal eilte ich über diesen gefährlichen Abschnitt. Schließlich erblickte ich einen winzigen Fleck in der Entfernung – Christy wartete auf mich.

Mit der Sicherheit vor mir kehrten meine Gedanken zu denen zurück, die noch oben waren, besonders zum ersten Gipfelteam. Ging es allen gut? Hatten sie es zum Gipfel geschafft?

Aus dem Tagebuch von Piro Kramar:

Intensives Verlangen nach einem riesigen Sandwich – dicke Scheiben aus dunklem deutschem Brot, süße sahnige Butter und dicke Stücke Salami. Was wir bekamen, waren Nudeln. Nach dem Essen drängten Vera K., Irene und ich uns in das kleine Zweimannzelt, damit wir es in der Nacht warm hatten. Die Zeltplattform, die in einen steilen Hang geschlagen war, war nicht ganz eben, so daß wir nachts immer wieder nach unten rollten. Von Zeit zu Zeit nahmen wir Sauerstoff, der es uns gestattete, trotz der Unbequemlichkeit und unserer Sorgen vor dem Gipfelaufstieg gut zu schlafen. Vera K. weckte uns um drei Uhr, doch es dauerte vier Stunden, bis wir alle fünf fertig waren.

Jede scharf auf den besten Platz, drängten wir uns auf ein winziges Sims vor dem Zelt; mit Steigeisen, Gurten und Rucksack kämpfend, faßte ich nach meiner Kamera, um sie aus dem Weg zu bekommen. Als mein rechter Zeigefinger das nackte Metall berührte, stellte sich ein vages Gefühl des Brennens ein. Mein Gehirn beachtete es nicht; ich muß gedacht haben, das ist ein guter Handschuh, ignorier das Zeichen.

Ein paar Minuten später, als ich meine Steigeisen anschnallte, sah ich hinunter und bemerkte, daß mein Finger wie Schweizer Käse aussah, der durch ein Loch im Innenhandschuh schaute. Ich zog den Handschuh aus, und der ganze Finger war weiß und ließ sich nicht bewegen. Die Angst vor einer Verstümmelung ließ mich ins Zelt zurückspringen, mit Steigeisen und allem. Als erstes steckte ich den Finger in den Mund, dann legte ich ihn auf den Bauch. Ich legte mich auf zwei Schlafsäcke, zog den dritten über mich und schlief zehn Stunden, mit Steigeisen und ohne einen Gedanken an den Gipfel.

Aus dem Tagebuch von Vera Komarkowa:

Chewang, Mingma, Irene und ich machten uns kurz vor sieben auf den Weg. Glücklicherweise war das Wetter für einen Gipfeltag gut: wolkenloser Himmel und kein Wind. Zu dieser Jahreszeit, nach dem Ende des Monsun, können starke Winterstürme jeglichen Aufstieg in großen Höhen verhindern. Die Winterstürme hatten dieses Jahr zwar bereits begonnen, sie konnten aber auch für ganze Tage aufhören – und glücklicherweise war heute einer dieser Tage.

Ein paar hundert Fuß weit war das Gelände steil und eisig. Dann wurde der Steigungswinkel kleiner, und das Eis verschwand. An manchen Stellen konnte man die Steigeisen leicht in den Schnee stoßen; an anderen stießen wir durch eine Kruste aus härterem Schnee in den Pulverschnee darunter.

In 7711 m Höhe, nach dreieinhalb Stunden Aufstieg, bemerkte ich: »Ich kann nicht mehr klar denken!« Irene und ich nahmen sofort Sauerstoff. An dem Punkt hatte sich unser Tempo beträchtlich verringert, und es schien, als ob die restlichen 366 m sich ohne Sauerstoff als zuviel herausstellen würden. Wenn Lager V höher gelegen hätte, hätten wir es vielleicht ohne bis zum Gipfel geschafft. Nach ein paar Minuten mit Anlegen und Einstellen des Geräts machten wir weiter. Die Landschaftsstrukturen, die so lange Zeit immer über uns gelegen hatten, änderten ihre vertrauten Formen und versanken unter dem Horizont. Zu unserer Rechten kam der obere Teil der Sichel auf eine Höhe mit uns und verschwand dann langsam nach unten, wie es auch mit dem noch nicht erstiegenen Mittelgipfel und schließlich dem Ostgipfel geschah. Nur der Dhaulagiri I und sehr wenige andere Gipfel überragten uns noch. Das Reden hatten wir schon lange aufgegeben; die einzigen Geräusche waren die unserer Steigeisen, die über den Schnee kratzten. Der Gummiballon des Sauerstoffgeräts pulsierte rhythmisch mit den Anstrengungen unserer Beine und Lungen.

In der Nähe des Sattels zwischen dem mittleren und dem Hauptgipfel, unmittelbar bevor wir die Gipfelpyramide erreichten, wurden wir noch langsamer. Der Schnee war fast oberschenkeltief. An einer Stelle setzte sich Chewang – von Beginn an Optimist – in die Spur, die er zog, und gab bekannt: »Vielleicht kein Erfolg.« Chewang hatte diese Höhe schon früher mit einer japanischen Expedition erreicht, war aber durch schlechtes Wetter davon abgehalten worden, den Gipfel zu erreichen. Ich bot ihm an, daß er meinen Sauerstoff haben könnte oder daß ich das Spuren übernehmen würde, und das reichte aus, um ihn aufspringen und ein paar Schritte fast rennen zu lassen.

Unsere Route umging den steilsten Teil der Gipfelpyramide. Von unterhalb des Sattels stiegen wir allmählich über mehrere Stellen mit nacktem Fels zum Gipfelkamm hinauf, den wir erst nach einer langen Traverse unterhalb erreichten. Der Schnee war hier weitaus weniger fest, und das Durchsteigen erforderte Sorgfalt. Mindestens eine Stunde nachdem wir schließlich den windigen Grat erreicht hatten, kletterten wir noch über und um eine Folge von Schneewächten und Höckern auf dem Gipfelgrat, nicht in der Lage festzustellen, welches der richtige Gipfel war.

Um sechs Uhr morgens kriechen wir aus den Zelten und beginnen mit dem schwierigen Vorgang, unsere Steigeisen anzulegen. Meine passen nicht. Die guten gingen in dem von der Lawine begrabenen Depot verloren. Ich hoffe, diese hier gehen nicht ab. Es ist ein guter Tag für den Gipfel, fast kein Wind, kalt und klar. Wir tragen alles, was wir haben. Ich habe sieben Kleidungsschichten außen und vier innen, plus ein Wollhut in einem Kopfschützer in meiner Kapuze. Und es ist immer noch kalt.

Plötzlich platzt Piro fluchend ins Zelt. Beim Anziehen ihrer Steigeisen hat sie sich ihren rechten Zeigefinger erfroren. Die Entscheidung, nicht weiterzugehen und ihre Karriere als Augenärztin aufs Spiel zu setzen, fällt Piro leicht, während Vera K. und ich es hassen, daß sie den Gipfel verpaßt.

Vera Komarkowa und ich und die Sherpas Mingma Tsering und Chewang Rinjing seilen uns an und machen uns kurz vor sieben Uhr auf den Weg. Nicht viel zu tragen – zwei Sauerstoffzylinder und Masken, ein wenig Proviant, Kameras, etwas Notausrüstung und eine Feldflasche Wasser. Direkt oberhalb des Lagers ist eine kleine Spalte und mehrere hundert Fuß steiles Gelände. Die Neigung wird geringer, als wir über den letzten Vorsprung und auf das obere Plateau kommen. Wir sind auf gleicher Höhe mit dem Fuß einer Felsrippe, die zum mittleren Gipfel zwischen dem Annapurna I und seinem Ostgipfel führt. Bald sehen wir die Gipfelpyramide in der Ferne. Ich erkenne sie aus all den Büchern, und dort ist sie schließlich – die letzte Pyramide, immer in Sichtweite und unglaublicherweise näher kommend. Ich kann mein Vorwärtskommen messen, indem ich nach links schaue und sehe, wie nahe ich ihr bin, doch ich tue das nicht zu oft, da sich die Entfernung nicht gerade schnell zu verringern scheint.

Die Schneebedingungen variieren von hartem Schnee, in dem sich die Steigeisen gut einsetzen lassen, bis zu einer fürchterlichen Kombination aus brüchiger Kruste und knietiefem Weichschnee. Mingma geht voran, um zu spuren. Ich bin hinter ihm, benutze seine Fußspuren, aber in dieser Kruste hat man es als zweiter genauso schwer. Jedesmal, wenn die Kruste nachgibt, falle ich genau dorthin zurück, wo ich angefangen habe.

Ich brauche ganz nötig eine kurze Ruhepause, doch Chewang ermutigt mich: »Langsam gehen, nicht anhalten, ich glaube Erfolg.« Ich versuche mein Schrittempo zu regulieren, daß ich bei jedem Schritt sechsmal atme, und ich versuche in den unstabilen Fußstapfen nicht zurückzugleiten. Unser Sauerstoff reicht nur für sechs Stunden; wir müssen so hoch wie möglich kommen, bevor wir ihn benutzen.

Nach zweieinhalb Stunden stetigen Kletterns kommen wir nur noch im Kriechtempo vorwärts. Zeit für den Sauerstoff, stimmen Vera K. und ich überein. Wir setzen die Masken auf, und ich fühle mich einen Augenblick besser. Aber bald atme ich wieder sechsmal pro Schritt. Schließlich bemerke ich, daß der Ballon an meiner Maske sich anders bewegt als der von Vera. »Mein Sauerstoffgerät funktioniert nicht«, melde ich. Chewang und ich fummeln am Ende des Verbindungsstücks herum. Ganz plötzlich höre ich ein sanftes Zischen, als der Sauerstoff zu fließen beginnt, und dann komme ich mit vier Atemzügen pro Schritt aus.

Wir sprechen nicht, während wir höher klettern. All unsere Energie und Konzentration geht in den stetigen, monotonen Trott, der uns auf unser Ziel zubringt. Es ist immer noch nicht windig, doch wir können Schneefahnen sehen, die im Wintersturm vom Gipfel geblasen werden. Ich denke an meine Familie und meine Freunde. Ihre Liebe ist eine beruhigende Kraft, die meinen Weg den Berg hinauf erleichtert.

Unmittelbar unterhalb der Gipfelpyramide ist der Schnee sehr tief, und unser Schrittempo wird schleppend. Doch bald wird der Schnee weniger, und das Gehen fällt leichter. Die Felsbänder unterhalb des Gipfels, die mir Sorge bereitet hatten, stellen sich als problemlos heraus. Mit auf dem Sandstein knirschenden Steigeisen gehen wir geradewegs darüber hinweg und erreichen den Kamm des windigen, überwächteten Gipfelgrats. Aber wo ist der Gipfel? Chewang bekommt Gipfelfieber und rennt den Grat entlang, um den höchsten Punkt festzustellen. Wir steigen über drei oder vier Vorsprünge, und schließlich sind wir da. Endlich der Gipfel des Annapurna I! Am 15. Oktober 1978 um 15.30 Uhr stehen wir in einer Höhe von 8078 m auf dem Gipfel des zehnthöchsten Berges der Welt – auf dem Dach der Welt.

Wir haben ein Sortiment Gipfelfahnen dabei: die nepalesische und die amerikanische Flagge und eine mit der Aufschrift »Der Platz der Frau ist an der Spitze«, alle zusammengehalten von einer Rettet-die-Wale-Anstecknadel. Chewang hat sie an seinen Eispickel gebunden und schon seit einiger Zeit bereit. Wir versuchen die Fahnen für das Gipfelfoto geradezuhalten, doch der Wind peitscht sie um den Eispickel. Vera K. macht Fotos, wie ich zwischen Chewang und Mingma posiere. Was für ein Gefühl habe ich? Zum Teil eine unglaubliche Erleichterung, weil ich nicht weiter den Berg hinaufsteigen muß. Und ein Gefühl der Erfüllung für mich und das ganze Team. Wir haben geschafft, was wir schaffen wollten – einen höheren Punkt gibt es hier nicht. Aber zum größten Teil ist mir bewußt, daß es 15.30 Uhr ist und daß wir uns beeilen müssen, um vor Einbruch der Dunkelheit wieder hinunterzukommen.

Das Tagebuch von Vera K. zeigt andere Eindrücke vom Gipfel:

Der Anblick bot tiefe Erfüllung. Die weißen Massive der wenigen höheren Berge erhoben sich aus einem Meer von braunen, roten und blauen Bergen und gingen am Horizont in das tiefe Blau des Himmels über. Unmöglich, irgendwelche Gipfel zu identifizieren, außer dem Dhaulagiri jenseits des Kali-Gandaki-Tales. Unter uns war die steile Südwand des Annapurna zu sehen, wenn die wirbelnden Wolken gelegentlich aufrissen.

Als Irene, Chewang und Mingma sich vor der Kamera von Vera K. aufstellten, schrien die Zuschauer in Lager I und II alle gleichzeitig in ihre Funkgeräte, und ein großes Geschrei hallte von Lager zu Lager, den Berg hinauf und hinunter.

Ironischerweise hatten diejenigen, die dem Gipfel am nächsten waren, nicht bemerkt, daß er erreicht war. In Lager V steckten Piro und Lakpa in ihren Schlafsäcken und verträumten den Tag ohne Funkgerät, das sie aus ihrer Höhenlethargie reißen konnte. Annie und Margi in Lager III hatten ebenfalls kein Funkgerät und wußten nicht, daß wir Erfolg gehabt hatten. Margi hatte starke Schmerzen in den Füßen; sie verbrachte den Nachmittag damit, sich durch den Proviantvorrat im Lager zu wühlen und ihre Lieblingsgerichte zu kochen – sie versuchte Kraft für den Abstieg zu bekommen. Annie hatte Magenschmerzen und fand Margis Kocherei unappetitlich. Beide warteten ungeduldig auf die Dämmerung, weil ich versprochen hatte, von Lager II aus Leuchtsignale zu geben, wenn der Gipfel erreicht war.

Vera W. und Alison, die auf dem anstrengenden Weg von Lager III nach Lager IV waren, stellten ihr Funkgerät erst an, als sie in der Dämmerung Lager IV erreichten, und hörten die Neuigkeiten somit erst dann.

Aber in den tiefer gelegenen Lagern, von wo aus der Gipfel deutlich zu sehen war, war die Aufregung den ganzen Tag hindurch größer geworden. Christy sagte später, sie hätte sich gefühlt, als ob im Verlauf des Tages ein großer Schraubstock immer enger und enger um ihre Brust zugezogen worden sei. Als die vier winzigen Figuren schließlich den Gipfel erreichten, umarmten Christy und Joan einander, tanzten herum und riefen: »Unglaublich, wunderbar, phantastisch!«

Auch die Filmmannschaft in Lager I war fürchterlich aufgeregt. Als die Bergsteiger den Gipfel erreichten, geriet Dyanna ins Schwitzen, filmte aber weiter.

Näher, immer näher. Meine Kamera surrt und macht Meter um Meter Aufnahmen von den vier Bergsteigern, die sich dem höchsten Punkt nähern. Plötzlich halten sie an und bewegen sich nicht mehr. Sie sind da. Die Spitze! Was sie sehen müssen! Eine phantastische Sache, diese kleinen Figuren von einer zwei Meilen tiefer gelegenen Stelle aus auf dem Gipfel zu beobachten, mit nur vom Wind aufgewirbeltem Schnee und Himmel über ihnen.

Dyanna hielt gerade lange genug ein, um Marie zu umarmen, zu jubeln und auf und ab zu springen, dann filmte sie weiter, wie die Fahnen aufgestellt wurden. »Es war wundervoll – Figuren im Gegenlicht mit Wolkenfetzen.«

Während all das passierte, kam ich zum letztenmal die Holländerrippe hinunter. Christy war von Lager II hinaufgestiegen, um mir die Neuigkeiten zu bringen und zu sehen, wie ich über den Lawinenhang kam; sie sah mich aus der Spur treten und in schenkeltiefen Schnee fallen. Als ich mich herauskämpfte, schrie ich ihr zu: »Haben sie es geschafft?« Sie nickte mit dem Kopf, und ich setzte mich hin und weinte. Es war eine Mischung aus Triumph, daß der Gipfel erreicht war, Erleichterung, daß ich es zum letztenmal über den Lawinenhang geschafft hatte, Erschöpfung durch die Spannung des Abstiegs und, hauptsächlich, Freude darüber, daß ich jetzt wußte, daß der Platz einer Frau wirklich an der Spitze war – nach all den Jahren der Planung und Vorbereitung hatten wir den Annapurna erstiegen.

Quellenverzeichnis

Elly Beinhorn (* 1907)
Alleinflug
Aus: Alleinflug. Erinnerungen (S. 63–82).
© Langen Müller in der F.A. Herbig Verlagsbuchhandlung GmbH, München

Arlene Blum (* 1945)
Annapurna
Aus: Annapurna. Die erste Frauenexpedition auf einen der höchsten Gipfel der Erde (Auszüge aus S. 240–261).
Deutsch von Hermann Leifeld.
© Arlene Blum
© der deutschen Übersetzung: Paul Pietsch Verlage GmbH & Co., Stuttgart 1982

Gudrun Calligaro (* 1948)
In der Wüste des Südpazifiks
Aus: Ein Traum wird wahr. Als erste Deutsche einhand um die Welt (S. 150–170).
© Delius Klasing & Co., Bielefeld 1991

Alexandra David-Néel (1868–1969)
Mein Weg durch Himmel und Hölle
Aus: Mein Weg durch Himmel und Hölle. Das Abenteuer meines Lebens (Auszüge aus S. 73–95). Deutsch von Ada Ditzen.
© Scherz Verlag, Bern–München–Wien 1986

Robyn Davidson (* 1950)
Spuren
Aus: Spuren. Eine Reise durch Australien (S. 187–197,

203–231, 213–216). Deutsch von Manfred Ohl und Hans Satorius.
© Rowohlt Taschenbuch Verlag GmbH, Reinbek 1982

Lucy Irvine (* 1956)
Eva und Mr. Robinson
Aus: Eva und Mr. Robinson (S. 142–161). Deutsch von Werner Waldhoff. Serie Piper 1274.
© Schweizer Verlagshaus, Zürich 1984

Mary Kingsley (1862–1900)
Die grünen Mauern meiner Flüsse
Aus: Die grünen Mauern meiner Flüsse. Aufzeichnungen aus Westafrika (Auszüge aus S. 73–95). Deutsch von Ulrike Budde und Angelika Felenda.
© Wilhelm Goldmann Verlag GmbH, München 1994

Beryl Markham (1902–1986)
Westwärts mit der Nacht
Aus: Westwärts mit der Nacht (S. 296–312). Deutsch von Günter Panske.
© Nymphenburger Verlagshandlung in der F. A. Herbig Verlagsbuchhandlung GmbH, München

Bettina Selby (* 1934)
Ah Agala!
Aus: Ah Agala! Eine Frau erfährt Afrika. Mit dem Fahrrad durch die Wüste (S. 297–307). Deutsch von Jürg Wahlen. Serie Piper 1257.
© Schweizer Verlagshaus, Zürich 1989

Helen Thayer (* 1938)
Polartraum
Aus: Polartraum. Eine Frau allein in der Arktis (S. 183–191, 228–240). Deutsch von Mechtild Sandberg-Ciletti.
© Blanvalet Verlag GmbH, München 1994

Lese-Abenteuer

Jean-Yves Domalain
Panjamon
Ich war ein Kopfjäger.
Aus dem Französischen von
Renate Meissner.
310 Seiten mit 35 Abbildungen.
SP 1383

Yossi Ghinsberg
Amazonas
Vier Männer in der Falle.
Aus dem Amerikanischen von
Werner Waldhoff.
292 Seiten. SP 1992

Gernot Spielvogel-Herrmann
2000 Meilen Freiheit
Im Kajak durch Alaska.
346 Seiten. SP 1697

Harry E. Rieseberg
Ich tauche nach Schätzen
Aus dem Amerikanischen von
Fritz Helke.
279 Seiten. SP 1688

Bettina Selby
Timbuktu!
Eine Frau in Schwarzafrika allein
mit dem Fahrrad unterwegs.
Aus dem Englischen von
Jürg Wahlen. 285 Seiten mit
21 Abbildungen.
SP 1724

Rüdiger Nehberg
Überleben in der Wüste Danakil
235 Seiten mit 33 Abbildungen.
SP 1809

Lucy Irvine
Eva und Mister Robinson
Aus dem Englischen von
Werner Waldhoff.
258 Seiten mit 6 Abbildungen.
SP 1274

Gérard d'Aboville
Allein im Ruderboot über den Pazifik
Aus dem Französischen von
Wolfgang Ferdinand Müller.
164 Seiten mit 13 Abbildungen.
SP 1905

Peter Lourie
Schweiß der Sonne, Tränen des Mondes
Chronik einer Schatzsuche.
Aus dem Amerikanischen von
Viky Cevallos. 315 Seiten.
SP 2053

Mario Richner
Urwald, Gold und Indios
Mit dem Fahrrad durch
Amazonien. 300 Seiten mit
16 farbigen Abbildungen.
SP 1474

Lese-Abenteuer

Steven Callahan
Im Atlantik verschollen
Der 76tägige Überlebenskampf
eines schiffbrüchigen Seglers.
Aus dem Amerikanischen von
Werner Waldhoff.
288 Seiten. SP 1798

Rüdiger Nehberg
Abenteuer am
Blauen Nil
216 Seiten mit 17 Abbildungen.
SP 1796

Mark Jenkins
Infernalische Reise
Mit dem Fahrrad quer durch
Sibirien. Aus dem Amerikanischen
von Ulrike von Puttkammer.
281 Seiten mit 19 Abbildungen.
SP 1778

Ron Hall / Nicholas Tomalin
Die sonderbare Reise des
Donald Crowhurst
Aus dem Englischen von
Barbara Schaden.
372 Seiten. SP 1925

Tété-Michel Kpomassie
Ein Afrikaner in
Grönland
Mit einem Vorwort von
Jean Malaurie. Aus dem
Französischen von Anna Müther.
313 Seiten. SP 1523

Rüdiger Nehberg
Über den Atlantik und
durch den Dschungel
Eine Rettungsaktion für
die Yanomami. 352 Seiten mit
18 farbigen Fotos von
Christina Haverkamp und
Rüdiger Nehberg.
SP 1952

Bettina Selby
Ah Agala!
Eine Frau erfährt Afrika. Mit
dem Fahrrad durch die Wüste.
Aus dem Englischen von
Jürg Wahlen.
338 Seiten mit 19 farbigen
Abbildungen und
4 Karten. SP 1257

Joe Simpson
Sturz ins Leere
Mit einem Vorwort von
Chris Bonington. Aus dem
Englischen von Jürg Wahlen.
243 Seiten mit 15 farbigen und
7 Schwarzweißabbildungen.
SP 1247

Leosch Schimaneck /
Cestmir Sebesta
Durch die Wildnis
zum Eismeer
Ein Jahr auf abenteuerlicher
Flußfahrt durch Nord-Kanada.
282 Seiten mit 55 Abbildungen,
einer Vorsatzkarte und einer
Nachsatzkarte.
SP 1578

Lese-Abenteuer

Bettina Selby
Himalaja
Mit dem Fahrrad durch Nepal, Kaschmir und Sikkim.
Aus dem Englischen von Jürg Wahl.
289 Seiten mit 23 Abbildungen.
SP 1609

Olivier de Kersauson
Die Fahrt über den Ozean
Aus dem Französischen von Brigitte Schenker.
153 Seiten. SP 1484

Peter Fleming
Brasilianisches Abenteuer
Aus dem Englischen von Hans Bütow. 420 Seiten mit 15 Schwarzweißabbildungen und 2 Karten. SP 1436

Michael Asher
Zu zweit gegen die Sahara
Aus dem Englischen von Hanna van Laak. 351 Seiten mit 36 Fotos von Mariantonietta Peru. SP 1710

Rollo Gebhard
Seefieber
Allein über die Ozeane. 288 Seiten mit 32 schwarzweißen und 16 farbigen Tafeln. SP 1647

Reinhold Messner
Antarktis
Himmel und Hölle zugleich. 397 Seiten mit zahlreichen farbigen und Schwarzweiß-abbildungen. SP 1711

Herbert Rittlinger
Ich hatte Angst
Meine gefährlichsten Expeditionen. 299 Seiten mit 25 Abbildungen. SP 1340

Arved Fuchs
Im Faltboot um Kap Hoorn
Die erste gelungene Winterumrundung im Serien-Faltboot. 269 Seiten mit 16 Seiten Farb- und 60 Schwarzweißabbildungen. SP 1327

Reinhold Messner
Die Freiheit, aufzubrechen, wohin ich will
Ein Bergsteigerleben. 369 Seiten mit zahlreichen farbigen und Schwarzweißabbildungen. SP 1362

Lust am Abenteuer
Ein Lesebuch. Herausgegeben von Ulrich Wank. 350 Seiten. SP 2153

Lust am Lesen

Duygu Asena

Die Frau hat keinen Namen

Eine Türkin entdeckt die Folgen des kleinen Unterschieds. Aus dem Türkischen von Barbara Yurtdaş. 174 Seiten. SP 1485

Duygu Asena

Meine Liebe, deine Liebe

Roman. Aus dem Türkischen von Barbara und Ali Yurtdaş. 216 Seiten. SP 1792

Nicole de Buron

Ein Koffer voller Leben

Aus dem Französischen von Barbara Scriba-Sethe. 287 Seiten. SP 843

Mit Ironie, Tempo und pointierter Exaktheit zeigt Nicole de Buron in ihrem Erinnerungsroman, wie man gelassen und heiter die reifen Jahre angehen kann.

Meredith Daneman

Die Favoritin

Roman. Aus dem Englischen von Erica Ruetz. 170 Seiten. SP 2161

Meredith Daneman erzählt diese »Parallelen der Liebe« über zwei Generationen mit so viel Lebensklugheit und Charme, daß sich die Leserin darin mühelos wiederfindet.

»Witzig, mit scharfem Blick, sympathisch.«
The Times

Lucy Ellmann

Verschiedene Grade von Hoffnungslosigkeit

Roman. Aus dem Englischen von Erica Ruetz. 195 Seiten. SP 1665

Michèle Fitoussi

Zur Hölle mit den Supermännern

Roman. Aus dem Französischen von Michaela Meßner. 147 Seiten. SP 1903

»Das ist göttlich! In der Sonne im weichen Sand liegen und alles vergessen, weil man in einen fesselnden Roman von Liebe und Leidenschaft versunken ist. Dabei ist die Heldin so lebensnah, daß man ihr im nächsten Café begegnen könnte.«
Flair

Gaby Hauptmann

Suche impotenten Mann fürs Leben

Roman. 315 Seiten. SP 2152

Gaby Hauptmann ist das Kunststück gelungen, das Thema »Frau sucht Mann« von einer gänzlich anderen Seite aufzuziehen und daraus eine fetzige und frivole Frauenkomödie zu machen.

Lust am Lesen

Ulla Fröhling
Nur noch einmal
Erotische Geschichten. 165 Seiten.
SP 2019

Viele gelüstet es nach einer großen Menge – sei es an Männern, Nudeln, Morden oder Katzen –, und nur wenige sind so bescheiden wie Margarethe, die sich erst zu ihrem 80. Geburtstag noch einmal einen Luxus leisten möchte: einen nackten Mann.

Anna-Leena Härkönen
Aquariumsliebe
Roman. Aus dem Finnischen von Anu Pyykönen-Stohner. 166 Seiten. SP 1791

Pam Houston
Bei Cowboys werd ich schwach
Stories. Aus dem Amerikanischen von Carina von Enzenberg. 213 Seiten. SP 1571

Susanne Mischke
Freeway
Roman. 219 Seiten. SP 2191

Carmen Rico-Godoy
Perfekte Frauen haben's schwer
Roman. Aus dem Spanischen von Volker Glab. 196 Seiten. SP 1576

»Eine Geschichte, dem Leben abgelauscht, voller Witz, Tempo und prickelnder Ironie.«
El País

Schau mir in die Augen, Kleiner
Liebesgeschichten. Herausgegeben von Irene Nießen. 228 Seiten. SP 2137

Jenefer Shute
Schwerelos
Roman. Aus dem Englischen von Hanna van Laak. 247 Seiten. SP 1708

Franziska Stalmann
Champagner und Kamillentee
Roman. 230 Seiten. SP 1541

Claude Tardat
Die sanfte Süße des ewigen Honigs
Roman. Aus dem Französischen von Gisela Lerch. 138 Seiten. SP 1583

»…ein lesenswertes, eigenwilliges Buch, das trotzig und poetisch die Rebellion gegen die Fratzen der Schönheit feiert.«
Die Zeit

Barbara Yurtdaş
Wo auch ich zu Hause bin
Eine türkisch-deutsche Familiengeschichte. 212 Seiten. SP 1638

SERIE PIPER

Lust am Lesen

Nick Cave

Und die Eselin sah den Engel

Aus dem Englischen von Werner Schmitz. 326 Seiten. SP 1869

»Eine wirklich grandiose Geschichte – ein modernes Epos«
Elle

Rick DeMarinis

Das Jahr des Zinkpennys

Roman. Aus dem Amerikanischen von Hans M. Herzog. 181 Seiten. SP 1709

»Wie ein Elfjähriger sich seine Umgebung deutet, wie er sich das Erwachsensein vorstellt, wie er die Verletzungen seiner frühen Kindheit wegsteckt, seine Niederlagen verschmerzt – das zeigt die Geschichte von Trygve Napoli auf überzeugende Weise. Es gibt viel Grund zum Staunen und zum Lächeln in seiner Geschichte. Aber es gibt kein Happy-End.«
Brigitte

Rick Moody

Der Eissturm

Roman. 317 Seiten. SP 2277

»... Sehr subtil geschrieben ... Ein Buch, das mir sehr viel Spaß gemacht hat.«
Marcel Reich-Ranicki

Rick Moody

Garden State

Roman. Aus dem Amerikanischen von Michael Hofmann. 223 Seiten. SP 1811

Das Debüt der neuen literarischen Entdeckung aus den USA: Eine atmosphärisch dichte Milieustudie der jungen Erwachsenen der neunziger Jahre in der amerikanischen Provinz.

Laren Stover

Pluto, der Tierfreund

Roman. Aus dem Amerikanischen von Sabine Roth. 147 Seiten. SP 2058

»Wenn Raymond Carver einfach nur ein bißchen verrückter gewesen wäre und noch lebte oder Stephen King wirklich schreiben könnte, hätte jeder von ihnen stolz sein können, wenn ihm ein Buch wie ›Pluto, der Tierfreund‹ gelungen wäre«, pries die New York Times Book Review diesen vielbeachteten Erstlingsroman.

»Eine Breitseite der Generation X gegen die gescheiterten Ideale der sechziger Jahre.«
The New York Times

Robert Westbrook

Die Kids von Beverly Hills

Roman. Aus dem Amerikanischen von Ulrich Hoffmann. 288 Seiten. SP 1813

Thriller, Liebes- und Familiengeschichte in einem – ein schnelles, spannendes, witziges Buch.

Lust am Lesen

Eva Bakos
Die Villa im Veneto
Roman. 286 Seiten. SP 1957

»Erzählen: das kann man nicht lernen. Das muß man können. Eva Bakos kann es!«
Die Presse, Wien

Peter Gustav Bartschat
Die Nacht des Kalifen
Roman aus dem alten Bagdad. 440 Seiten. SP 1966

»... genau eines jener Bücher, mit denen man sich für ein, zwei Tage ins Bett verzieht, um sich aus dem lausigen Treiben da draußen einmal kurz auszublenden.«
Tip, Berlin

Manfred Bieler
Ewig und drei Tage
Roman. 283 Seiten. SP 1465

Manfred Bieler
Der Kanal
Roman. 480 Seiten. SP 1391

Antonia Fraser
Das Kavaliersdelikt
Roman. Aus dem Englischen von Dorothee Asendorf. 264 Seiten. SP 1775

Antonia Frasers Romane um die Enthüllungsreporterin Je-mima Shore verbinden aufs amüsanteste die Eleganz und den Humor des Gesellschafts-romans mit der Spannung des Kriminalromans.

Winston Graham
Die Frau im Spiegel
Roman. Aus dem Englischen von Herbert Schlüter. 270 Seiten. SP 1458

Die Frau im Spiegel ist eine aufregende moderne Spukgeschichte und ein bewegender Liebesroman.

Dacia Maraini
Erinnerungen einer Diebin
Roman. Aus dem Italienischen von Maja Pflug. Mit einem Nachwort von Heinz Willi Wittschier. 383 Seiten. SP 1790

Dacia Maraini
Die stumme Herzogin
Roman. Aus dem Italienischen von Sabina Kienlechner. 342 Seiten. SP 1740

»Ein vollkommen geglückter Roman, der ein faszinierendes Frauenleben einer längst untergegangenen Epoche ausbreitet, vor allem aber eine überaus kundige und bewegende Liebeserklärung an das alte Sizilien.«
Die Presse/Wien

SERIE PIPER